追梦者

朱践耳 传

施雪钧 著

SMPH
上海音乐出版社

谨以此书献给我的忘年交陈燮阳先生，没有他，本书问世也就无从谈起。

在此，我深表诚挚的谢意！

—— 施雪钧

关于作者

施雪钧,中国作家协会会员、中国音乐评论学会会员、《文汇报》主任编辑。数十年来,在全国各类报纸杂志上发表散文、评论、报告文学达数百万字,其中不少作品分别入选《中国报告文学年选》《中国散文学会年选》《新华月报》等国家级出版物。

出版著作

- 音乐散文评论集《亲吻音乐》/上海音乐出版社
- 长篇报告文学《天朗地黄歌苍凉》/上海音乐学院出版社
- 名人传记《莫扎特1791》/少年儿童出版社
- 名人访谈录《离上帝最近的人:中外著名音乐名家访谈录》/上海音乐学院出版社
- 名人传记 《孤独的音乐旅者:田丰传》/上海音乐出版社
- 名人传记《半个世纪的节拍:一代指挥家艺术家陈燮阳》/上海科技文献出版社

追梦者——朱践耳

1984 年 5 月朱践耳在中国驻苏使馆和两位老师留影

1984 年 5 月朱践耳在母校莫斯科柴科夫斯基音乐学院门前留影

1984 年 6 月朱践耳从莫斯科返回北京看望贺绿汀

1984 年朱践耳和他的老师哈恰图良

1987 年 11 月在上海虹桥机场欢迎日本友人来沪参加"中国风格国际比赛"评委工作，左起：陈燮阳、芥川也寸志、朱践耳

朱践耳在翻阅总谱

朱践耳、陈燮阳在研讨朱践耳《第二交响曲》

2000年朱践耳在美国和华人作曲家陈怡、周龙合影

2003年"贺绿汀百年诞辰纪念大会",左起:朱践耳、周小燕、桑桐

朱践耳与夫人舒群最后一次共同出席上海音乐厅活动

尚长荣、刘英、朱践耳、陈燮阳等庆祝演出成功

《第十交响曲（江雪）》总谱第一页 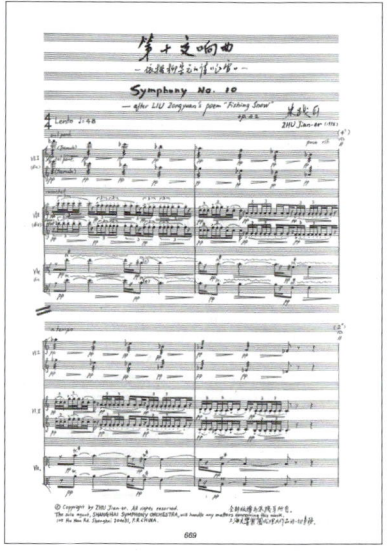　　《第十交响曲（江雪）》总谱第三页

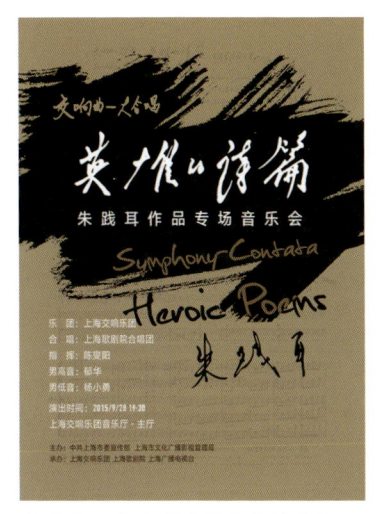

交响曲—大合唱《英雄的诗篇》朱践耳作品专场音乐会海报

2022年中国交响乐团上演朱践耳专场音乐会会前赠书仪式

2006年向大师致敬系列之二——朱践耳作品专场音乐会

上海交响乐团与指挥陈燮阳演出照

朱践耳与上海交响乐团的不解之缘

目 录

序 言 / 陈燮阳

作者的话 / 施雪钧

卷 前

第一章　出生和童年时代 / 1
- 朱践耳，矛盾又统一的双重特质 / 1
- 朱熹支系与安徽泾县黄田村 / 3
- 母亲和保姆怀抱中的"小瓷瓶" / 9

卷一　实现自我

第二章　亭子间，梦开始的地方 / 14
- "听、看、研"无师自通，写出"处女作" / 14
- 病榻上，"入神—入迷—入门" / 17

第三章　军旅生涯 / 23
- 从苏北到临沂"奇遇式"的闯荡 / 23
- 组建军乐队，撑起文工团一面大旗 / 26
- 《打得好》跟随解放大军唱到海南岛 / 29

第四章　"触电"南北电影厂 / 33

- 转业"触电"，从事上影厂电影作曲 / 33
- 进京，《翻身的日子》走红全国成力作 / 35
- 江郎才尽，创作能量消失令他束手无策 / 38

第五章　留苏岁月 / 41

- "三级跳"，从歌曲、电影作曲到科班生 / 41
- 音乐圣殿里，接受艺术灵魂洗礼 / 45
- 三年后，迎来第一个创作旺盛期 / 52
- 《英雄的诗篇》，熠熠生辉的典范之作 / 56

卷二　失落自我

第六章　遵命创作 / 65

- "交响梦"被现实击碎，一地鸡毛 / 65
- 接连碰钉，艺术路上走"背运" / 73
- 重拾旧活，写革命歌曲、群众歌曲 / 78
- 遵命创作，走入"失落自我"阶段 / 84

第七章　落荒十年 / 89

- "革命时代音调"救了他，躲过一劫 / 89
- 夫人"被专政"，他的天"塌了" / 91
- 麻木、僵化的"臭老九""打工仔" / 95

卷三　回归自我

第八章　崭新起步 / 100
- "六十岁学吹打"，回炉、创作、生活"三补" / 100
- 艺术生命"第二春"到来 / 104
- "画意黔岭""诗情纳西"两部曲 / 109
- 莫斯科之行，零距离触摸世界音乐前沿 / 120

第九章　分水岭 / 125
- 创作大转型，从传统主义跨入现代乐派 / 125
- 十年磨一剑，《第一交响曲》呼之欲出 / 129
- "两条平行线"上的孤独行走者 / 133
- 取材于现实生活的"悲剧"交响曲 / 138

第十章　走向自由王国 / 142
- 被低估的《第三交响曲》，他找回了自我 / 142
- "水和油的交融"——唢呐协奏曲《天乐》 / 145
- "试探性气球"试出中国作品的希望 / 149
- "回归自我"中寻找"艺术平衡" / 155

第十一章　探索者的内心独白 / 158
- 美国探亲，埋首图书馆数月贪婪"吸氧" / 158
- 注入新生命，用中国视角重新定义交响曲 / 165
- 每一部新作，都是一个新的"自我" / 171

第十二章　黄金创作二十三年 / 174

- 终身憾事——交响诗《山魂》遭遇"滑铁卢" / 174
- 用音符记载一个时代——交响诗《百年沧桑》/ 177
- 人格与灵魂的写照——《第十交响曲》/ 179
- 《第九交响曲》写出"人类大同、美好未来" / 186

第十三章　残阳如血 / 189

- "丝路梦寻"千年烟云中 / 189
- 以肖氏为榜样，耄耋之年心存终极梦想 / 191
- 中国会出交响乐大师，但不是我，是下一代年轻人 / 198

第十四章　最后的岁月 / 205

- "钟鼓奖事件"耗尽他人生的最后年华 / 205
- 《英雄的诗篇》尘封几十年终显价值 / 214

卷　后

- 为了更好地纪念 / 219

附　录

- 朱践耳主要作品一览表 / 223

参考文献 / 227

序　言

　　历经五年，雪钧先生终于完成了《追梦者——朱践耳传》的写作。作为第一读者，我一口气读完了整部书稿，我为他的传记写作精神所打动。合上书稿，我不免陷入沉思。一个有血有肉的形象浮现眼前，似乎从书稿中走了出来，竟然那样鲜活、真实。与践耳先生几十年交往与合作的情景，一一浮现眼前。

　　书稿内容翔实、笔法细腻，语言简练、流畅通顺，读来很是亲切。秉承了他作传的一贯宗旨，即如他所说："一位合格的传记作家，应具有太史公精神，不媚不俗、不阿谀奉承，不畏强权、不闻铜臭，秉公客观……"这种写作精神贯穿在全书中，这也是我最看重的传记应有的品质。

　　书名为《追梦者——朱践耳传》，很贴切。这并非时髦用语，而是出自践耳先生的自我总结。传记中写道："朱践耳一生活在梦中，如他所说，'从"革命梦"和"交响梦"之间，不断地来回徘徊，相互交替……'这注定他将成为一个追梦者……"的确，践耳先生一生，从未离开"梦"。

　　践耳先生是位天才音乐家。在去莫斯科留学前，他从未正儿八经学过作曲，但已经创作过许多好作品。他是一位旋律大师、和声大师、管弦乐配器大师，他的听觉尤为立体，甚是敏锐。为了艺术追求，他一生锲而不舍，心无旁骛。这是多么与众不同的可敬可叹的品质啊！

　　故此，雪钧先生即在目录章节中，将他的一生归结为"实现自我、失落自我、回归自我"三个阶段。有了这条主线，整书的章节，一气呵成地贯穿至终章。我认为，这是传记作家对作曲家有了透彻的了解和分析后，最严谨、最客观的归纳。

　　人非圣贤。作为一个有思想、有个性、有创造力的音乐大家，践耳先生一生，追求过、随流过、失落过、怀疑过、反思过，乃至晚年的回归自我。在人生的各个历史时期，践耳先生所走过的路，极不寻常。传记对这一切，没有回避，而是作了真实客观的交代。

譬如，在"失落自我"这部分中，传记引用了朱践耳先生对于严肃音乐深层面的剖析："……说句实话，'严肃音乐至今还未进入国家主流意识层面，以及通俗远胜于高雅'的文化特征，不仅20世纪50-60年代如此，进入新世纪后的今天，仍然如此。我国与世界水平的差距，也可见一斑了。"尽管他心里深感失落，但对"交响梦"，他依旧心存幻想。很快，由于形势发生变化，作曲家的思想开始嬗变，放下了"交响梦"，去实现"革命梦"。

对朱践耳先生这一时期的思想转变，传记作者客观地还原了一个作为一个寻常人通常也会犯错（我的身上，历来就有"左"的东西。——践耳语）的朱践耳：

"……和平年代绝不该有麻痹思想，投身革命应是第一位的，'以天下为己任'应高于艺术创作，革命歌曲是最直接有效的武器。要紧跟形势，亦步亦趋，需要宣传什么，我就主动写什么……"

他在《光明日报》上发表的《党和革命现实教育了我》一文中，对自我进行了无情批判和鞭挞："……进入上海这个大城市，又由部队转入电影厂，生活安定舒适了，创作也'正规化、专门化、高级化'，于是脑子里革命少了，业务多了；接触群众少了，啃洋书、钻研技术多了，对群众歌曲渐渐看不上眼。后来有五六年在国外的音乐学院学习作曲，与群众歌曲基本绝了缘，1960年学毕归来，高级化、专门化的思想更为发展。一味只想搞所谓提高的'艺术品'、大型作品等。

"……那时，我对革命歌曲基本是'四不'：不听、不看、不唱、不写。老实说，就是根本瞧不起。认为它艺术性不高，写的意义不大。

认为只有些高水平的大型作品，才能把我国的音乐创作提高到世界先进水平，而这个任务只能由少数专家来完成。所谓的'高水平'，当然是以西洋的技术标准来衡量的，而不是首先由我国的工农群众所批准、所公认的。就这样，解剖开来看，原来是陈腐的资产阶级文艺思想在作怪……"

朱践耳为军旅作曲者劫夫长年坚持创作革命歌曲而深深感动。他告诫自己，"对待革命歌曲的态度问题是个原则性问题。轻视革命歌曲创作正是我前一个时期严重脱离政治，脱离群众的结果；好的革命歌曲，艺术性是很高的。它不胫而走，不翼而飞，老少爱唱，起到了巨大的革命教育作用。一个革命的作曲者绝不可能对现实革命无动于衷，总是忍不住要迅速用音符来参加战斗"。

思想"被转变"后的朱践耳，很快便焕发出无限活力，如同回到了战争年代，写歌就像吃饭、行军、战斗一样，成为生活中很自然的一部分。

不得不说，朱践耳写歌，有如神助。他能迅疾抓住现实生活中最敏感的政治主题，写出影响深远的歌。这一时期，他一出手，配合形势宣传的歌曲《到农村去，到边疆去》，以及读报偶得的《唱支山歌给党听》，老少爱唱，起到了巨大的革命教育作用。

这段文字，今天读来，似乎有些不可思议，但我以为，不吹不捧，真实客观，才是传记最为可信、最有价值的优秀品质。

然而，在"回归自我"这个阶段，传记用了大量篇幅，详实记录了中国音乐界罕见的、勤奋有为的作曲大家。传记中写道：

……毕竟步入花甲之年了。年龄的增长使人不可抗拒地老化。精力、体力、眼力、记忆力、思维、意志，以及对事物反应的迟钝等方面，成了前进路上难以逾越的一道道坎。一般人到了这个年龄，无奈

3

已走下坡路。可朱践耳反其道行，"六十岁学吹打"，成了他艺术生命的一个新起点。

没人知道，他的生命在黄昏的地平线上是如何再次被燃烧？他的创作激情，如何突破了年龄限制而再度被激发，如同爱运动的人一样逆生长，全身充满胶原蛋白？他的心态如何再次趋于年轻化且充满朝气？

朱践耳仿佛感觉到，心中那个从未熄灭的"交响梦"告诉他，艺术生命的"第二春"已到来。自己必须往前走，找回失去的自我，去达到自己远未达到但应该达到的高度。知识极度贫乏所制造的危机意识，敲打着朱践耳，他借用郑板桥的"咬定青山不放松，立根原在破岩中"诗句提醒自己，必须马上开始从"作曲技法、历史认知、民间音乐"三个层面开始补课。

这颇有些传奇色彩。朱践耳先生终其一生都在创作，且作品颇丰——11部交响曲、17部管弦乐、15部室内乐、8部声乐作品。特别令人惊叹的是，60岁以后，他用22年的时间，创作了10部交响曲。在近70年的创作生涯里，他涉足几乎所有体裁，留下许多音乐佳作。

我这55年的职业生涯，见证了中国交响乐近几十年的发展。指挥演出的作品，涉及256位中外作曲家，国内作曲家就有134人。其中，吕其明先生的《红旗颂》，我大概指挥了有上百遍，丁善德先生的《长征交响曲》也是不计其数，《梁祝》更不知录了多少个版本。但我指挥作品最多的中国作曲家是践耳先生，我与他是不可分割的。

1986年，我指挥上海交响乐团，在北京音乐厅首演他的《第一交响曲》。不少听众由于是第一次接触现代作品，有些无法接受，但这并不妨碍这部作品以深刻的思想内涵轰动乐坛。这时，一个民间组织——上海交响乐爱好者协会，对朱践耳的《第一交响曲》开展研讨，给予朱践耳极力支持和巨大鼓励。紧接着，朱践耳又创作了《第二交响曲》。这部作品采用了一种非常独特的乐器——锯琴，充满了悲剧力量，也是我最喜爱的朱践耳作品之一。

就这样，他每写一部新作，我就指挥一部。每次排练时，我请朱践耳上台给乐队讲作品的内涵和情感。试奏的时候，发现个别地方演奏效果不理想，就建议朱践耳修改。有些意见他会接受，但有时候他也很坚持。

朱践耳也会给我"出难题"：他的《第五交响曲》，需要用五十多件打击乐器，我们四处寻找，有的还要自己制作；他的《第十交响曲（江雪）》，作品非常有创造性，其中有京剧的吟唱、古琴的琴音，演出中还要放录音，节奏必须掐得非常准，稍有差池就会出岔子，演出的压力极大，可以说，这是我指挥过的最难的交响曲之一。我敢说，朱践耳先生的这部上乘之作，在首演后，再少有指挥家愿意冒"翻车"风险而搬上音乐会。

这也是人们常常感到奇怪的地方：践耳写了不少精品之作，但除了个别几部交响曲之外，其他作品似乎并不走运。多部作品首演之后，再无上演机会，被丢入冷宫。朱践耳的显赫名声，似乎还停留在《唱支山歌给党听》那首歌曲上。

这一切，朱践耳并不在意，他似乎只问耕耘，不问收获。

2015年9月，上海交响乐团重新演释《英雄的诗篇》。我跑到上海图书馆，找到朱践耳当年的手稿，熬夜写伴奏谱和合唱谱。演出结束后，我在一本朱践耳《创作回忆录》的扉页上写下一段话："我最为崇敬的大作曲家朱践耳先生，以及他的最伟大的夫人舒群女士：今晚终于圆了这个梦。"巨作《英雄的诗篇》在上交音乐厅由上海交响乐团、上海歌剧院合唱团演出了！好评如潮！

但谁又知道，这部中国交响乐史上可谓思想性、艺术性极高的上乘之作，自1990年获奖以后，除首演外，没被任何乐团演奏过第二次。对此，晚年的朱践耳，耿耿于怀，心有不甘，而传记准确地记录这感人肺腑的一刻：

……他渴望这部作品能重见天日。单靠一己之力，愿望难以实现，有什么办法呢？此时，陈燮阳给他出了个主意，直接写信给上海市委主要领导同志，请求支持。很快，市委领导回信表示支持。《英雄的诗篇》上演，有了着落。

……至此，这部写于20世纪60年代初的毕业之作，在半个世纪后，再次焕发出具有震撼人心的艺术效果。它的技术含量和艺术分量，才被中国音乐界和中国听众所认识。

早在几天前，黄晓和陪同正在住院的朱践耳到排练现场，仔细聆听了这部汇聚交响性、戏剧性、抒情性和史诗性的杰作后，这位朱践耳的昔日同窗、当年在莫斯科大费周折找回手稿的功臣思绪万千，热泪盈眶，他说，我获得了一次无法用语言形容的美感享受。我只想对93岁高龄的大作曲家朱践耳表达由衷的敬意。

"当我同朱践耳共同看谱听完排练时，我脱口而出：朱哥哥，你的音乐太感人了，你生前获得这样的成就，应该知足了！没想到他竟然两手蒙住脸哭出了声……"

读这段文字，又使我想起了我与践耳先生生前的最后交往：2017年6月，我在北京指挥国家交响乐团排练《英雄的诗篇》时，病中的朱践耳，托女儿带来一封信和一盒巧克力，皱巴巴的纸上写着端正的字："陈燮阳老友，排练太辛苦了，吃点巧克力。"长辈如此关心我，我十分感动。岂料两个月后，践耳先生驾鹤西去。

在与践耳先生合作的几十年里，我深切地感受到，他是一个非常真诚的人，一个温文儒雅的人，一个内心非常强大的人。然而，就是这样一位受人敬重的老人，晚年生活却不平静……

传记没有回避这个敏感事件。雪钧先生说，这是践耳先生生命中抹不掉的重要部分，必须尊重历史。书中写道：

……然而，正是这样一位竭力远离"人间烟火"的儒雅老者，在生命终点到来之际，还是摊上了"大事"——上音"钟鼓奖事件"。这彻底摧毁了他最后的创作意志，耗尽了他凋敝人生中的最后年华。如朱卫苏所说："我父亲是一个非常简单、只想写他音乐的人，他只对作曲感兴趣，说白了，就是一辈子搞他的交响乐。他对人与人之间的争斗、乌纱帽、官场政治等，一概不感兴趣。他觉得自己在这方面愚笨和无能；他厌恶盘根错节的人际关系，他不愿意掺和，更不愿意管这些事……爸爸实际上跟'钟鼓奖'没一丁点关系，但却毁了爸爸的十来年时光。说得难听点，是妈妈亲手毁了他的最后十年。如果不是她一个劲地坚持要爸爸参与此事，逼他写文章、出头露面、不依不饶，将爸爸深度拽入这个是非漩涡中的话，爸爸可能还会写出更多的作品……"

践耳先生的晚年，令人唏嘘。这位以肖斯塔科维奇为楷模的作曲大家，直至耄耋之年，还心存终极梦想——期望写出15部交响曲，然而，命运却无情地捉弄了他。

但是，"六十岁学吹打"，朱践耳先生创造了中国音乐史上一个传奇：他不仅完成了创作上的美学转型，从传统乐派跨入了现代乐派行列，而且在交响乐的创作理念、母语运用、现代新技法结合上，成为具有现代意识、鲜明民族气质的一代大家，成为现代中国音乐史上教科书般的存在。

我相信，《追梦者——朱践耳传》，会成为研究朱践耳先生"为人从艺"的最为可靠的、真实客观的、有研究价值的史料。是为序。

陈燮阳

2024年3月写于上海

作者的话

花了差不多五年时间,终于完成了这本传记。2020年初爆发的一场世界性疫情,令我锢足两年多,迫我一度停笔。就这样,停停写写,写写停停,时断时续,终于完稿。

多年从事传记写作,而朱践耳,则是继作曲家田丰、王西麟后,我笔下的第三位中国音乐史上的重要作曲家。

说实话,为名人作传,这活儿不讨喜。没人委约,没有经费,耗时费神,可为何我还乐此不疲?有时,连自己都纳闷。没名没利不说,还得自己倒贴采访车马食宿费,每本书耗上个三五年,为的又是什么?天晓得!

思来想去,只有一种解释,那就是,使命使然。当一个人被音乐灵魂附体后,不得不给予。冥冥之中,有一只无形的手,推你朝前走,无法停步。如果说,这世上有一根筋、一条道走到黑的人存在,那么,我就在其中。

打住,还是回到正题。

当指挥家陈燮阳"鼓动"我写朱践耳时,我曾一度犹豫。这是因为,他的交响曲非传统主义,比较现代甚至先锋,我的传统耳朵很难适应。再则,为朱践耳先生作传很难,难就难在:他一生没有绯闻,人生缺少故事;一生清心寡欲,没有怪癖另类;一生没有政治野心,人生少有宿敌;一生过于认真,乃至生活、创作以及人生清澈见底,一目了然。客观地说,他的一生,平淡无奇,没有张力。传记人物如缺少故事性,就很难打动人。就在我犹豫不决之时,指挥家却将他发给践耳先生夫人舒群的推荐信,公开转发到群里。这样,我无可奈何地"上了船"。

接下写作任务后,我不得不花费大量时间,在案头阅读思考,以及查阅资料,采访相关人员,研究各种资料,为的是让读者能够有兴趣读下去。

所以说，为践耳先生作传，不是难，而是实在太难。为此，我遵循着用"记者的眼光、作家的思维、文学的笔法"的创作原则，更多的是思考哪些元素让故事在本质上变得更有趣，具有持续的吸引力，以及如何让故事深深镌刻在人们的记忆之中。说得更透彻一点，传记应该生猛鲜活些，具有活灵活现的品质；让名人自己开口讲出不为人知的鲜活故事，等等。

可实际写作远非想象那样简单。很多时候，写一个章节，竟然需要几个星期。好在多次读自己写的书稿，还能顺畅地读下去，这给了我莫大信心。

随后几年中，在接触大量的史料以及许多被采访者后，践耳先生的形象在我脑海中变得清晰而高大，我对他的作品也有了新的认知。我真切地感受到：朱践耳一生都在追梦，而所有的追梦经历，成为一本"为人从艺"的教科书。这本传记，对未来的音乐家和追梦者，是一个向导、一个目标、一个奋斗的美好理想。

我还感觉到，践耳先生是个躲在五线谱背后的人：他活在作品里，却不在舞台前。西方音乐界将作曲家分为四个层次：不朽作曲家、半人半神作曲家、天才作曲家、超群作曲家。那么，在世界音乐史的中国部分，朱践耳完全可以列入超群作曲家之列。因为，他的每一部新作都是一个新的"自我"，是一个个故事的代言。

我曾经在上海图书馆中国文化名人手稿馆馆藏的朱践耳笔记中读到这样一段话："每天早晨，我要以古典大师为典范，来进行自我革命。所有的艺术家都是革命家、建筑师……"

这段话，是朱践耳先生一生的真实写照，他的"不倦的创新探索、不竭的音乐个性、旺盛的创作力、丰富而悠远的想象力"，是中国作曲界的"稀有金属"，是教科书般的存在。这难道不是留给我们的珍稀遗产？

可以这么说，朱践耳的为人从艺，人格高度合一，难能可贵。然而，对他的作品以及创作思想的"真我"方面，批评声与否定的声音，如两条平行线始终存在，不绝于耳。我称他为"两条平行线上孤独行走者"。一些与朱践耳同时代且选择了传统风格的作曲家，对其热衷研究、接受并运用现代作曲技法写作，表示不理解、不喜欢。有人公开持否定态度，还有人为他担忧。从传统乐派一跃成为现代乐派，"晚节不保"，为何偏要走上背离听众的艺术叛逆之路？当然，还有人说："朱践耳是三代红人（指'文革'前、'文革'中、'文革'后三个时段），是'风派'人物，变来变去，并没有真心的自我。"

这种误解，在音乐界不在少数。对此，陈燮阳用"独钓寒江雪"来形容朱践耳内心的孤寂。

在他的《创作回忆录》中，朱践耳放进了一台显微镜，一把手术刀。晚年的他，似乎人类临终前的"生命闪回"，如过电影一般，回味着一生的每一个细节。这种自我放大病灶、刮骨疗毒、鞭挞灵魂的心语，读来令人肃然起敬。

面对批评声，朱践耳说，在是否"真我"的问题上，不管别人是想当然也好，还是误解也罢，我都不介意。我也没必要再解释，因为，那时所有的感情，都是真实的。我已经不在乎评论说什么了！而我最在意的是，在新的开拓中不断修正不足之处，使每一部新作都成为一个新的"自我"。

为此，他晚年的作品，大多出自内心的真实流露，而不是"命题作文"。他的创作，绝大多数是有感而发后的"喷发"。暮年的他，离灵魂的本色，更近了一步。

有几个细节可证实。朱夫人舒群曾告诉我："朱践耳写东西，从不给人谈稿酬。当年，《唱支山歌给党听》得了500元稿费，朱践耳悉数上交组织，交了党费。而他创作所用的钢琴，买的是二手货，200元钱分四个月才还清。后来，香港、台湾的乐团来委约作品，来电话商量给3万元行吗？朱践耳说，1万元就够了。《南海渔歌》是这样，台湾《山魂》也是这样；为香港回归创作的《百年沧桑》以及后来得了金奖，也是没稿酬的。

那年，中国交响乐团上演《英雄的诗篇》，版权费连同作品使用费共给了10万元，我们一分未领。乐团多次打电话来说，这是团里的规定，朱践耳说，200人在台上合唱，怎么就我们拿钱？"最后还是一分未取。

作为一个有杰出成就的艺术家，朱践耳是上海少有的三位经国务院批准的终身专家之一。在生命的最后两年，他深感自己老了，再也无法创作了，于是，主动打报告，向有关部门提出了离休申请。践耳先生意味深长地说："《第九交响曲》最后的童声合唱是我的'终极关怀'，我已经画了一个句号了。"

这就是我认识的、笔下的践耳先生。而今，传记即将出版。如果说，它能对读者有些研究参考价值，或有所帮助、有所启迪，我将深感欣慰。

在此之际，我要深深感谢上海交响乐团艺术档案资料室的胡逆敏女士、上海歌剧院艺术档案室的王瑾女士、上海图书馆中国文化名人手稿馆的刘明辉女士，以及在我采访写作中给予我无私帮助及支持的所有朋友。当然，我更要感谢远在天国的践耳先生的夫人舒群老师。很多次，我前去她家时，她都支撑着病体，从床上坐起来，接受我的访谈；有一次，她还坚持让保姆阿姨外出买水果招待我。这温馨场面，至今令我难忘，在此，我向她深深地鞠一躬。

最后，我还要诚挚感谢我的忘年交——陈燮阳大师。因为，没有他，这本书无从谈起。

施雪钧

2024年4月5日写于上海

卷　前

第一章　出生和童年时代

● 朱践耳，矛盾又统一的双重特质

音乐家这个群体中，令人大跌眼镜者大有人在：有人行为乖张，随心而为；有人张狂傲慢，喜怒无常；有人目空一切，不近人情；有人衣着邋遢，人际关系糟糕透顶。换句话说，人们所见的血肉之躯并不讨喜，其音乐中所表现出的美好与力量，与现实中的人性人格，完全两码事。尼采称这是艺术病理学问题："天才＝神经病。艺术家是神经症候群患者。不过有两种情况，一种是由于力的过剩而造成的健康的神经症候群，如希腊悲剧家；一种是由于力的衰竭而造成的病态的神经症候群，如德国的浪漫悲观主义者……"

我的问题是，朱践耳呢？起码可以认为，他不是一个行走在神经正常与非正常之间的另类，而是位温文尔雅的谦谦君子。他一生谦卑低调、与世无争，既不善于自我包装与推销，也不恃才傲物、唯我独尊。

一位与朱践耳走得很近的音乐同行，分析极为独到，说他身上有好些看似矛盾又统一的双重特质：

> 他面容清癯，文文弱弱，从没见他胖过，平日里少言寡语，不爱应酬。不可思议的是，如此单薄的躯体里却有着火焰般的激情和巨大的创作能量，讷于言而敏于行，是同时代罕见的多产作曲家。
>
> 他清心寡欲，不嗜烟酒，一杯酽茶足矣。写作困倦时，居然会口

含几片干茶叶嚼嚼。清教徒般的生活，几乎与时尚绝缘。然而他的观念却非常超前，比青年学生还热衷于追逐国际新潮现代作曲技法，不甘人后，爱尝鲜。

他既是个"新四军战士"，又是个留苏"海归"学子，骨子里还是个偏爱老庄哲学、喜欢古诗词、擅长书法的"儒生"，如此又土又洋又尚古，三位一体。

他淡泊名利，一生都与音乐紧密相连，同存亡。他早期的声乐作品，以及后来的交响乐作品，大多是有感而发。即便是那些看上去"很中国"的作品，都是出自内心的真实流露，而非"命题作文"或委约。

他脾性温和，谨言慎行，从不曾与人红过脸发过火，是个公认的好好先生。可面对音乐界评奖中的污浊之风，耄耋老人怒目以对、拍案而起，这"舍得一身剐"的精神，感动许多人……

可我以为，还需加上两点，他的外表与他的作品，是"颠覆性的存在"。这位面善平和、看上去唯唯诺诺的羸弱书生，作品中激情在奔放中燃烧，那浓度、那张力、那色彩，让人难以想象；再则，他的一生至死，那年轻人般的新奇想象力从未消退，作品中充满着形形色色的冒险手法，这与他的外表不符。

以上赘述，作者无非想说明，从对朱践耳的研究中发现，他的人性双重特质，一切都与他成长过程中母亲的溺爱、单亲的家庭，以及家境不幸变故及衰败有关。事实上，母亲染病后，常年卧床不起，襁褓中的他是由保姆一手带大的。母亲走后，他跟着两个姐姐一起生活，无疑，性格又染上了女性化的一面。如他所说："家庭教养是潜移默化的，往往会影响一辈子。它对我的影响有正负两面……"

● **朱熹支系与安徽泾县黄田村**

有关朱践耳的出生及童年，史料甚少。即便他本人，也仅存一些残缺不全的记忆碎片。有一个现象让人困惑，对上海滩上曾显赫一时的祖父朱鸿度，以及经商的父辈，朱践耳似乎知之甚少，更多甚至是毫不知情。即便在晚年写的《创作回忆录》中，对恢宏的祖业及显赫的家世，也只是粗略淡写，一笔带过。中华人民共和国成立后，在所有档案及表格中的家庭出身一栏，他填写的是"破产商业资本家"。

这似乎很难解释得通。直到20世纪下半叶，家世才逐渐明了。年迈的朱践耳1996年第一次回到祖籍地安徽宣城泾县黄田村，在一个远房同族人那得到一本老家谱后，有了"认祖归宗"的念头，对富甲一方的祖辈，才开始有所了解。

那么，当年缘何对其家族不屑一顾？朱践耳解释道："关于家庭出身，我一向漠不关心。20世纪上半叶，中国知识界和青年学子，在'五四'运动的潜移默化下，往往对封建家庭取不屑的态度，不少人背叛家庭，投奔革命。我与两个姐姐，就在其中。另一方面，我年幼时父母早逝，对家庭历史也就一无所知……"这个注解，有它的合理性。

朱践耳原名朱荣实，1922年10月18日8时生于天津。当年，他父亲朱容初在天津经营面粉厂。朱践耳3岁那年，父亲为照顾染上猩红热的哥哥也不幸染病，撒手人寰，面粉厂也随之倒闭，家庭陷入困境。三伯与四叔把他和母亲及全家接回上海。为此，童年时家中发生的一系列重大变故，年幼无知的朱践耳，自然说不出个所以然。

朱践耳的少年时期，是在曹家渡万航渡路梅村度过的。这个旧上海典型的石库门大弄堂，在商业繁华的曹家渡一带很有名。直到晚年，朱践耳依然没忘却童年时家的门牌号：梅村12号甲。

在作曲家留存的一张老照片中，读者可窥见一斑。摄于1937年至1938年间的这张老照片，是朱践耳和他大哥、二姐、三姐、小妹五人在"吉斯菲尔路"（今万航渡路）的梅村12号甲家中晒台的合影。照片中，15岁的朱践耳留着小分头，穿着白衬衫、西装、吊带裤，神态自然地双手插在裤袋里，而其兄长、姐妹们，都穿着长衫、旗袍。照片背后，留下了"一群孤儿"的字样。

说到这，不能不提及朱践耳的曾祖父朱宗溙及祖父朱鸿度，以及当年他们在上海滩置下的庞大产业所形成的"叉袋角朱家"。

读者或许有所不知，《中国近代工业史》载有这段文字：朱道台（鸿度）在本埠麦根路正在兴建的纺纱二厂，将安装纱锭25000枚，一切所需的机器均购自英国波尔顿的道卜输送机器厂。其中发动机是一架 700 匹马力的康里斯机，购自波尔顿城的席克·哈格里夫斯厂。机器的购买，均假本埠的瑞生洋行之手……麦根路的这个纱厂将全部安装电，并安装水龙消防设备，使它不致像上海织布局那样发生火灾。（《捷报》，1894 年 4 月 20，卷 52，589 页）

这里的朱道台，是指朱践耳的祖父——中国近代第一个民办纺织厂的创始人朱鸿度。

朱鸿度（1848-1895），名燨成，以字行，原籍安徽泾县黄田村。尽管其父朱宗溠在江西南昌从事盐业成为暴发户，但对讲究传统风水的中国人来说，一切似乎都得益于祖坟风水好，荫庇着后代。

泾县黄田村，其地形如同一艘大船，被四面青山所拥抱。环目四周，青山翠绿欲滴，飘忽在山间的云雾，给这个清净脱俗之地平添了一抹神秘的色彩。

当地民俗学家告诉作者，黄田村距今已有千余年历史，原来是汪姓人家的祖居地。北宋嘉祐年间，理学家朱熹的一支族人自婺源迁到黄田村外一河之隔的张香都城山。明万历年间，朱氏后人、儒生朱枰辞官后隐居北亭都的黄田村凤形山，在此落地生根，不断繁衍，逐渐发展为大族。思永堂是黄田村朱姓人家的宗祠。如今村中九成以上的人都姓朱，名人辈出，世德扬芬。

当地人说，黄田古村历代文风昌盛，人才辈出，有乾隆年间的贵州巡抚朱理，嘉庆年间的翰林院侍讲、国史馆总纂朱珔，近代的民族工业实业家朱鸿度、朱幼鸿父子，当代著名交响乐作曲家朱践耳，中国工程院院士、核物理学家朱永睯，等等。

黄田朱氏家族与理学家朱熹同宗共祖，并以儒商并重而鼎盛于清朝。昔日黄田富商巨贾云集，财富甲于一邑，至今，村内有书院书舍十余所，藏书斋室六处。浓厚的儒家书卷气息，凝聚着朱氏先人的勤劳和智慧。

确实，所有到过黄田村的人，都会对这个古村落的徽派建筑文化感到惊叹。黄田村古民居从选址、规划到建筑设计，依据中国古代《周易》阴阳五行等学说，将古人"天人合一"理念表现得淋漓尽致。"依山造屋、傍水结村"，村庄立足于河之北、山之南，取背山面水、负阴抱阳之势。村中明沟暗渠通向每家每户，活水穿村而流，为整个村庄增添了灵气与活力。尤其是洋船屋为仿洋船而造，但内部民居组合有序，功能完备合理。黄田村古民居群，集古代哲学、历史、美学、生态学于一炉，是古代皖南民居建筑的代表作。

而今，黄田村已被国家命名为"全国重点文物保护单位""中国历史文化名村""中国景观村落""国家AAAA级景区""全国文物保护样板工程""中国传统村落"。前些年，电视连续剧《大江大河》热播后，这个隐匿在青山绿水间的古村落，瞬间成了全国网红地，声名鹊起。剧中男主角宋运辉的家，取景地就在黄田村，许多人因此慕名前来游览，成了一个旅游的热门打卡地。

朱家的家族史，朱践耳很少谈及。直至1996年回到祖籍地，他得到一本唐代末年传至今日的家谱复印件后，才有认知。他在《回忆录》中写道："由于黄巢战乱，祖上避居到安徽歙县。公元904年又定居到徽州婺源（当时属于安徽省，今划归江西省），被家谱定位一世祖的是朱环。到了北宋晚年，第六代中的长房朱纬（1059-1129）这一支移居安徽泾县，就是我的直系祖先了，直到今天……"

话再往回说。史料记载，1860年，为了躲避太平天国兵乱，朱鸿度随父亲朱宗溱离开家乡去了江西后，成为盐商而发家。此时，曾国藩的湘军急需军饷，为此着手整顿盐务。朱宗溱奉曾国藩之命承办鄂西盐引。他不负重托，为湘军筹募大量军饷，受到曾国藩的青睐和朝廷的嘉奖，并与李鸿章结拜为把兄弟。朱鸿度因协助父亲承办盐务有功，并通过捐纳获户部郎中、浙江候补道官衔，遂入李鸿章门下。

朱鸿度后来应召到上海，在上海捐了一个道台。由于他有商业头脑以及实际经验，又有一定的政治背景，于是，他成了李鸿章麾下举办民族工业的首选合适人才。在清廷高官的帮助下，光绪帝御批奏办纱厂，李鸿章起名并亲笔题名，朱鸿度筹集50万两白银，在1894年创办了裕源纱厂（中华人民共和国成立后的上海国棉四厂）。后又在上海开办了裕通面粉厂、裕通面粉公司、裕泰纺织公司，并在南昌、南京、武汉、天津等地陆续办起了工厂和贸易公司。朱家产业滚雪球般地扩大，遂形成了"叉袋角"。上海滩老辈人都知道，"叉袋角"是指上海北火车站附近，位置横跨闸北和公共租界西区，是长安路、底麦根路、北近苏州河一带的统称。这一带地势重要，工厂林立，几乎全是朱家的物业。

　　当然，关于"叉袋角"的所属位置，民间还另有一说。指苏州河流经昌化路桥后，在长寿路桥形成一个急弯，其南岸和西岸就被叫做"叉袋角"。之后，这个"叉袋角"又一分为二：一个指现在的静安区淮安路附近，另一个指现在普陀区昌化路至长寿路桥一带。

　　那么，"叉袋"又是什么意思呢？"叉袋"实际是上海地区采摘、包装、运输棉花用的一种麻织大口袋。

　　再说朱鸿度，由于得到洋商和官僚的加持，在上海滩成功置办了大批产业，挣了大量白银，成为上海滩显赫一时的工商巨贾。

　　文献记载，那时富甲一方的朱家，总资产已达五六千万两白银之巨。于是，朱鸿度在泾县老家及周边县乡，购进土地14000亩，另在各地置办的房产，更是不计其数。康脑脱路（今康定路）上名曰"朱楼"的一栋红瓦尖顶西式别墅，就是最招摇的一处。朱鸿度在世时，一家子吃住都在叉袋角，不愧于"叉袋角朱家"的称号。

　　朱家家业越来越大，然而掌门朱鸿度，却因积劳成疾，47岁便离开人世。这预示着朱家的衰败也由此开启。到1926年时，"朱楼"因朱幼鸿（朱践耳三伯父）的长子朱斗文日夜嗜赌挥金如土而更声名远扬。

掐指算来，从 1895 年至 1930 年，不过三十多年时间，朱家何以自由落体般下坠进而衰败？

中国"富不过三代"的老话，在朱门得到了应验。

朱践耳说："曾祖父勤劳创业，祖父如日中天，传到我三伯父朱幼鸿手中，就逐渐日落西山。最大的后患，则是养育了一批娇生惯养的纨绔子弟，光知道挥霍享乐，进而一事无成。"

经历了半个世纪的风雨，表面一团和气的朱门，在朱鸿度走后，所有潜在的矛盾开始总爆发，荣辱兴亡，随之而来……

在旧中国的封建大家族里，天下大户皆一样，朱门内的各种复杂关系及明争暗斗，绝不亚于一个诸侯小国。以至朱门后人说："朱氏家族经历了近一个半世纪的风雨，多少兴衰荣辱，都在这一纸族谱上。"

直到晚年，朱践耳才厘清从祖父到他三代人的家族图谱。祖上是人丁兴旺的大家族：祖父在八兄弟中行三，生有六个儿子（为第三十三代），四十个孙子、三十多个孙女（为第三十四代），多得出奇。

"父辈这六兄弟明显地分为高低两档，在老大、老二之后，竟然间隔了二十年才陆续生出下面四个小弟弟，从年纪上看，仿佛两代人了。我父亲是老四，却和他二哥的儿子同庚。故祖父早逝后，家产多给两个大些的儿子管了。我在四十个孙子中行列三十二，是同辈中最小之列了……"

说来也怪，朱家两代重要掌门人，都是短命。先是朱鸿度过世，后是他的四子朱容初（朱践耳父亲），也在 35 岁时，丢下孤儿寡母，撒手人寰。

上海裕源纱厂于 1895 年正式投产，朱鸿度因积劳成疾，于当年 9 月辞世。他育有六子，三子朱畴（幼鸿）从小随父亲打拼，成为朱鸿度的左右手，于是接管了裕源纱厂，成了朱家新掌门。20 世纪初，朱幼鸿"开拓疆土"，在裕源纱厂对岸，创办了"裕通面粉厂"。现在与恒丰路相接的"裕通路"，就是因裕通面粉厂而得名。

由于朱幼鸿是朱家的老三，根据中国传统，嫡长子才是家族财产的主要继承人，于是，朱家后人为争夺财产与权力，陷入了严重内乱与纷争，元气大伤。裕源纱厂和裕通面粉厂因此经营维艰，1918年，裕源纱厂被日商"内外棉"收购。之后，朱家大麻烦不断，朱幼鸿之子嗜赌成性败家；朱家荣字辈与旧上海帮会结下梁子后，家财大出血；朱家第二代掌门官司缠身，等等。到抗战胜利时，朱门已江河日下，日薄西山。

从富甲一方，到坐吃山空，不过几十年，哗啦啦大厦已倾，真可谓"天下没有不散的筵席"。而今，族谱记载的朱鸿度祖孙四代就有两百人左右。朱家后人感慨，后代中，有人已撒手人寰，有人远走他乡，或隐没于上海，如同散落的算珠一样，甚至在街头相遇，形同陌路，彼此也互不相识。

难以想象，富甲一方的朱家，到朱践耳这一代，一切都灰飞烟灭。

● **母亲和保姆怀抱中的"小瓷瓶"**

飞黄腾达几十年后，朱家终以惊人的速度坠落。然而，童年朱践耳，虽没有了富裕家境，但"瘦死的骆驼比马大"。家境虽末日黄花，但靠着老本，在兵荒马乱的岁月里，还保持了上海滩上有钱人家的一份体面。朱践耳回忆说："家中有钢琴、唱机及唱片，母亲还会弹月琴等民族乐器。"

尽管生活谈不上奢华，但朱家的兄弟姐妹人人有书读，而且读的都是当时的名校。有一段时间，家中还请了家庭教师，教授他大姐钢琴和英语。可以肯定的是，如果他们的父亲不是英年早逝，很可能，朱家兄弟姐妹，将是另外一种人生了。

话再说回来，那时朱家常年雇佣保姆。朱践耳自小生活起居都由保姆一手照看。他衣食不愁，上学读名校，从小常去电影院看电影，还有机会去听音乐会。在那个年代，他的生活，足以令人羡慕了。

尽管朱家有五个儿女，母亲潘慕君在大儿子、二儿子不幸夭折后，生怕小儿子朱践耳再有三长两短，对他特别溺爱，严加看管，始终将他关在家里。这个可怜而不幸的女人，丈夫病亡时去天津奔丧，不幸也染上了致命的猩红热，经抢救保住了性命后，却留下可怕的"心脏严重损坏"后遗症。之后，她被病魔整整折磨了十年，基本上以床为伴，难得落地。可以想象，拉扯着一大群儿女，又长年疾病缠身，母亲的脾气和心情，常常坏到极点。偶有云开日出之时，她会弹弹月琴，或播放几张唱片，家中才有一丝生气。尽管如此，母亲还是严格遵照丈夫的遗嘱，对小儿子特别用心与宠爱，犹如身边的"小瓷瓶"。

朱践耳将自己的内向性格、不善言辞与胆小懦弱，归结为家庭给他造成的负面影响。他说："……按父亲遗嘱，必须十岁（实为九岁）才许上学。我插班考入五年级，学校离家不远，由保姆接送，并整天坐在教室门外守候着我，晚上还哄我睡觉。全校没有一个学生是这样的。母亲虽是一片爱心，客观上却养成我胆小、依赖性大，丝毫没有男孩子的顽皮、机灵、开朗的性格。除了同课桌的那个同学外，我和其他同学一句话也不说，性格十分内向，腼腆、木讷、窝囊，缺乏独立生活的能力，甚至读高中时仍然如此。不善言辞、反应迟钝的缺点，至今还未完全改掉，可见幼时家庭影响之深远。难怪三哥常呼我'憨大'（上海方言，傻瓜、智障者的意思）。他长我七岁，我刚读初一，他已是大学生了，在家里唯一可以一同玩耍的男孩只有他了。但在智力上、体力上，我都差他一大截，事事都处于弱者、败者的地位，更形成了我自卑、懦弱的性格……"

话虽如此，实际上，少年朱践耳的智商并不低，从小似乎就有纠正偏差的能力。朱践耳的女儿朱卫苏透露："我爸爸从小是个结巴，为改掉他的结巴毛病，很小时，他就有意识地放慢语速，试图用慢节奏来掩盖这个招人嘲笑的毛病并加以克服。这招还很奏效，这个行为上的缺陷，居然被他掩盖了过去。不知底细的人，还真不知他曾有严重口吃的毛病。"

母亲生怕再失去他，对羸弱瘦小、性格腼腆的小儿子倍加呵护。他被母爱所"绑架"，成了家中的宝贝，含在嘴里长大。他从小就戴耳环，脖子还戴一个考究的银项圈，上面用长命锁锁住。身边，保姆须臾不离，事事看护着他。可不幸还是发生了，1935年夏，朱践耳得了肺炎高烧不止，烧坏了肺，病愈后，却落下了严重的后遗症——支气管扩张。此后，可怕的大吐血，平均每年发生一次。而每一次发作，家人惊恐万分却束手无策。

…………

长期与外面世界的隔绝，少年朱践耳，童年无趣也寂寞，但心中却生出一块兴趣之地。

话说上海滩石库门弄堂，有个显著特点，七十二家房客"螺蛳壳里做道场"不说，而且房子隔音极差。说句难听话，隔壁人家打个嗝、放个屁，贴隔壁都听得清清楚楚。这无意间造就了朱践耳。原来，隔壁人家的收音机里，成天传出苏州评弹，有时是流行歌曲，这些嗲悠悠的吴侬软语还很悦耳。家里呢，母亲播放过的两张老唱片，令他过耳难忘。

这些成天入耳的戏曲和音乐，逐渐启蒙了他的音乐思维。他喜欢上了音乐，幼小心灵中，音乐的种子就此播下。至于儿时听到的那两张唱片内容，直至耄耋之年，他还清晰地记得，那是恩里克·托赛里（1883-1926）的《小夜曲》和法国国歌《马赛曲》，这极大地培养了他的兴趣。

无疑，儿时的朱践耳与生俱来就有音乐天分。他先是喜欢上吹口琴，没人点拨，他就自个儿瞎琢磨。一段时间后，竟然琢磨出了打节拍伴奏的技法。他欣喜若狂，音乐兴趣愈发浓厚。无形中，幼小的朱践耳发掘了自己的音乐天分。他的自学能力，随着兴趣的提高，得到很大的拓展。

那个时期，由于兴趣使然，朱践耳开始有意无意地接触音乐，居然对古典音乐产生了浓厚的兴趣。他回忆说："记得我年少时（30年代末期），就在兆丰公园（现名中山公园）的夏季露天音乐厅听过交响音乐会。柴科夫斯基那首辉煌多彩的序曲《意大利随想》，一直在我脑海中有着鲜活的形象，或许这为我以后从事交响乐创作埋下了一颗小小的种子。"

"九一八"事变后，国内的救亡运动方兴未艾。聂耳的救亡歌曲成了中华民族团结四万万同胞、抗日救亡运动的一面旗帜，它不可避免地影响到少年朱践耳。

初中时期，《义勇军进行曲》的曲作者聂耳，成了朱践耳顶礼膜拜的神明。他被《大路歌》等一系列抗日救亡歌曲深深吸引，遂对歌曲作曲技法深感兴趣，小小年纪就开始自研、琢磨，大有不弄懂不罢休之势。凭借着兴趣和天分，他在印有插曲歌谱的电影院说明书上，学会了读五线谱，直至完全看懂了钢琴伴奏谱。

少年朱践耳的钻研精神，对音乐以及作曲技法的理解，已超出了音乐爱好的范畴，不可思议地显现出专业人士的某些特质。之后，他又进一步注意到唱片中的乐队伴奏声音，《开路先锋》中段那一连串的俳句，以及乐队在每句的空隙中都插入一个强奏的和弦，他深感美妙至极。

少年朱践耳，对中国鼓有着本能的偏好。小时候，每逢家中请和尚或道士来做法事，他被念经之前的一通由慢到快、由松到紧、紧扣人心的堂鼓独奏深深吸引。至此，他对打击乐中的大鼓、小鼓独奏情有独钟。"我特别喜欢听这一大段鼓独奏，半个多世纪后，我在创作交响曲时，还时常想起它来。"

母亲对儿子的看管一如既往。儿子喜欢上音乐，她并不知情，权当小孩儿玩家家。在讲究孝道的中国家庭，父母之命难违，一切全由父母说了算。殊不知，音乐这颗胚芽，已在她未成年儿子的心中生根。

上初中时，母亲将朱践耳送入了上海一所名校——光华大学附中，并指定他学习理科，希望有朝一日，成为一名出人头地的建筑工程师。只是可惜，母亲没能等到那一天。

被病魔折磨十年之后，母亲终于没有捱过。朱践耳13岁那年，母亲归了天，丢下了大大小小一群孤儿。朱家的三伯和四叔，行使监护人的职责，把他们抚养成人。

父母的早亡，反而使朱践耳从母亲和保姆怀抱中解脱出来。相对其堂兄弟们来说，朱践耳的生活以及社会活动，远比他们潇洒自由，获得了更多的活动空间。这才使得他在人生路上,有了更多的自我选择。

朱践耳最早的思想启蒙者,是他的初中同窗。在这位周姓同学影响下,朱践耳开始融入社会,接受了新思想。之后在家中,他又不断受到两个姐姐的进步思想熏陶,因为她们在李公朴任校长的学校就读。

当然,对他影响最大是他二姐和二姐夫,以及二姐的校外老师(中共地下党员)。因为二姐家成了学生课外读书会的理想场地,进步青年常常在此聚会,讨论时局大事,宣传革命思想,"中国往哪里去?"14岁的朱践耳常常在一边旁听,并跟着他们唱苏联歌曲。许多年后,他依稀记得苏联作曲家杜那耶夫斯基(1900-1955)《祖国进行曲》中那句令人神往的歌词:"我们没见过别的国家,可以这样自由呼吸……""革命梦"由此在他的心中埋下了种子。

很多年后,朱践耳才认识到,那是当时进步青年的普遍共识,更是自己后来投身红色解放区的原因。他说:"……由于在思想上受到他们的影响甚多,不知不觉间,已埋下了我的'革命梦'的种子。"

当然,这是后话了。

卷一　实现自我

第二章　亭子间，梦开始的地方

● "听、看、研"无师自通，写出"处女作"

从家庭束缚中解放出来，朱践耳有了天高任鸟飞的感觉。也就是说，1936年至1940年间（初中到高中毕业），他的思想处在非常活跃的时期。不可否认，他的周姓同窗，不仅给了他早期的思想启蒙，而且在音乐上也潜移默化地使他受到最初的启蒙。尽管从严格意义上说，这位周姓同窗只是个音乐爱好者，但他对音乐的痴迷，时时刻刻地影响着朱践耳。

与周姓同窗相比，朱践耳觉得自己音乐天赋低他一等，父母没遗传给自己任何音乐基因。他感慨自己"先天不足"，为此曾抱怨："一不是书香门第，在父亲的遗物中，较高文化品位的书一本也没见到；二不是音乐世家，既没有音乐细胞，也无音乐环境。"

事实上，哪来什么"先天不足"！对音乐天赋相当的人而言，谁坚持到底，谁就笑到最后。也就是说，一个事业成功者，是兴趣长久坚持的必然结果。

高三毕业后，朱践耳决心弃理从文，一心要当音乐家。很久以来，他的同窗仿佛是他前进路上的一个坐标。朱践耳非常羡慕同窗的音乐天分，羡慕他会弹钢琴、会写歌词，还会神采飞扬地描绘出音乐中的美妙意境。那神情，简直能将树上的鸟儿"吹"进笼子里。

有一次，同窗一边弹钢琴，一边描绘着一个令人遐想的场景：满天晚霞，田间一个牧童骑在牛背上吹笛子，悠扬的笛声，随着云雾，飘荡在山涧中。朱践耳被故事意境所深深吸引，数年后，才惊讶地发现，他的同窗仅仅听了一遍丁善德弹奏《牧童短笛》后，靠着记忆和想象，当众即兴发挥，甚至连调性也改了。

让他更为惊讶的是，同窗太神了，连五线谱都不识的他，居然凭着感觉在钢琴上即兴弹奏出包括旋律和伴奏的和声。他还像模像样地教朱践耳识别和声、四手联弹，朱践耳打心眼里佩服这位同窗。同时，这也极大地刺激了他那敏感的听觉神经，激起了他的音乐求知欲。

前面说过，虽然家道中落，但朱践耳还是有机会听音乐会、观歌剧、看电影……他还时常到中山公园观看上海工部局管弦乐队的演出，小小年纪，居然津津有味地看了威尔第歌剧《茶花女》、斯特拉文斯基的舞剧《彼得鲁什卡》，听过艺术歌曲音乐会。况且，在那个年代，他已经完全接受了现代乐派作品，丝毫不觉反感。正因为如此，晚年朱践耳从传统主义一步跨入现代音乐学派行列，读者一点都不要感到奇怪。

在周姓同窗的刺激下，朱践耳对音乐愈发投入。那些年中，他跟大众口琴会的会长石人望学手风琴，还常常参加口琴会的演出，演奏手风琴声部，不知不觉，接触到罗西尼、韦伯等西方作曲家的作品。

毋庸置疑，朱践耳坚韧刻苦的努力，以及与生俱来的逻辑性，超乎常人。他对钢琴、音乐专业知识的学习，如饥似渴，日复一日。他专心自研，试图从作曲技法上解构分析黄自、赵元任、萧友梅、陈歌辛的艺术歌曲，触摸和感受中国式和声的奥妙，并对此产生了浓厚的兴趣。他还拜师上海音专作曲系学生钱仁康，向他学习和声，只是因为钢琴基础实在太弱，连习题都难以完成，最后实在无法学下去而作罢。

他还常常阅读丰子恺的音乐著作，音乐视野拓宽到了管弦乐领域。难以置信的是，在有些方面，他自学的触角，突破了业余领域，譬如，对平行小二度和声的极不和谐音响等方面的研究。尽管他像海绵一样，点点滴滴地不断吸收各类音乐知识，但终究是种事倍功半、毫无系统性的盲学。

1940年，朱践耳信心满怀，报考上海国立音专作曲系，结果名落孙山。尽管他很沮丧，但也是意料之中的事。那个年代，上海国立音专是中国顶级名校，招生名额极为有限，且门槛极高，只有那些具有超常天赋以及有相当专业基础的人，才可能被录取。

朱践耳虽然很懊恼，但他清楚地知道自己的斤两，既没像样地掌握一门乐器，又没拿得出手的习作，乐理知识呢，也仅仅停留在极其肤浅的层面。不过，自身的劣势并没能击倒他，相反，他越挫越勇，对作曲的兴趣愈发浓厚，几乎到了着迷的地步。

其实，从小他就从偶像聂耳身上，对作曲这个职业，有了朦朦胧胧的向往。他曾经立志，长大要当聂耳那样的音乐家。对聂耳的崇拜，整个青年时期，都没有改变，并成了他立志当音乐家的信念之一。

21世纪初，晚年朱践耳在复信上海交响乐团小提琴家、锯琴演奏家张琦时，详述了他的人生这一演变过程。他说：

"我的父母给我取名'荣实'。荣，是荣字辈儿，同一祖父的孙子都叫荣×。'荣'字我不喜欢，有荣宗耀祖的封建意识，还给我起了一个'字'（口语是'号'）叫'朴臣'。'臣'字我也不喜欢，又有'俯首称臣'之意，但，'实'与'朴'二字我是喜欢的。中国传统中'名'与'字'是有关联的，从'实'字就联想到'践'字，故我在20岁时就擅自改了名字，用了'践'字。

"其实，从我12岁至13岁时（1935年左右），就十分喜爱聂耳的歌曲。当《毛毛雨》《桃花江是美人窝》等歌曲流行时，聂耳、任光等作曲家谱写的革命歌曲像闪电鸣雷，划破孤岛阴霾的夜空。我喜爱《义勇军进行曲》，也非常喜欢《新女性》《天伦歌》《迷途的羔羊》，尤其是那些民族和声使我非常着迷。

"20岁时，我听说聂耳出国深造，目的地是苏联，途中经过日本，不幸在游泳时溺水丧命，很是可惜遗憾。于是，我就改名为'践耳'，意思有二：一是决心步聂耳后尘；二是想实现聂耳未能完成的夙愿，也要去苏联留学，写交响乐……"

殊不知，青年朱践耳的作曲天赋，不知不觉中，在歌曲创作上迈出了第一步。

1940年春，同窗写了一首名为《记忆》的小诗：

> 当明月逐渐上升／我祈求着过去之神／给我一叶孤帆／漂流向记忆的海／琴声像溪水清流／心绪却似乱麻烦恼／在茫茫搜着记忆／记忆使春天变了秋……

或因心有所思的缘故，诗意化的小诗竟然激发了他的创作欲。朱践耳激情忽然喷发，灵感飘至，他跟着感觉一路狂奔，没多久，就谱好了曲。

一切，都发生在突然间，一首孕育着生命之力的"处女作"落地了。同窗看后很满意，还做了小小的修改。这令朱践耳很兴奋，作曲兴趣突然大增。紧接着，他以同窗写的小诗，又谱写了几首歌曲。此后，便一发不可收……

● **病榻上，"入神—入迷—入门"**

正当朱践耳在"寻梦之路"上有收获时，不幸降临了。赢弱瘦小且身板极其单薄的他，要命的老毛病又犯了。如前所说，13岁时因肺炎落下了支气管扩张的病根后，几乎年年都要发作一次，而且一次比一次严重。18岁那年还为此休学半年养病，之后的1941年又发作了一次。没料到，1942年9月，病情又来势汹汹地"卷土重来"，这次几乎是来索命，令家人惊恐万分。

这次发病，是心魔作祟而起。他失恋了，陷于儿女情长中难以自拔。性格内向的他，神情呆滞，却不向任何人透露一个字。他的心情坏到极点。没人知道，这谜一般的失恋，究竟是暗恋，还是单相思，正式恋爱失败。但这次失恋，给他身体所造成的伤害，几乎到了致命程度。朱践耳回忆说："住院十三天，每天要吐一次血。中外各种止血针都试过了，还用了冰袋，吐血仍止不住。医生已束手无策。幸好我自己想出一个歪主意，在西医医院里破例请来中医，一帖中药下去，把积了十多天的大便全部排泄光，体温立即正常，血也止住了……这才救了我一命。"

小命算是保住了，但病灶没任何减轻。根据医嘱，他需要长期卧床静养。朱夫人后来说："那时，他不能动，不能起床，一起来就不停地咳嗽，咳到气管破裂就吐血。一盆一盆吐，实在太吓人！那时，朱门的家财也已见底。在日本人统治下，没钱医治，又没营养，只能休学卧床。"

是年，朱践耳20岁。病体让他暂别了喧哗的外部世界、学校，暂别了富有活力的青春年华，也暂别了趣味相投的同窗。他借住在闹市区高安路（淮海路）二姐夫家中亭子间里，每天，目光呆滞地看着头顶上的天花板发呆。这一躺，整整两年半。然而，在心情极为沮丧黯淡、看不见任何光亮的岁月里，一台借来的收音机，改变与颠覆了他的命运。

1942年的中国，正处于抗日战争最艰难的时期。"孤岛"时期的上海，英美电台遭到停播，但可收听到德国、意大利、法国和苏联等国家的广播电台，用朱践耳的话说，"几乎全天都有西方古典音乐可听"。

躺在床上的朱践耳，整天闭目静听电台里播放的音乐，西方古典、中国民乐、流行歌曲、戏曲，等等。从收音机中，他每日"练耳朵"，慢慢地能分辨出古典乐派、浪漫乐派、印象派、现代乐派，并从作品中熟知了柴科夫斯基、斯特拉文斯基、普罗科菲耶夫、肖斯塔科维奇、雷斯皮基、德彪西、拉威尔等音乐大师的作品，记录下不少音乐主题。每逢周末，电台还会播出歌剧、芭蕾舞剧等。美妙的声响，让躺在病榻上的年轻人心生欢喜，不知不觉中将他带入了另一个奇妙的世界。这也是他此后如此迷恋现代乐派的根源所在。

生命中有了一丝生气，他开始做起了"交响梦"。他渴望能读到这些作品的五线谱，但苦于没有任何可能。于是，他只能竖起自己的耳朵，去仔细分辨曲式、结构与和声，慢慢咀嚼，体会心中所思。听的音乐越多，他的猎奇心理就愈发浓厚，钻研精神越加执着。

两年半卧床，朱践耳丢弃了任何儿女私情的杂念，全身心地沉浸在音乐中。躺在病榻上，他开始做梦、寻梦、追梦。这亭子间，成了他梦开始的地方。尽管早年命途多舛，但老天为他打开了另一扇窗。从窗户透射进来的，不只是缓解病痛的精神药剂，更是氤氲梦想的万丈光芒。直到后来，他依然很感怀那段痛苦又甜蜜的病榻时光。

朱践耳开始留恋起漫长的卧床时光，庆幸自己没有虚度，与音乐结了缘。他反复多遍听了贝多芬、柴科夫斯基的全部交响曲，锻炼了音乐耳朵，打下了扎实的音乐基础。一直到后来，只要一看到书中的谱例，"脑中马上就能出现音响效果，能分辨出特点，尤其是对一些在旋律、和声、配器等方面新颖而独特的作品……"

有一次，收音机里播放的是肖斯塔科维奇《第五交响曲》，他被音乐震撼了。这部四个乐章的交响曲，堪称现代交响曲名作，与贝多芬的《命运交响曲》有极为相似之处。以"苦恼"开始，经"克服"后，踏进"欢乐"的终局，将人类的各种感情——苦恼、悲哀、斗争与快乐，直率而巧妙地表现出来。

朱践耳浸润在快乐与幸福的气氛中，陶醉于春风般摇曳的管弦乐音响里。这部交响曲，冥冥中似乎引导出光明的人生观，以及生存的快乐。他对这部作品充满了迷恋和向往，对这位杰出的苏联作曲家充满了崇拜。受其影响，忽然间，他冒出了写作交响曲的强烈冲动，异想天开地勾勒起三个乐章的《祖国》交响曲架构，结果因为无从着手而作罢。但他心中，却埋下交响曲创作的种子。而肖斯塔科维奇，影响了他此后的音乐创作。

卧躺病床期间，朱践耳琢磨出自学音乐的好办法，即"看、听、研"。先说"看"，12岁时，他已显现出不同寻常的天赋，能从歌曲乐队伴奏声部及配器中敏锐地捕捉到某些东西。

现在，他又找到收音机之外的"活音响"。那就是住在对面楼上的上海国立音专钢琴系女学生戴谱生（后来的邓尔敬夫人），她每天练琴超过12小时。睡在床上的朱践耳，她练多久，他就听多久。也就是说，朱践耳学习音乐的来源除收音机外，"听"他人弹琴，成了他学习音乐的另一种形式。而戴谱生则是当年上海滩钢琴弹得最好的女学生，曾在工部局乐团弹过协奏曲。朱践耳说："她从早弹到晚，技巧又好，从巴赫到李斯特，都是经典代表作。她弹了四年，我也就免费欣赏了四年……"这种以"听"代学的方式，却也逐渐培养了他独立思考的能力。

尽管有音乐相伴，但常年卧床，灵魂的孤独以及灰暗的生活，还是使他揪心，万念俱灰。这种无处发泄的郁闷，简直让他发疯。于是，他只能借助文字，在小诗中狠狠发泄，妄图驱赶灰色的天空。他在病榻上写的艺术歌曲《春，你几时归？》，表达了当时他"流水不流、百鸟不鸣，灰白的天、灰白的心"的苦涩和无奈。

他写诗，再为自己的小诗谱曲。除了两年前写的《记忆四篇》《浪淘沙》《摇篮曲》《我要回故乡去》之外，卧床后，先后又写了《春，你几时归？》《孤独》《梦》三首艺术歌曲，个中蕴含了那种撕心裂肺的痛苦、强烈求生的欲望，以及对阳光灿烂的人生的渴望。

一场重病，让这个病秧子暂时避开了国难的乱世，在痛苦中思索着人生与未来。他的思想逐渐变得成熟了，超越了他的年龄和他的同龄人。他在《回忆录》中作了注解："长期卧病和在敌占区里那种亡国奴式的生活处境所带来的双重苦难，使我的思想成熟许多。我隐约地感到，原是中共地下党员的二姐和姐夫，可能与组织失去了联系而变得十分苦恼……总之，一家心情都十分郁闷,那是我最为痛苦的年代,都反映在那时创作的歌曲之中。"

他在一首小诗中,将心中的愤懑之情,一泄如注:

> 学习的心是火热的,
> 但病魔的爪却是如此的尖锐,
> 像利刃刺伤了我的心!
> …………
> 魔王!
> 你胜于撒旦的残酷的判官啊!
> 该知道,我不愿承受你的狞笑。
> 我要撕开我的胸膛,
> 把火红的愤怒的言辞,
> 像火山的熔流一样喷射出来,
> 来烧毁你妖法的铜墙铁壁。
> 让我跨上白云,飞往希望的土地。
> …………

朱践耳自言,诗中可看出我当时的心情,也可看到与日常生活完全相悖的一个"我",一个激情澎湃的"我"。

从1940年开始写歌,到1945年赴解放区前,朱践耳已具有五年业余创作的实践。而唯一的作品,就是已编入作品目录的七首处女作(艺术歌曲,组曲),它是朱践耳的"童年创作"。很难想象,这些非常成熟的"处女作",竟然出自一个从未受过专业音乐训练的业余作者之手。

朱践耳后来评价这些早期作品说:"它相当幼稚,有较明显的模仿痕迹,不过,起步的路子和品位还是正的。"

1944年来临了,22岁的朱践耳病情开始好转,可以下床了。这期间,妹妹与邻居，都先后去了苏北抗日根据地，这对他刺激很大。曾立志以聂耳为追随目标的朱践耳，此时急切渴望挣脱被病魔"囚禁"近三年的黑暗空间。他开始做起"革命梦"，像妹妹一样，走上前线去抗日。他发狠地写道："宁作一个海燕，在暴风雨中死去，也不愿做笼中鸟、亡国奴而苟安众生！"

　　病愈之后的朱践耳，婉拒了任何人的规劝，毅然投笔从戎，投奔苏北抗日前线，去追求一个"火红的梦"。（作曲家认为是"放下了交响梦，去实现革命梦"。）

　　当然，朱践耳投奔革命队伍的另一个重要因素也不能忽略。原来，朱母病逝后，家中一批孤儿，靠卖遗产度日，耗尽了最后的家财。母亲在世时，朱家住在曹家渡梅村，房子很大，还有个小院子。母亲去世后，因为交不起房租，从事教师工作的二姐和二姐夫，搬到了高安路的亭子间。而朱践耳一直借住在二姐夫妇家中，生活起居全由二姐照料。到了1945年，二姐家已到无钱买米地步，生活十分拮据。不得已，为减轻家庭负担，朱践耳病好后奔赴解放区，投奔了新四军。

第三章　军旅生涯

● 从苏北到临沂"奇遇式"的闯荡

1945年8月18日，走下病榻的朱践耳，贪婪地呼吸着外面的新鲜空气，心中的"革命梦"催促他，他迫不及待地向往着解放区。正巧回家探亲的妹妹要回苏北，于是他与妹妹同行，过江北，奔赴新四军苏北革命根据地。时年，他23岁。

时值日寇宣布投降之际，根据地处于战略转移及调整时期。途中，朱践耳多次路遇一线作战部队并请求加入，但都遭婉拒，原因是他体弱多病，不适宜上前线。到了兴化县以北的沙沟镇，他遇上了苏中军区"前线剧团"。碰巧的是，他昔日的上海好友恰好在剧团里担任音乐组长，于是介绍他参了军。

事实上，这戏剧性的人生重要转折点，源自一架手风琴。参军入伍屡被拒绝后，他的朋友出现了，并推荐了他。因为在文工团缴获的战利品中，有一架德国和莱厂（HOHNER）出品的手风琴，文工团中无人会演奏，而这恰恰成了朱践耳手中最有力的"枪杆"。正因为有此特长，朱践耳才得以加入了苏中军区文工团。

这令心怀"革命梦"的他颇感意外，军队里竟然有文艺兵，音乐还能派上用处。

其实，他有所不知。在中国近代战争史上，文工团的功用显得非常特殊。解放军总政治部宣传部艺术局原局长汪守德曾这样总结："西方军队的精神力量主要来自宗教和职业精神，而我们需要借助文艺。"可见，文工团的设立，对我军的战斗力提升，起到了巨大作用。

纵观任何军队，都有一个共同的特点，就是男女比例极度失调。但男女搭配干活不累，又是尽人皆知的真理。女孩虽然肩不能挑、手不能扛，但一首歌一支舞，往往就能让疲惫不堪的战士们士气大振，单调枯燥的压抑负能量一扫而空。

就这样，没带一本音乐书籍，一页五线谱，把"音乐梦"搁置一边的朱践耳，鬼使神差般融入了这支特殊队伍之中。

人生似乎充满着未知。今天想来，这冥冥之中，或许老天刻意安排了这场近乎致命的大病，赐予朱践耳良机，迫使他远离十丈外滚滚红尘，卧床近三年，清净六根，断绝念想。在痛苦中，磨砺他的悟性；在孤独中，让他寻找精神寄托，全身心地去探索一个领域。到了人生关键时刻，老天手一指，又给他点了一条路，暗示他这条路适合他，行得通，走得远。当然，这是后话了。

在解放战争如火如荼的年月，艰苦卓绝的军队生活，对涉世未深且"学生腔"未脱的朱践耳来说，让他既感受到到处有新生活、新思想，也让他在思想上、生活上，经历战争年代严酷现实的历练。

新鲜的是，一大批20岁左右、怀揣各种才华的青年，以赤诚之心，从五湖四海汇集到这个革命大熔炉中，组成了一个亲切、温暖的战斗集体，生死与共。

战地生活极为艰苦。文工团成员徐史回忆当年："……南方来的同志习惯在平原上行军，而山地行军更增添了艰辛。为了走山路，文工团每人发了一双爬山鞋。这种鞋摩擦力很强，走几步路，脚上就会打出血泡无法行走。后来，大家索性脱下鞋提在手上走山路，咬着牙坚持在石子路上行走，犹如上刀山，疼痛难忍。行军极度疲劳时，会在梦中行走。人有种本能，一边走一边睡觉，当你的脚踢到一块石头时，立即被惊醒。为了驱散疲劳，行军中经常做一种游戏，大家三五成群接成语，第一个带头说一句成语，第二人接着成语的末尾两个字再说一句，过程中大家开开心心……行走是一种磨练，而吃饭更是一种历练。文工团吃的多为玉米面，最好也仅是小米，有时更是长期吃一种经过发酵的酸煎饼，让人难以下咽。个把月或更长的时间才偶得改善一次生活，大家动手包一顿白面猪肉饺子吃。遇到这一天，大家雀跃般地高兴……"

艰苦卓绝的战地生活，磨砺了羸弱多病的朱践耳。文工团的音乐生活让他感到兴奋不已："我创作的第一支'火花之歌'就是合唱《英勇的红军，向你们敬礼！》（为迎接苏联红军出兵中国东北助我抗日而作）。合唱效果甚好，颇有气势，每次演出必唱，也算是我的初次亮相吧。"

话说回来。1946年6月，国共内战爆发，形势十分严峻。朱践耳到前线剧团的短短几个月里，剧团辗转苏北宝应、东台、淮阴、淮安等十来个城镇。连日行军、演出，使得过度劳累的他大吐血老毛病又犯了，这是自1935年来的第八次大吐血。恐惧的场面，吓坏了战友们，他立马被送进战地医院。

与以往在家卧床不同的是，这次大病，朱践耳得到了文工团领导和战友们前所未有的照顾与关爱。这股暖流，将以往令人窒息的沮丧、孤独一扫而空，他感受到了炙热的阶级情感。"我发病的时候，同志们都像亲兄弟般在生活上体贴照应我，在思想上热情关心我。党支部书记还亲自到医院去看我。记得我出院回文工团的那天，许多人在门口欢迎我……心想，参加革命才半年，却待我这么好，真是感动得说不出话来。同样是生病，在家熬那样地苦，后来才知道我哥哥在上海因贫困交迫而死，而我呢，却在解放区获得了新生……"

在战地医院病床上，他专心致志，谱写了一部混声大合唱《迎1946》。很多年后他坦言，这首合唱，技巧方面模仿了贺绿汀的作品。只是可惜，战争年代，显然没有四声部合唱的条件，但却被韬奋书店出版了单行本。

大病过后，奇迹发生了。致命的老病根竟然神奇般地消失了，打那之后，再也没有复发过。

1946年秋冬，国民党几十万大军，大举进军解放区，国共双方摆开了架势，到处都成了战场，剧团也上了前线。出于保护人才，军区宣传部决定将他调往军部的军区文工团。1947年1月,朱践耳奉命,只身一人,前往驻扎在山东临沂的新四军军部兼山东军区总部文工团。

考虑到他体弱多病,上级特意为他配备了一头毛驴,驮上背包和手风琴(手风琴是刚缴获的战利品),他只身一人上了路。岂知此时,鲁南战役已经打响,几百里路上,险象环生。

这次"奇遇式"闯荡,朱践耳毕生难忘。他回忆道:"从江苏沭阳地区向北,目的地是三百里外的山东临沂。这头驴子老了,人骑上去它就赖着不走,只好让它驮着背包和手风琴,我走路跟着它。可是还带着一头吃奶的小毛驴,非常顽皮:拴在老驴背后,它就不走;放开它,就乱跑乱玩。我要同时赶两头不听话的驴子,太费劲,走的就慢了。一路上见人就问路,问到一位骑马的干部,他说,我也去军部,跟我走吧。丘陵地带,起起伏伏,一会儿就看不见他了。翻过山头,才见到一骑马的,不料已是另一人了。每天晚上宿在老乡家里,还要找村干部买牲口的草料,铡草拌料喂牲口。到了山东境内,又路遇一首长,他说军部已转到某某庄去了。幸好他知道,否则在那战事多变的时刻,弄不好就可能遭遇上敌人。一共走了五六天,总算找到了军部。当天晚上,大队又要转移,差一点就扑个空,真险啊!想不到我这个从小就不会料理生活的人,居然独自完成了一次奇遇式的闯荡。生活真是锻炼人的最好的老师……"

沿途一路,朱践耳栉风沐雨,星夜兼程。他目睹了大批民众推着架子车支前的动人场面,深深感受到人民战争之伟力。

● **组建军乐队,撑起文工团一面大旗**

到临沂后,朱践耳被分配到军部文工团三团,任务是接收、组建一支军乐队。队长由团长章枚兼任,他被任命为军乐队副队长,主持日常工作。

鲁南战役后,华野俘虏了"第二绥靖司令官"王耀武麾下的二十多个军乐队成员。军部指示，接收这些"解放战士"，组建一支军乐队。这些成员大多二十岁左右，最小仅十四五岁，大多数是苏鲁豫皖淳朴单纯的贫苦农民，他们或是被抓壮丁，或是为生活所迫。在旧军乐队里混口饭吃，又免得打仗送死，故大多数人都愿意接受改编。他们虽没有文化，业务水平也差，但刻苦好学，肯苦练业务，所以进步较快。其中留下的三个军官，一个任指挥的教官，一个吹中音号的，另一个吹中低音号的，却是军乐队中的顶梁柱。

让朱践耳组建军乐队，上级有它的考虑。因为在"前线剧团"，他曾担任过几个月的军乐队副队长，况且在剧团中，他是绝无仅有懂得五线谱及和声的"专业"人士。

现在，上级要他让这支乐器配备残缺不全、人员五音不全，既无大军鼓、也无低音贝斯、又无音乐根基的小小军乐队，成为人民军队中吹响进军号角的排头兵。这是一个艰巨而必须完成的任务。

朱践耳回忆起军乐队执行首个任务时的情景："当时，接受的第一个任务是为追悼会奏哀乐。于是想出一个应急办法，到当地庙里向老和尚'征用'了一只中国大鼓。这面鼓一个人背不动，还远没有大军鼓那样浑厚的音响。但有了这面'冒充'的大鼓，加强了哀乐的沉重气氛，参与追悼的任务算是圆满完成。不久，枣庄战役（此处有误，应该是孟良崮战役——本书作者注）以后，又送来一些军乐队员和乐器，他们的业务水平也较前一批为高，队员增至三十多人，各声部的配备也齐全了一些，才基本上像个军乐队了。"

这支乐队，很快就成了文工团招牌，撑起一面大旗。每次文工团演出，常常是先奏军乐，再是大合唱，然后是戏剧表演。这已经形成文工团的特色，而军乐的曲目就靠队员戏剧表演。除了一些民歌改编外，主要就是军歌和进行曲，大多是由朱践耳配器改编的管乐曲，如《新四军军歌》《八路军军歌》《三大纪律八项注意》《小放牛》以及章枚改编的《解放军进行曲》等。演来甚为雄壮威武，深受大家欢迎。

朱践耳说："章枚也写了多首，其中他为《八路军军歌》所配的和声很丰富，传统功底很好，给我印象极深。我编写了《解放军进行曲》（原名《八路军进行曲》），乐曲的中间部分在'听！风在呼啸，军号响'那句旋律的尾声处，我加了一句小号的花腔，直上最高音飘扬着，只有张炳一人能吹，效果非常漂亮，也算一绝。在为第一句'我们的队伍向太阳的''向太'二字上的1.61处，我故意不用西洋传统的四级和弦，而用六级和弦，以符合民族特点，而章枚则认为用四级和弦更为明亮，我们各执一词。为此话题，两人大大探讨了一番，颇为有趣。"

军乐队的短暂生涯，对朱践耳日后的创作，有着至关重要的影响。

他后来回忆道："由于军乐队的乐器来自四面八方，各种牌号都有，音高很不一致。再加上不懂得保管，管子都已生锈，无法拔出来。为了通过调节乐器的音高使乐队的标准音一致，要靠伸长或缩短乐器的管子，于是在赶集的日子里就去集市上找铜匠想法把管子拔出来，这样就可以自由调节音高了。由此，我也从中弄清楚了铜管乐器的音高变化的规律，再结合我对乐理中的泛音原理而计算出来同一个音可以有不同的指法。我在给队员上乐理课时作讲解，并要他们按照我讲的方法，换另一种指法吹某几个音，果然灵验。他们只学了一种指法，不知道还有别种指法，因而使他们很惊讶：'别看这个队长自己不会吹号，却比我们还懂得多哩。'还有一次，在我排练时有个别队员故意吹错音，以此来试我的耳朵，结果被我'捉'出来了，从此，队员们才信服了我这个队长。这些都是和队员们混熟了之后，他们主动告诉我的秘密。"

身处战地最前沿，文工团三团的演出条件极差，但艺术氛围浓郁。充满朝气活力的年轻人，各自施展才华。除了完成战地宣传任务之外，还排演一些大型剧目，如话剧《俄罗斯人》、果戈理的讽刺喜剧《钦差大臣》，以及民众喜爱的歌剧《白毛女》等剧目，艺术水准并不低。

这个英才荟萃的战斗集体，后来走出了如章枚、胡德风、朱践耳、曹鹏、吕其明、管荫琛、仲星火、铁牛、李玲君、杨梦昶、郑重等一大批新中国文化艺术的栋梁之材。

而当时作为这支队伍中的一员，朱践耳的音乐天分逐渐显露，内在潜力正得到发掘，逐渐释放。

身为同一文工团的朱夫人舒群说："在华东文工团，朱践耳一去就遇上好人沈亚威。一架小手风琴起了作用。鲁南战役后，华野缴获了王耀武的军乐队，他在济南接手了一支军乐队，既当队长也当指挥。其实，军乐队里的教官、乐手们实际经验比他丰富得多。于是，队长虚心向队员学习求教，熟悉了所有管乐器的性能，学会了定调、转调，什么可吹、什么不可吹。孟良崮战役后，他写的队列歌曲《打得好》，使朱践耳站住了脚跟。就这样，他走上了作曲的道路。"

●《打得好》跟随解放大军唱到海南岛

战争年代的部队生活，高唱革命歌曲极为风靡。写歌成为文工团的拿手好戏，几乎每一次重大战役前，或者重大战役的胜利，就会诞生出一批广为传唱的队列歌曲。

文工团中，沈亚威、张锐、何仿、李淦、赖少其、天然、鲁岩等，都是歌曲创作的好手。朱践耳坦言，在文工团里，他最大收获是从沈亚威、张锐、章枚等人那儿，学会了如何写革命歌曲。

朱践耳的作曲才能，很快初得显现。创作于1947年的队列歌曲《打得好》一炮打响，成为战场前线的热门歌曲，并伴随着解放大军，一路唱到海南岛。

很多年后，文工团成员吕光撰文讲述了此曲创作的来龙去脉：

……这天我们正在一个庄上，清早，屋外有不少人围在土墙前，瞧墙上贴着一张印着红色大字的捷报，那上面写着莱芜大捷的胜利战果：歼敌五万六千，活捉司令李仙洲，缴获多少战利品，等等。大伙正瞧着，有人情不自禁地喊了声："打得好！"我发觉身边的王杰同志像触了电似的一愣神，转身就走。我向来敬佩这位擅长写歌词的领导，知道他一定又有了新的发现，便跟着他进了屋子，只见他坐到桌边，取出钢笔、纸张，就飞快地书写起来。我俯下身去一看，见纸上写着：

　　打得好来打得好，四面八方传捷报。到处都在打胜仗，捷报如同雪花飘。

　　他接连写了好几段，又字斟句酌地做了一番修改，便拿着纸匆匆地走出门去。据说他去找团长音乐家章枚，章枚看后显得有些为难，说这是顺口溜，平时说说快板还可以，若拿来谱歌曲，七字一句很呆板，没有变化，即使谱出歌来也不会好听。恰巧这时音乐股长朱践耳在旁边，他见了歌词后，谦虚地说："让我试试看……"

　　朱践耳回去后，想了很长时间，拿着歌词反复朗诵，想着怎样打破这七字一句的框框。他想啊想啊，朗诵了一遍又一遍，突然灵机一动，紧握拳头提高嗓音，大吼一声："打得好来打得好，四面八方传捷报来传捷报。"接下去，"到处都在打胜仗，嗨，捷报如同雪花飘。"曲调也就顺理成章地哼出来了。这下子他心里亮堂了，框框终于被打破了，他很快把曲谱写了出来。第二天早上，他先找了宗弼同志唱给他听，请他提了一些意见，然后去见章枚同志。章枚同志看了歌曲后，大为赞赏，他的热情也被激起来了，他给歌曲锦上添花，增写了女声唱的和声，就叫人抄在大黑板上，立即召集大家，由曹鹏同志指挥和教唱。

　　就这样，我们一边练唱，一边继续行军北上。到达目的地后，我们在庆功大会上演出大合唱时，第一个节目就是这首《打得好》，即刻受到了广大指战员的赞扬和欢迎。后来我们每到一处演出，就必唱这首歌曲，就这样，这首《打得好》歌曲就很快流传开来了。

....

朱践耳认为这首歌的歌词非常生动有趣，每段只有四句，但却连环套似的紧扣着，每段句尾又成为下段的首句词。他忽然想起河北民歌《对花》开头一句的特色，将它借用过来，很快就谱完了曲。

他说，若他不说，没人会察觉他引用了一句民歌，因情绪上已有很大的不同，将原先的风趣俏皮变为昂扬的、战歌式的。旋律仅有四句，四句的起落音构架既严谨又有变化，还隐含着三种调式，来回唱四遍，不觉乏味。章枚将其很巧妙地配成了模仿式复调的男女二部合唱，大大增强了活力和艺术品位，使他受益匪浅。

其实，朱践耳对歌词有感觉，源于他自幼喜欢中国文学与诗歌。小学毕业那年，他参加了上海市小学生作文比赛，一首白话诗《小三子》，屈居第四名，并被收录获奖专辑结集出版。《小三子》写了一个苏北捡垃圾的孩子小三子，在儿童节那天去电影院看电影，结果被一巴掌打了出来。自然，这种反映社会底层生活的题材，并不讨当局喜欢，但是，他的文学天分却得到显现。

可见，对诗歌或歌词，朱践耳有一种天然的亲切感，并很快能从诗歌中找到音乐的韵律。所谓"歌词是音乐孝顺的女儿"，大概说的就是这种感觉。所以，当拿到王杰的歌词后，他有感觉，创作灵感瞬间被激发。

话再说回来。

加入文工团的近两年中，尽管朱践耳写了很多队列歌曲，也改编了不少进行曲，但这首歌曲《打得好》为他的才气做了注脚并一炮打响，成了每次演出必唱歌曲。很快，各军区文工团唱，广大解放军指战员在行军集会时都会高唱。此起彼伏的歌声，随着解放战争的形势需要，唱遍了全国。

然而，今天我们客观地分析，这首战歌平淡无奇，无论歌词还是作曲，既没什么内容性，也没新技法可言。毋庸置疑，它是特定战场形势下的产物，它恰如其分地顺应了战场环境需要，反映了人民解放军由战略防御到战略反攻阶段摧枯拉朽般的胜利气势，成了鼓舞士气、乘胜追击、夺取全国胜利的进军号。这首歌，可谓"战争时期具有历史意义的代表作"。

1951年，此曲获得华东军区政治部颁发的音乐一等奖，并被编入了《淮海战役组歌》，进京参加全军汇演。这意味着，朱践耳以他的音乐才华，在华东文工团牢牢站稳了脚跟，与沈亚威、张锐等战友一起，跻身于军中有成就的作曲者之列。

1949年4月渡江战役后，解放大军以势如破竹之势，挥师南下，挺进上海。此时，文工团已改为华东文工团，在丹阳县进行了紧张的集训，军乐队天天操练列队行走吹奏。此时，军乐队已今非昔比，大大扩编，业务能力也有了极大长进。上级又为军乐队派了新的政治指导员、文化教员，协助朱践耳工作。一切，为进军大上海做准备。

高光时刻终于到来。1949年5月27日上海解放，华东文工团军乐队成了庆祝上海解放大游行的排头兵。这天，朱践耳手执指挥棒，带领着四把贝司作前导的军乐队，威武雄壮地走在了游行队伍最前面。军乐队音调铿锵，号声嘹亮，一路吹奏《解放军进行曲》，行进在上海的马路上，受到了大批市民夹道欢迎和围观，大大风光了一番。

第四章 "触电"南北电影厂

● **转业"触电",从事上影厂电影作曲**

上海解放后,华东军区文工团遵循党中央宣传部指示,撤销文工团建制,在中国电影发祥地上海,集体参加了新中国上海电影制片厂的创建和电影创作生产等各方面的工作。这些经历过革命洗礼的军队文艺战士,成了新中国的电影新兵,未来人民电影事业的火种。

1949年下半年,朱践耳奉命转业,调入上影厂担任作曲,从此告别了工作近三年的军乐队。

原延安鲁艺实验剧团主任、上海电影制片厂副厂长钟敬之叙述了上影厂成立的历史过程。

> 为了加强具有最大群众性的电影艺术事业,我党中央宣传部于同年8月14日对各野战军政治部发出指示,抽调有业务能力的文艺干部,充实电影事业,并且明文规定:由华东局调较好剧团给上海国营制片厂作为骨干。随后,陆续有华东军区文工团和军乐团等人员与从各个老解放区调来的许多文艺战士参加了这项工作,扩大了这支队伍。来自不同地区的新老文艺工作者的汇合,在建设上海这个人民电影事业基地的工作中,发挥了极为重要的作用……1949年8月,华东军区文工一团和军乐队,遵照党中央宣传部对各野战军政治部发出的指示,执行华东局的决定,由团长张望、副团长王力、队长王汉清和江雨声、指导员刘泉、军乐队长朱践耳率领全团同志,集体参加了新中国上海电影制片厂的创建和电影创作生产等各方面的工作,开始踏上人民电影事业的新征途,作出了新的重要贡献。这些经历革命战争洗礼的文艺工作者有:布加里、于洑、吕其明、范正刚、曹鹏、铁牛、姚新

德、胡其明、孙永平、仲星火……"

从一个"业余级"队列歌曲作者，一步跨进电影音乐的专业作曲，空间的变幻超出想象。从未受过专业训练的朱践耳，在新形势的裹挟下，走上了"被专业"的道路。

1950年，上影厂下达八部影片的拍摄任务，朱践耳担任了故事片《大地重光》《海上风暴》的配乐工作。《大地重光》这部由老上海知名演员金焰、项堃领衔主演的影片，讲述了蒋介石撕毁"双十协定"，在新四军转移时派兵围击。浙江四明山区某纵队指导员周强、机枪手老沈、医护人员杨玉文为掩护伤员撤退，在寡不敌众的情况下被俘。在群众帮助下，他们打死了看押敌人逃到山上，后来与地下党取得了联系，组织人民武装，在1949年解放军百万雄师横渡长江后，终于归队。

令人诧异的是，两部电影配乐的创作，没难倒第一次触碰管弦乐创作的朱践耳。这得益于三年卧床"练耳朵"。交响乐的架构，在脑海中早已经构思成型。"幸亏过去我卧病数年中听过不少交响乐作品，在军乐队里又熟悉了铜管、木管乐器的性能，对乐队音响留下了一些感性的记忆。现在又找到了那些外国交响乐作品的总谱，明白了配器方法，至少可以'照着葫芦画个瓢'吧。所以，我不感到有什么困难，相反，还颇得心应手。"

朱践耳随剧组到浙江山区去体验生活。他采用《新四军军歌》中的第一句旋律作为影片的音乐主题。"分别用圆号、长号、小号在相隔小三度的三个不同的调性上先后衔接地显现出来……"以此主题旋律，配合了影片中人民解放军在全国战场上排山倒海般的节节胜利的一系列镜头。影片配乐由曹鹏指挥上影管弦乐队录了音。第一次配乐任务就这样得以完成。

可接下来的故事片《海上风暴》拍摄和配乐，颇有点难度。那时，大部分解放的城市，百废待兴，国内经济十分拮据，拍摄经费少得可怜，摄制组的手脚被牢牢捆绑。在胶东沿海一带体验生活时，导演对朱践耳说：

"我们没有船，不能去大海，全靠你的音乐来造情绪、造气氛了！"朱夫人说导演这番话把朱践耳难倒了。

"影片中有解放军在小船上与海浪搏斗的惊险场面。当时的电影特技很差，没有真实感，导演要求音乐要营造出紧张气氛，要有较强的戏剧性和交响性，这对我这个新手无疑是个大难题。"

朱践耳寝食难安，一头扎进参考书中，他查阅与研究了大量参考资料中与大海有关的音乐。西方交响乐的澎湃场面中，蕴含着许多描写波涛汹涌的技法，他顿然感悟到其中奥妙，"配上混声大合唱，用有着解放军的鲜明特色的旋律，居然很有气势……"

朱夫人说："音乐展现了自然界中最令人神往的大海：平静如初的大海、怒涛翻滚的大海、漆黑一片的大海、海天相连的蔚蓝色大海。音乐千变万化，许幸之导演非常满意。音乐成功了，片子拍得也很好。在上影厂，第一炮打响了！"

● 进京，《翻身的日子》走红全国成力作

上影厂建成后，很快，一部分专业骨干被陆续抽调到北京电影制片厂、北京新闻电影制片厂工作。在北上的电影事业业务骨干名单中，朱践耳位列其中，他被调到北京电影制片厂工作。

百废待兴的新中国文艺事业走在了前列。南北的电影厂，分别开拍了一批战争题材以及反映新旧社会两重天的影片。上影厂建成的第二年，拍摄的故事片就有《光荣人家》《农家乐》《大地重光》《海上风暴》等八部，而北京，列入拍摄计划的有故事片《龙须沟》、纪录片《伟大的土地改革》等一批题材广泛的影片。

在北京，朱践耳参加了《龙须沟》的电影配乐。这部由老舍同名话剧改编的故事片，阵容豪华，汇集了于是之、于蓝等老北京的大牌演员。影

片上映后，在京城引起了一阵涟漪，只是电影插曲及配乐，没能擦出火花。

可朱践耳的才华，在另一部中国重大题材的大型纪录片中一鸣惊人。片中配乐《翻身的日子》随着影片迅疾传遍全国，乐曲广为流传，被中央电台单独播放，"并作为中央台'对农村广播'节目的片头音乐"。再后来，常在音乐会上被演奏。

中华人民共和国成立后拍摄的这部具有伟大历史意义及革命变革的纪录片，其政治意义非同一般。它标志着中国共产党领导中国革命取得政权后，"彻底废除了两千多年来的封建剥削制度，消灭了地主阶级；农民成为土地的主人，在政治、经济上翻了身，这就使中国最大多数人民获得了解放；解放了生产力，农业生产迅速发展；土地改革运动的胜利，摧毁了帝国主义和蒋介石国民党集团的社会基础，巩固了工农联盟，进一步巩固了人民民主专政的国家政权，并为社会主义改造和社会主义建设创造了有利条件"。

影片记录了翻身农民做了土地的主人、国家的主人后，感谢中国共产党的兴奋之情，他们以喜悦的心情加紧生产，开始新的生活的真实情景。而纪录片配乐，自然要求很高。

朱践耳说："大型纪录片《伟大的土地改革》配乐，要写一个半小时的音乐，更是费劲。为了适应农民形象，我在管弦乐队中加进了几种中国乐器……其中一首《翻身的日子》，画面是农民们分得土地、农具、房屋后欢天喜地的情景，用了板胡、管、笛、三弦、扬琴为主奏，小型管弦乐队陪衬……"

应该说，电影配乐《翻身的日子》，是朱践耳1947年创作红极一时《打得好》后的又一力作。同时，作曲家也给人留下了一个鲜明印记，即在每个历史时期，他总能写出具有高度影响力、高度传播性的歌曲或乐曲。这得益于苏北解放区、山东解放区的生活体验，得益于文工团的生活以及他对民歌和民间音乐的积累。

作品中的欢庆场面，多么熟悉啊！"主旋律是自己创作的，仅中间一小段管子独奏用了一句山东吕剧的过门，曲调展开的自由流畅打破了乐句的方整性……"朱践耳运用了明亮的板胡和擅长模拟人声的管子，对答呼应，营造出一片俏皮、幽默、喜庆、欢腾的场景。这独有风味的手法，令乐曲大为增色。音乐给人以真实的画面感：由伞头带领的秧歌队，扭着秧歌，在欢庆的跳跃中行进，凸显了"解放区的天是明朗的天"的韵味。

这首乐曲，此后被单独拿了出来改编成管弦乐、民乐、钢琴独奏等演奏形式，成了音乐会上的热门，"活"在了音乐厅里。当年，彭修文指挥艺声民族乐团、香港艺声唱片公司录音出版的唱片《欢乐的日子》，成了最早的音响文献。

可更受音乐家与大众喜爱的，是经储望华改编后的钢琴曲，其热度始终"高烧不退"。这首久演不衰的钢琴小品，是国内钢琴名家在音乐会上争相演奏的叫座之作。在网上，你可以搜寻到殷承宗、郎朗、沈文裕等名家演奏的视频录像。而今细想，这首作品，仿佛是作曲家为钢琴专门而作，钢琴语言是多么流畅舒美。

客观地说，这首乐曲的早期演奏版本，充满着浓郁的战地文工团色彩。那时的文工团乐队，中西混合，主奏乐器不多，配器简单，曲调具有强烈欢快明亮的解放区风格。

但无论怎么说，这是一首佳作。作曲家通过合理的逻辑和想象力，把不同元素焊接成一个有机的整体，没有一点东拼西凑的东西。流畅的旋律中，充满色彩、创造力和个性化的语言，让人有"一种田野欢庆的方式实现了一种非同寻常的心灵碰撞"的感觉。

从华东文工团到电影厂作曲，仅仅三年时间，朱践耳凭创作实力，在电影界迅速站稳了脚跟。1953 年，他被破格提级而受宠若惊："在电影作曲中，唯独我被提了一级，从文艺七级提为六级。万万想不到我这个文艺新兵，居然有幸和延安出来的那批老同志的级别持平了……"

- **江郎才尽，创作能量消失令他束手无策**

尽管朱践耳创作上小有成就，但他很快陷入了乐思枯竭的漩涡中难以自拔，创作濒临崩溃。"那时，三个电影厂的作曲家，每年都集中在北京开一次创作总结会，但这种对创作思想的检讨，依据的是苏联的文艺理论，只谈政治思想性，不讲艺术性，在作曲技能方面总也提不高。"

朱践耳的感觉没有错。在中国这个崇尚戏曲和民歌的国度，在那个年代，全国的管弦乐团中，除上海乐团、中央乐团等几个音乐会乐团外，其功能简单得令人难以置信，主要任务竟是为广播配乐、歌曲伴奏、政治性群众活动服务。而电影乐团，主要为电影、纪录片配乐，无缘涉及交响音乐会。这现状，让他为之苦恼，与他理想的专业相去甚远。他感到，音乐之伟力被压缩成了一块食之乏味的压缩饼干，创作受限而窒息，却不知所措。

朱践耳清楚地意识到，自己的创作能量正在快速消失，他再也找不到过往那种内心自由驰骋的感觉。尽管这一时期他写了大量讴歌革命的音乐作品，也有了几首广为传播的代表作，但他深知，自己并非音乐天才，靠自学得来的音乐知识已经不够用了。他感到江郎才尽，常常被空空的脑袋折磨得疲惫不堪。

"严重创作危机"令他束手无策。"艺术观念的狭隘、生活视野的闭塞，导致我乐思枯竭，十分苦恼，简直写不出东西来了。我甚至怀疑自己究竟还能否继续从事音乐创作。"

作曲家意识到，创作热情如果得不到滋养，会和它的产生一样容易熄灭。自己的专业积累太贫乏、太贫穷、生活视野太狭窄了，必须用专业知识武装头脑，必须到生活中去拓宽视野、充实自己。他多么希望，像高尔基说的那样"到人间去"！

可路在哪？朱践耳渴盼高人为他指点迷津，更希望像聂耳那样漂洋过海，出国求学，到普希金的故乡去，寻找金色的"波尔金诺的秋天"！

可想象中的愿景，不过是"南柯一梦"。

……………

天赐之机降临了。朱践耳幸运地被选拔进1955年留学苏联人员的名单之列。这仿佛印证了他儿时的一幕。一位上门的"衔牌算命人"，看到一只鸟从一把纸牌中衔出两张牌后指着朱践耳说："这只狗要离家外出，才有出息。"（朱践耳属狗）而朱践耳的人生际遇，似乎正朝着这位算命人的预言走去！

中华人民共和国成立伊始，中苏关系进入蜜月期。"由于意识形态和政治制度趋同，以及复杂国际形势的推动，中国政府在外交上采取向苏联'一边倒'的政策。在文化教育领域，'向苏联老大哥学习''苏联的今天就是我们的明天'等理想，推动了留苏浪潮的兴起。"百废待兴之新中国，亟需大量人才。社会主义阵营的苏联，成了中国人留学的梦中之地。

权威数据显示，"从1951年8月13日中国政府首批正式派遣375名留学生赴苏算起，至1964年最后一批学生派出，在14年间总计有8357人赴苏留学"。而其中，留学苏联的音乐生甚少，1953年起全国首批仅有三人，1954年仅七人，1955年，朱践耳成了第三批时代幸运儿中的一位。他们在苏联的音乐学院学习作曲、音乐学、钢琴、小提琴、大提琴、竖琴、木管乐器、声乐和指挥专业。这批学生是从全国各地通过非常严格的考核选拔出来的，国家对他们寄予了很大的期望。

要知道，在那个年代，个人申请出国留学，可谓难于上青天。其现实距离，犹如从地球到星星那么遥远。"唯一的渠道是由国家机关层层向上级申报，批准后再选派，名额极其有限。"

二十多年后，朱践耳才得知当年举荐他的恩人。"多亏遇上了一位好心的领导干部，国家电影局的音乐处处长、《新四军军歌》作曲、全国电影厂作曲者的总领导人何士德，是他竭力争取到的几个留学名额……更为难得的是，处长在提名人选时，公平正直，不徇私情，令我十分钦佩。"

无疑，在当时历史条件下，电影界的作曲者压根就不在考虑范围之列。然而，"老革命"何士德一听说国家有出国名额，凭借着其延安鲁艺音乐系主任、新中国电影音乐的奠基人之一的老资格，找到文化部领导据理力争。他说电影局有很多优秀作曲，这些经历过战争洗礼的文艺工作者，同样应该享有深造机会。就这样，他为新中国电影界争取到三个出国名额。

经过全国层层筛选，音乐专业考试和最严格的政治历史审查，朱践耳等五人，被列入1955年国家派出的第三批留苏音乐学生。他们集中一年学习俄文。从学制上来说，朱践耳、瞿维、邹鲁三人属于干部进修生，属研究生性质，学期三年，而学指挥专业的黄晓同、郑小瑛，学制是五年。

多年后，朱夫人提及这事时，依然充满感激之情："提携朱践耳的恩人是何士德。真的，朱践耳与何士德没有什么特别关系，主要是他看了朱践耳配乐的影片和纪录片《伟大的土地改革》《龙须沟》等，尤其赏识《翻身的日子》这首乐曲，给他留下了深刻印象。"

怀着喜悦和忐忑不安的心情，朱践耳等待着出国。临行前，朱践耳偶遇回国休假的李德伦，交谈中，李德伦感叹苏联音乐水平之高让人惊叹。前两届派出的留学生，都是国内音乐学院的尖子，有的甚至是专业教师，可到苏联后从一年级学起，还深感吃力。

言者无意，听者有心。对未来的学习生涯，朱践耳深感忧虑与恐惧，"自己从未上过专业院校，怎么能当研究生？而且年限只有三年，太不够了"。他当即决定，给文化部打报告，要求降格为大学生。终于，在临上火车之前，他被改为大学生了。

哐当哐当的车轮与铁轨碰撞声，将他带向一个陌生而神往的世界——莫斯科音乐学院。青年时代就曾梦想有朝一日留学苏联，今日终成现实。

他幸运地走上了偶像聂耳未竟的求学之路……

第五章　留苏岁月

● "三级跳"，从歌曲、电影作曲到科班生

1955年，作为国家派出的第三批留苏音乐学生，朱践耳与瞿维、邹鲁、黄晓同、郑小瑛五人，踏上了远赴莫斯科的旅程。

尽管共和国积贫积弱，但这批新中国的"宠儿"，还是得到了至高关爱。国家发给每人两个大帆布箱，内有供五年四季用的服装及日用品。

然而，出于经济原因，国家又作出规定，五年中不允许回国度暑假。这对已有妻儿老小的留苏人员来说，规定近乎苛刻。是年，朱践耳的女儿刚出生，三个孩子的养育重任，将全落在朱夫人舒群身上。可千载难逢的机遇，又怎能错失？朱践耳对夫人隐瞒了实情，"我不能说这个'规定'……毕竟，这是可遇不可求的机遇啊"。

那个年代，中国留学生赴苏联，需乘坐北京至莫斯科国际特快列车，在火车上度过九天九夜。首先到达边境城市满洲里，列车在此停留一小时，苏联边防人员上车检查办理入境手续，然后列车开到调车场，将每对车轮的间距进行调整。苏联车体，铁轨加宽，人员定额减少三分之一，活动空间增大，相比中国车体，环境明显改善。这条最经济的旅行线路，直至20世纪80-90年代，依然是囊中羞涩的中国留学生前往俄罗斯、欧洲的必选线路。

进入苏联境内，留学生们顿感新鲜又陌生。"见到的是苏联人，看到的是俄文字，三餐是俄餐，街上是稀落的木屋，连狗也与中国的不同，一切都在突然间变得陌生起来……过境时，进行了卫生检疫，每人都注射了一针。苏式注射器管长且粗，药量大，这一针，腰酸腿疼全身难受，如同大病一场。"

与当下时速350公里的京沪高铁相比，这趟国际特快列车，简直就是

蜗牛爬，走走停停，最高时速也就 70 多公里。漫长的 8000 公里路途，枯燥乏味地发呆。唯一打发时间的是，尚可观赏沿途的广袤原始森林，田野沼泽、黑色沃土以及人迹罕见的西伯利亚奇异景致，还有俄罗斯风光浓郁的贝加尔湖。

这个漫长旅程，给当年的留苏生黄晓和留下了难忘印象，这位中央音乐学院教授回忆说："苏方铁路质量欠佳，列车颠簸得厉害。加上沿途基本上每站必停，每天都需要倒时差（出发时是北京时间，火车是莫斯科时间，沿途是当地时间，每天要改变一小时）……行程一周多，这一路相当疲惫辛苦，抵达莫斯科后，好多天后仍感觉晃晃悠悠。"

可对留学生而言，真正严峻考验并不在此。同年 9 月，朱践耳来到了莫斯科国立柴科夫斯基音乐学院。这所以柴科夫斯基命名的高等音乐学府，是世界闻名的几所"音乐常春藤"名校之一。

莫斯科国立柴科夫斯基音乐学院为学生提供五年制专家学位教育，归国后认证为硕士文凭。获得专家学位后学生可继续申请副博士学位。作为世界一流音乐学院，莫斯科国立柴科夫斯基音乐学院为世人培养了一大批享誉全球的音乐家，包括斯波索宾、斯克里亚宾、普罗科菲耶夫、拉赫玛尼诺夫等。因此被人们誉为音乐界的神话，在古典音乐界里具有象征性意义的地位。

无疑，20 世纪 50-60 年代，是苏联音乐院校的"黄金时代"。他们以培养大师级音乐家为宗旨，学校以古典为主，作曲系和指挥系为重点院系。当然，钢琴系也闻名于世，诸多明星教授包括涅高兹、芬伯尔格、戈尔登威泽尔、尼古拉耶娃、弗利埃尔、扎克、奥波林、吉列尔斯等，小提琴教授有扬凯列维奇、奥伊斯特拉赫、科岗等组成了导师队伍，都是世界级的音乐家。为此，莫斯科国立柴科夫斯基音乐学院内设有"金字人名墙"（墙上刻有从沙俄时代开始的历届高才生名字，许多人已是世界顶尖音乐家、演奏大师、音乐教育家）。在这里学习和工作过的有很多杰出的音乐家，如塔涅耶夫、维什尼科夫、尼科莱·格洛凡诺夫、里赫特、列夫·奥博林、罗斯特罗波维奇、罗杰斯特文斯基、普列特涅夫、巴什基洛夫、阿什肯纳齐、波格雷里奇、邓泰山等。这些可望而不可及的音乐大师，是莫斯科国立柴科夫斯基音乐学院神话般的存在。

中国留学生主要在三所苏联的音乐学院留学，即莫斯科、列宁格勒和敖德萨的音乐学院。

学校设有本科（五年）、研究生班（二至三年）、进修生班（一至二年，主要为准备参加音乐比赛而进修）等。

很快，朱践耳便意识到，他们几位的到来，遭到了无情的嘲笑。那些来自皇城根脚下的科班出身、具有专业素养的音乐骄子们，用狐疑的眼神，思忖着朱践耳等人，"怎么就派来这几个人？"他们没受过专门训练，没有钢琴底子，和声、复调等专业知识缺失，如何熬过这五年？

这并不奇怪。20世纪50年代中期，一批军队干部进修生到上海音乐学院学习时，同样也遭到学生们的嘲笑。称这批"穿黄军大衣"的大龄进修生，专业都不行。讨论专业问题时，他们低头闷声不响。到了政治运动时，这些人就走上舞台中央，开始领导运动了……自然，朱践耳的空白专业背景遭人"咬耳朵"，就不足为怪了。

话再说回来，1953年至1954年留苏的10个人，都是当年中国音乐界屈指可数的英才。首批留苏生中，李德伦资历显赫，1940年他考入上海国立音专，学习大提琴与音乐理论；1946年任延安中央管弦乐团指挥；1947年，指挥中央管弦乐团首演了《兰花花》以及话剧配乐《解放了的堂·吉诃德》。

吴祖强则出生于文化名人世家，1947年考入南京国立音乐院理论作曲系，1950年转入中央音乐学院，1952年已毕业留校任教。

女高音郭淑珍，1947年考入北平国立艺专音乐系学习声乐，1949年艺专并入中央音乐学院，1952年毕业后留校任教。

第二批留苏生中，黄晓和1946年在常州入学国立音乐院幼年班，1950年5月进入中央音乐学院少年班，先后师从储耀武、马思聪学习小提琴。其他人如杜鸣心、黄晓同、郑小瑛等，无一不是科班出身，是音乐界出类拔萃的才俊。这些人，后来都成了共和国的音乐栋梁、一代宗师。

朱践耳深感汗颜，自尊心受挫。"我们五人是从老解放区出来的，未上过任何音乐院校的，包括我在内共有三人。"

不要说与上述那些音乐才俊相比，专业上差几个等量级；就是与朱践耳同一批赴苏的其他二人相比，差距也很明显。中华人民共和国成立前瞿维是上海美专的，后到延安鲁艺当音乐教师；邹鲁是川音的教师；而他本人，仅仅跟音专学生钱仁康学过几天，唯有一点浅薄的音乐底子，还是从收音机中得来的。

然而，中国留学生们在苏联有着不错的学习和生活条件，他们与外国学生同住一个宿舍，距莫斯科市中心的红场不远。在苏联学习，外国学生还享有助学金，本科生500卢布，研究生700卢布。由于中苏关系处于"蜜月"期，学院当局真诚友好地对待来自中国的学生，在学习和生活上热情地帮助他们，并为其配备了最强师资：

李德伦：交响乐指挥——阿诺索夫（N. Anosovo）

吴祖强：作曲——梅斯涅尔（E. O. Jessner）

郭淑珍：声乐——卡图尔斯卡娅（E. Katulskayas）

曹鹏：交响乐指挥——金兹布尔克（L. Ginzburg）

严良堃：交响乐、合唱指挥——阿诺索夫（N. Anosovo）

杜鸣心：作曲——楚拉基（M. Chulakyl）

黄晓和：音乐学——斯克列普科夫（S. Skrebkovo）

黄晓同：交响乐指挥——高克（Alexander Gauk）

司徒志文：大提琴——罗斯特罗波维奇（M. Rotpopocpp）

左因：竖琴——杜洛娃（V. Dulovas）

曹承筠：竖琴——埃尔德利（K. Erdelia）

郑小瑛：交响乐指挥——阿诺索夫（N. Anosovo）罗日杰斯特文斯基（Gennady Rozhdestvensky）

歌剧指挥——海金（B. Khaikina）、贝因（L. Vein）

……

这份赫赫有名的导师名单，令人神往与羡慕。可当朱践耳等9月里抵达莫斯科时，他们去晚了，导师都分配完了。经学院专业测试后认定，三人的专业基础，远远达不到音乐学院的要求。为因材施教，莫斯科国立柴科夫斯基音乐学院对授课老师的配备颇费心思。最后决定，从苏联民族地区（今哈萨克斯坦）借调功勋音乐家——作曲教授巴拉萨年（S. Balasnyana），为朱践耳、瞿维、邹鲁三人授课。学院考虑，巴拉萨年是专业作曲家，更容易与朱践耳等交流；此外，他生活工作的地区，文化上更接近东方的中国。

尽管如此，初入音乐学院门槛的朱践耳，学习上还是遭遇了危机，以致苏联老师刚给他上主课时，朱践耳一头雾水。"开始上主课时，我完全摸不着门。按教学大纲，先从艺术歌曲写起。我选了艾青的诗《太阳的话》从旋律写作到和声运用、钢琴写法，等等，与学院派的艺术品格之间的差距太大，第一首作品就碰了钉子……"

这种难堪状况，几乎延续了一年，之后才慢慢奋起赶上。

● **音乐圣殿里，接受艺术灵魂洗礼**

其实，到莫斯科后，所有留苏学生才真正意识到，倍感压力的不是远离祖国的寂寞，也不是生活习惯的根本改变，而是语言不通。听不懂上课内容，不能与导师交流，课堂上成睁眼哑巴，这是学习中的最大障碍。而留学生们每个学期的学习成绩，组织上定期统计后需要上报。语言不通，学习吃紧，压力巨大，每个留苏学生为此都心急如焚。

指挥专业的留苏学生黄晓同曾描述他上课时的情景："……高克这个人沉默寡言的，我刚去的时候，俄语也不好，所以我们交流都是用'手'说话。我跟他上课呢……他就看着你指挥，一言不发：指挥得好，就拍拍手；指挥得不好呢，就停下来示范给你看。"

语言障碍，学习维艰，岂止是朱践耳？从吴祖强当年在《莫斯科通讯》发表的一文中可见一斑。这是他代表全体留苏学生，写给祖国人民的汇报信：

……从1953年夏天由我们政府正式派遣到苏联来学音乐的第一批留学生三个人开始，今年是第三个年头了，人数也不断增加到现在的十六人。学习的科目是各门各类的，包括作曲、乐队指挥、合唱指挥、声乐及钢琴、小提琴、大提琴、大管等各种器乐。我们想明年还会来更多的各项不同专业的新的同志。

……耸立在学校的米色大楼白桦树丛前的伟大的俄罗斯作曲家柴科夫斯基的铜像象征着这个学校的优秀传统，也代表着这个学校的荣耀。今天，学校正是以这个伟大作曲家的名字来教育着青年的音乐学生们。每天，我们都从铜像前面走过，读着镌刻在下面铜雕栏杆上的他的不朽作品的片段旋律，提醒我们将来如何像他那样将自己的全部生命随着音乐献给人民。

我们的学习任务是艰巨的。我们具备的音乐基础不够这里的要求，需要补课；语言困难，听懂上课内容的成分要随着时间和努力才能逐渐提高的；习惯于这里的生活是最不重要的一点，但它也影响着我们的学习。谁帮助我们解决这些问题呢？我们的新的学校，亲爱的教授先生和同学们。

这些正像柴科夫斯基的音乐一样永远不能被我们忘记。

学校把我们分配到优秀的教师班上学习，他们耐心细致地想办法使连话也听不大懂的学生懂得他们的意思，逐渐去掌握丰富而复杂的音乐知识和技巧。我们大部分课都是个别上课的，给先生真是添了无数的麻烦。我们常常想着我们每一点进步都渗透着苏联先生们的血汗，渗透着他们伟大的国际主义友情……今年为了三位新来的中国学作曲的学生，更专门从塔吉克斯坦聘请了对民族音乐有特别研究的作曲家巴拉萨年来任教。他们大都是白发苍苍的具有丰富经验的高年的音乐艺术活动家和教师，至今还在为培养又一代的青年而辛勤地工作着……因为我们听大课困难，许多应该大班上的课，学校特别为我们开了小班……

无疑，在留苏学生中，朱践耳年龄大、功底差的劣势太过明显，而作曲者应该具备的"四大件"基本功，更无从谈起。这迫使他必须付出超乎常人数倍的努力，才能跟上他们的步伐。

黄晓和对当年的情况了如指掌，"朱践耳与瞿维、邹鲁的主课老师是同一人，但他是留学生中基础最差的一个，属于业余级，只写过一些队列歌曲。而科班出身的吴祖强，大学毕业后已经在中央音乐学院任教，杜鸣心基础非常扎实，钢琴弹得也好。留学生中，当数李德伦最活跃，他学的是指挥专业，经常有演出活动。他不止一次地在莫斯科、圣彼得堡和其他城市指挥了哈尔科夫、高尔基、古比雪夫、雅洛斯拉维尔、维尔纽斯雅尔塔等苏联乐团演出。苏联演出公司专门为他组织过几次全国的巡演。留苏期间，李德伦还在苏联国家交响乐团实习了半年，还同列宁格勒爱乐乐团、全苏电视广播交响乐团举办过音乐会。他的演出活动，受到苏联报章经常性的报道。

"郭淑珍也很活跃，经常在音乐会上演唱。1957年，她在莫斯科举办的世界青年联欢节上获得金奖，1958年在斯坦尼斯拉夫音乐剧院和利沃夫歌剧院，分别又扮演了普契尼歌剧《艺术家的生涯》中的咪咪和柴科夫斯基歌剧《叶甫盖尼·奥涅金》中的塔吉雅娜。说实话，出国前他们已经是国内音乐界的尖子和翘楚。"

面对莫斯科同窗，"先天不足"的朱践耳倍感压力，他不得不笨鸟先飞，用超常的时间和精力投身学习。而从小养成的坚韧的自研能力，成了他的精神动力引擎。慢慢地，潜意识里关着的远远多于自己所预料的思想、感情和音乐力量，源源不断释放出来，成为战胜一切困难的最强大的力量。他说："当年很多习惯我都保留到现在。在苏联时候，我视野方面得到了拓展，每天都十一二点钟睡觉，时间不够用。我聆听了很多音乐会，平均每周至少听两场音乐会。老师还要求我们每天要练钢琴，不过我没什么时间练琴……"

学习占据了他所有的时间。黄晓和说："朱践耳是个性格内向的人，他除了参加比较大的留学生活动外，基本上都是自己单处。然而三人中，他学得最好、最认真，作品写得最多。"

全力以赴的努力，第一学期，朱践耳已经完全进入了角色。他从艺术歌曲、钢琴曲入手，写了九部作品，艺术歌曲有《太阳的话》《青草发芽》《打连城》《嘎达梅林》以及钢琴独奏序曲第一号《告诉你》、序曲第二号《流水》、大提琴与钢琴《牧羊人》、钢琴曲《主题与变奏曲》、双簧管与钢琴《春天的歌》。二年级，他受丁玲女儿蒋祖馨委托，写了芭蕾音乐《思凡》。这个数量，在留苏学生中很罕见。

读者如果细心研究这些习作，可分析出下列几个特点：首先，当时的中国作曲家，受东欧民族主义乐派影响很深，作品大都具有强烈的民族主义色彩，朱践耳也不例外；其次，朱践耳人生各阶段的工作经历，帮了他的大忙，"跟着电影题材走"的职业习惯，使他在创作中很自然地借用了这种感觉；再则，他对民族民间素材的运用，很早就自觉地开始尝试。例如《打连城》运用了内蒙古小调，《告诉你》有东北二人转曲调的风格，《流水》选用了中国古琴和云南民歌《小河淌水》，《牧羊人》采用了云南山歌，《主题与变奏》选自陕北信天游式的长诗《王贵与李香香》，等等。丰富的社会阅历，使他的创作明显高于其他学生，弥补了自身的不足。

所有的努力与收获都成正比。大学第一学期，他所写的作品，收到了意想不到的效果。此后的舞台证明，模仿德彪西、斯克里亚宾钢琴序曲所写的处女作——钢琴曲《告诉你》，受到殷承宗的青睐和演奏；钢琴曲《流水》，由杜鸣心在"全国音乐周"留学生作品专场音乐会上进行首演并录制唱片，1957年北京音乐出版社还出版发行了单行本，1959年又被苏联音乐出版社出版的《中国钢琴作品选集》刊用；大提琴与钢琴《牧羊人》，被1957年第3期《音乐创作》刊发；钢琴曲《主题与变奏曲》，1959年被苏联音乐出版社选用；还有民歌《嘎达梅林》、双簧管与钢琴《春天的歌》都被国内首演和专业音乐杂志刊出，如此等等。这对一个音乐学院的大一学生来说，作品成活率如此之高，实属罕见。

朱践耳的潜质，在逆境中被激发。第一学期终了，莫斯科国立柴科夫斯基音乐学院考试委员会对他的作品在和声上的运用给予很高评价。然而，真正的收获却是他对西方音乐的精髓——和声，有了刻骨般的认知。他从中苏音乐界对作品鉴赏标准以及受欢迎程度的大相径庭的评判中，悟出了中国与西方国家在艺术品位鉴赏方面的差异和距离。晚年的朱践耳，更是为这一差距没能得到改观而深感不安："在苏联，讲究艺术品位，喜欢感性内在、技艺精细、艺术上经得起咀嚼的音乐；而中国则喜欢明快热闹、通俗易懂、有表面效果的音乐。这个状况，不仅20世纪50-60年代如此，即便在21世纪的今天，仍然如此。我国与世界水平的差距，也可见一斑。"

话说回来，在中苏关系尚未变坏前，为了因材施教，莫斯科国立柴科夫斯基音乐学院对教授中国留学生可谓真上心。对朱践耳、瞿维、邹鲁三位来自中国的特殊非科班音乐生，巴拉萨年格外上心。当然，学院另一考虑的是，巴拉萨年对苏联音乐的民族化、现代化研究很有造诣，有学院派缺少的创作实战经验。朱践耳由此幸运地碰上了一位良师。

一开始，巴拉萨年就告诫朱践耳，"德国的传统和声与中国风格格格不入，法国印象派的和声更接近你们，可做参考，此外每天要在钢琴上读谱两个小时"。

"他告诉我，你写东西听我的意见，这只是一半，还有一半呢，把作品寄回去，听听中国人的意见；第二呢，你写东西一定要有自己民族的风格！这两句话，至今我始终没忘。"

巴拉萨年直奔主题的点拨，使朱践耳受益匪浅。"老师是作曲家，他识谱极快，乐思敏捷，经验丰富。改作业时，一下子就能找出我的毛病，立马在钢琴上即兴弹出多种可能的方案供我参考。"

良师的话，朱践耳佩服至极。"于是，我养成了与以往完全不同的写作习惯，现在全都是在钢琴上反复摸索，甚至灵感也是这样获得的，使感性的自然流露和理性的严密构架尽可能地相辅相成……另外，在音乐思维方面，也有了质的变化：过去是平面的、单一的、单色调的思维，现在是立体的、多元的、多色彩的……"

但是，让朱践耳受益终身的教诲是巴拉萨年的原创思想。在对自己的习作钢琴曲《告诉你》和《流水》的评判上，巴拉萨年对朱践耳最初所流露的艺术观念，进行了一次重大的纠偏。

相对《告诉你》《流水》两首作品来说，朱践耳对后者较为满意。巴拉萨年告诉他，你应该听听你的国家其他人的意见。结果，国内同行都喜欢弹《流水》。但巴拉萨年却对他说："我更喜欢《告诉你》。"朱践耳听闻迷惑不解。

巴拉萨年说，因为《流水》是改编的，而《告诉你》是原创的，作为作曲家，我提倡原创。这对朱践耳的艺术观是个极大的冲击，他向朱践耳灌输了自己动脑筋、自己思考的原创思想。

这个教诲，使朱践耳的艺术观、创作观，有了颠覆性的认知。

三年级，朱践耳的创作开始发力。在分析研究了肖斯塔科维奇的《节日序曲》后，朱践耳写出了管弦乐曲《节日序曲》。这首乐队作品，成了他留苏生涯中首个"华彩乐章"。尽管这首作品有明显的模仿痕迹，但乐曲的中国式思维、中国锣鼓的典型节奏，以及"原创的主部主题和副部主题都是五声性的徵调式旋律"等东方色彩的运用，赋予了作品的原创性。直至有一天，《节日序曲》在莫斯科国立柴科夫斯基音乐学院餐厅里响起时，一瞬间，人们纷纷被似曾相识但又极具东方色彩的陌生作品吸引住了。

朱践耳对这部作品深感满意，超过了其颇受好评的乐队作品《翻身的日子》，"以前我曾写过几部电影音乐，是片段性的、不完整的乐队作品，何况还是业余水平。故《节日序曲》才是我第一部专业性的管弦乐作品，也可说是第一部有成效的乐队作品"。

巴拉萨年很赞赏这部作品。第二年，经他推荐，苏联国家广播电台审听后，由阿·别洛乌索夫指挥苏联大剧院交响乐团录音，作为国家电台永久性曲目买下版权保存。"我将此录音在作曲系学生新作品交流会上播放，在座的师生们大感意外，对中国留学生刮目相看。1964年4月，该作品由莫斯科音乐学院的管弦乐团连演三次"。

《节日序曲》很快从莫斯科传至北京，出现在国庆十周年音乐会上。在上海，黄贻钧指挥上海交响乐团首演，并录制唱片，之后又被德国科隆、日本名古屋、挪威奥斯陆等地的交响乐团陆续演出。

很多年后，功成名就的朱践耳，还深深感激母校，"莫斯科国立柴科夫斯基音乐学院培养了我。在这座高贵的音乐圣殿里，我接受了一次艺术灵魂的大洗礼，使我发现了一个新的世界、一片新的天地，也是我创作生涯中的一个飞跃（创作观念、艺术趣味、作曲技法）；更重要的是，这是'交响梦'最初起步的地方。"

● 三年后，迎来第一个创作旺盛期

在苏联，中国学生表现出惊人的热情和刻苦的学习精神，显示出了中国人所固有的勤奋好学的品质。他们大多数都以优异的成绩完成学业，获得红色文凭（各科课程都必须达到优良成绩），载誉而归。

朱践耳更是如此。在学院里，他如同鸵鸟一般，一头扎进了音乐"沙堆"中，以"练就古今中外功，管他东西南北风"两句话自勉。

大学三年级，在学业上，他已赶超了某些同窗。天资加勤奋，使他脱胎换骨，从一个业余作曲者，成了世界音乐名校名副其实的科班生。凭借着对音乐极度热忱，以及"职业音乐精神"，他写出很多作品。五年来，他的成绩单上只有一个4分，其余全是5分。而这个唯一的4分，老师巴拉萨年很是自责，是由于他期望过高，跨越了教纲，将三年级课程超前一年教授所致。而朱践耳对弦乐四重奏的写作，完全摸不着头脑，习作写得很乏味、干巴，毫无生动之处，更谈不上乐思，以致学期评分时得了唯一的一个4分。

作为音乐学院的一名学生，朱践耳的成绩是骄人的。大学期间创作的习作，超过4首被苏联国家广播电台买下版权，或被专业出版社收入出版；8首被国内权威音乐杂志或专业刊物刊出，作品成活率极高。他总结道："这五年是我在创作上第一次质的飞跃，即从业余水平提升到了专业的学院水平，也是我的第一个创作旺盛期。"

20世纪50年代，中苏关系处在蜜月期，给留苏学生的学习带来极大便利。作为社会主义大家庭的成员，他们被友好地对待。苏联的文化艺术传统十分厚重，艺术品位处在世界前沿，留学生们浸淫在伟大而厚实的苏联文化环境中。

当时，中国留学生活是丰富多彩的。学院里，学术氛围很浓，音乐生活也很精彩。由于有军队的资历，瞿维担任了留学生支部的支部书记，朱践耳为副书记。留苏学生们，常常在瞿维的提议下，参加一些社会活动。

黄晓和说："那时，中苏是一家人，没有意识形态之分。国内教育留学生，要学老大哥。所以留学生支部开会，还请苏共代表参加。共青团会议也一样，可苏联团员开会闹哄哄，大家乱发言，谁也不听主席的。我很惊诧，还发言批评了他们。"

当然，留苏生的业余生活也很有情趣。黄晓同在回忆文章中，讲述了留学生去参观柴科夫斯基故居，以及瞻仰冼星海墓的情景。

1958年"五一国际劳动节"，黄晓同、黄晓和、林应荣、杜鸣心、美利其格、瞿维、朱践耳、邹鲁、徐宜、郭淑珍、倪洪进等参加完"五一游行"后，瞿维提议，去莫斯科郊外的克林——柴科夫斯基故居参观，那天风和日丽。大家一听，非常高兴，于是集合去乘火车，一小时后来到一个古老的驿站。

"我发现驿站和我读契诃夫小说中的描述非常相符。驿站可以喂马、休息、喝酒。当时我在那里还看见了一架古老的马车，这使我想起柴科夫斯基与梅克夫人之间的关系。梅克夫人跟柴科夫斯基说过，我给你买一所房子，我就住在附近，但我们不用见面。就是在这样的地方，发生过他们坐在马车上迎面擦肩而过的情景。"众人感叹，昔日向往的音乐圣地，此刻就在眼前。

柴科夫斯基故居博物馆是两层楼的木制房屋，楼下是柴科夫斯基的弟弟莫杰斯特住，楼上是柴科夫斯基宽敞的房间。四周墙壁挂满了名画和家人图像，房屋中间是一台三角大钢琴，另外还有一台羽管键琴。屋内有个多角亭子间，可以坐在那里休闲、饮茶、聊天、瞭望外面的景色。拐角处有一张小长桌，面对窗户，正对外面的花园。小桌上，放着鹅毛笔和铅笔，第六交响曲《悲怆》，就是在这张小桌上完成的。"大家分别在故居各处参观游览，在花园中歇息漫步，听着扩音器中播放的柴科夫斯基的音乐，沉浸在诗情画意中，深深体验了一次美的享受。参观完故居后，大家来到附近的草坪，兴高采烈地围成一圈玩排球……"

这次参观，朱践耳向往已久。对这位伟大的作曲家，他充满着崇敬。青少年时代，他曾从收音机里反复听遍了柴科夫斯基几乎所有的交响曲，对《悲怆》交响曲，他有着独到的解读。"终曲居然是慢乐章，这是最为别出心裁之处。特别是第四乐章那慢板开始的弦乐主题的和声表现力太神妙了，简直是撕心裂肺的悲痛，和我当时的心情产生了强烈的共鸣。我完全不同意是悲观厌世主义者的说法。我听了这作品，丝毫没有悲观失望，相反是得到了安慰和鼓舞……"

朱践耳一生，对柴科夫斯基十分敬仰。1984年，他与李德伦访问苏联，参加在莫斯科举办的第二届国际音乐节期间，在接受苏联记者采访时说："俄国的作曲家中，我比较喜欢的是柴科夫斯基，还有穆索尔斯基和里姆斯基－科萨科夫。在苏联作曲家中，我最喜欢的是肖斯塔科维奇、卡巴列夫斯基、哈恰图良。在当今新一代苏联作曲家当中，我喜欢的是谢德林和艾什帕依、什尼特科，等等。当然，他们的作品听得少一点。"事实上，在朱践耳晚年创作的前几部交响曲中，可隐约看见他们的影子。

黄晓同在回忆文章中，谈及了朱践耳被苏联同学嘲笑的有趣的争辩。"有一次与苏联同学聊天，他们发问，柴科夫斯基有几部带编号的交响曲？朱践耳不假思索地回答，六部！岂料竟然引起哄堂大笑。朱践耳和瞿维对此感到莫名其妙，不知是怎么回事。原来，柴科夫斯基的确写了六部带编号的交响曲，还有一部标题交响曲《曼弗雷德》。然而专业音乐家都认为前三部属于不成熟作品，只承认《第四交响曲》《第五交响曲》和《第六交响曲》是成熟的杰作。朱践耳后来说这件事也让他增长了见识。"

其实，对柴科夫斯基交响曲的评价问题，仁者见仁，智者见智。尽管人们众说纷纭，但丝毫不影响他在世界音乐史上的至尊地位。美国权威评论家哈罗德·C.勋伯格称：柴科夫斯基本人并非纯粹的形式主义大师，他的音乐更倾向于传统的欧洲风格，严格地说是世界风格。并且，他的音乐中那甜美的、永不枯竭的、超越感觉的旋律是五人团中多数人的音乐作品不具备的……这种独特的俄罗斯风格的旋律充满着内省的精神，令人荡气回肠。声音宏大，还有些神经质，像黑夜里从一扇窗中传出的尖叫一样触动人心。

柴科夫斯基的交响曲，甚至前三部，无不个性鲜明，旋律优美，引人入胜，以至听起来永远清新悦耳。尽管《波兰交响曲》和《小俄罗斯》等作品未免显得过于天真，却欣然充满色彩、创造力和个性化的语言。

话再说回来。在莫斯科国立柴科夫斯基音乐学院的此后几年学习中，朱践耳尝试性地用多种音乐形式写作，如声乐曲、管弦乐作品、叙事诗、小提琴与钢琴、交响诗等题材。尽管有些作品模仿痕迹很深，但无疑，他对复调、和声的运用，以及无标题音乐等方面，获得了突破性的提升。他深刻地感觉到，自己的交响乐思维，从单一走向了多元，艺术想象力在苏联文化艺术的熏陶下逐渐丰富。

朱践耳的作品，自觉地融入了中国元素，无论是《节日序曲》，还是钢琴独奏、叙事诗《思凡》以及交响诗《祖国颂》，姑且不论作品的成与败，但都大量运用了中国戏曲及民间音乐的元素。可贵的是，这种自觉用母语创作的意识，成为朱践耳此后一生创作的显著特征并贯穿始终。当然，"红色印记"是他创作的另一个重要特征。

客观地看，朱践耳的"革命"烙印，在他的不少作品中，刻下了深刻的印记。青少年时代，由于受到中共地下党员的姐姐、姐夫熏陶，受投身革命的妹妹影响，以及后来参加革命，接受军队的红色大熔炉的洗礼，耳濡目染地受到革命队伍中的进步思想影响。他对无产阶级革命乃至"颂圣"文化，充满着革命战士的忠诚，其创作的《壮士行》《祖国颂》，以及所创作的那些自然流露的歌曲，以及交响大合唱《英雄的诗篇》，都表明了他的思想和言行，不可避免地有着鲜明的革命印记，直到"文革"后，还是留下了抹不去的烙印。

当然，个中他还是有所省悟。大学四年级时，他从写作交响诗《祖国颂》的失败中，深刻认识到以"大跃进""多快好省"的革命精神创作的荒唐。这"完全是在国内创作时的那种空洞概念化的、意识形态的老套子。纯系文字构思，而非音乐构思。没有音乐思维，注定要失败……"但是，这种认识有一定的表象性。

转眼到了学业的最后一年。

莫斯科这五年，在作曲家身上留下深深的烙印。他羡慕苏联在文化艺术方面的富庶，这个伟大的民族，珍惜本民族的文化代表人物和伟大文化遗产的创造者。他感慨万千于她的不可被征服，并深深地致敬。这段美好时光，在心中留下了刻骨铭心的记忆。

"……我整天，整个身心，都浸润在精美的音乐氛围中，使我懂得了什么是高雅美、精致美、人性美。每一个音符都是那么讲究，那么贴心……在音乐思维方面，也有了质的变化：过去是平面的、单一的、单色调的思维，现在是立体的、多元的、多色彩的思维。这五年是我在创作上第一次质的飞跃，即从业余水平提升到了专业的学院水平，也是我的第一个创作旺盛期。"

● **《英雄的诗篇》，熠熠生辉的典范之作**

毕业之作——交响大合唱《英雄的诗篇》，正是这一时期熠熠生辉的典范之作。尽管这部作品在此后几十年中历经沉浮，其艺术价值在五十多年后才真正被世人公认。直至晚年，朱践耳还坚持认为："《英雄的诗篇》是结业作品，可看为整个五年的学习总结。"

多年军队文工团的工作生活磨砺，相比那些同窗，在政治上，朱践耳显然比他们成熟不少。特别是，他对政治题材的捕捉以及敏锐创作嗅觉，以及被本能的创作热情所激发的灵感，曾使朱践耳获得多次成功。他写的歌曲，无论是当年的队列歌曲《打得好》，还是后来的《唱支山歌给党听》《接过雷锋的枪》《到农村去，到边疆去》，都有着惊人的传播性。其歌声熠熠生辉，都曾在全国人民传唱中掀起一阵阵热潮。

交响大合唱《英雄的诗篇》，冥冥之中仿佛受到诸神的某种指点。1957年1月，《诗刊》创刊号首次刊载了毛泽东十八首诗词；之后的1958年9月，文物出版社刻印大字本《毛主席诗词十九首》在国内公开发表。远在莫斯科的朱践耳捕捉到这个信息后，对领袖的诗词本能地产生了极大兴趣，创作激情油然而生。"我觉得形象生动，诗意甚浓。每首虽然只有八句，内涵却很丰富，引发了我丰富的艺术想象，在音乐上大有用武之地，自然而然地灵感就来了，水到渠成……"

在不到一年的时间里，五个乐章（原版《英雄的诗篇》共有五个乐章，在1993年新版加入《忆秦娥·娄山关》乐章后，作品才成为六个乐章的鸿篇巨制）的构思，从文字提纲搬上了五线谱。即便今天看来，这部时长达一小时的作品，堪称是一部声乐与乐队并重的"庞大乐剧"。

擅长写标题音乐的朱践耳，在这部作品的写作提纲草案里，天马行空的想象力得以最大的发挥。要知道，在那个年代，为最高领袖诗词谱曲，不仅是一项重大政治任务，而且还有风险。作曲家如没有几把刷子，谁敢接受如此重任？可朱践耳呢，丝毫没有一点"战战兢兢"的畏惧感，相反，对"一部史诗性的颂歌"写作，充满着自信与把握。真可谓"初生牛犊不怕虎"。

第一乐章《清平乐·六盘山》（混声合唱，男高音领唱），奏鸣曲式，一曲秋高气爽、壮志凌云的"开篇"。

第二乐章《西江月·井冈山》（混声合唱），第一侧面：一幅英勇战斗的"速写"。

第三乐章《菩萨蛮·大柏地》（女声合唱），慢乐章，第二侧面：一首

战地黄花似的"小诗"。

第四乐章《十六字令三首》（男声合唱，女声伴唱），第三侧面：一页神速进军的"剪影"。

第五乐章《七律·长征》（混声合唱），奏鸣曲式，总结全篇，与首乐章遥相呼应。

作品以《长征》为核心主题，"将五首内容独立的诗篇，构建成了一部完整的交响套曲"。在创作素材上，朱践耳"既不用民歌也不用当年的革命歌曲，那样局限太大，而全部都是自创的旋律"。可以说，这是20世纪50-60年代中国交响乐创作上的一次重大突破。

作曲家对自己的构思甚感满意。事实上，其作品成功的重要因素就在于"是以丰富的、立体的、多变的节奏，呈现了气势磅礴的'历史画面感'"。

找到了适合自己创作风格的题材，朱践耳写得很顺也很快。主课老师对弟子的题材选择也很满意。

晚年朱践耳在回忆录中，对巴拉萨年当年的竭力举荐心存感激。"由主科老师推荐，苏联电台曾听审了刚写完的三个乐章（用两架钢琴）。但由于是领袖的诗词，他们要求中国当局有关方面能协助鉴定一下。于是，我趁着1959年暑假回国实习的机会，在北京请中国音协领导人审听了一次，有吕骥、杨荫浏、罗忠镕等八九位专家出席。经过讨论予以肯定，由秘书长王元方签署了鉴定意见书。秋初，我回到莫斯科，继续写出第四、第五乐章。1960年春，再次由苏联电台听完了全部五个乐章，我还交上了中国音协出具的鉴定书。于是，他们决定作为永久性曲目收购和收藏。"

为了作品尽早播出，苏联方面紧锣密鼓，组织人员手抄分谱，翻译歌词，确定乐队指挥，并破天荒地预付了百分之三十的稿酬。只是可惜，还没来得及听到乐队的音响，朱践耳已登上了回国的列车。

交响大合唱《英雄的诗篇》创作成功，朱践耳切身感受到了前所未有的成就感。朝夕埋首，五年寒窗，青灯苦读，今朝终于得到回报。而今，他早已褪尽了"泥土味"，成了国际音乐名校的一个名副其实的科班生，具有了驾驭大作品的能力。此外，从政治意义上来说，他成了中国第一个运用交响曲形式，为最高领袖诗词谱曲的作曲家。当然，在他之前，就曾出现了歌颂领袖的音乐作品，但仅仅局限于"歌"的范畴。

1941年，时任《晋察冀日报》副总编辑的张春桥创作了《毛泽东之歌》（卢肃作曲）；此外，抗战时期，由王承俊（久鸣）、劳舟谱曲《七律·长征》《沁园春·雪》，也已在敌后根据地传唱；1958年4月10日，《文艺报》向作曲家征集毛泽东诗词谱曲稿件后，音乐作品不断涌现，一词多曲、一曲多词，其中不乏劫夫、贺绿汀、陈志昂、郑律成等名师佳作；1960年6月，由北京大学学生音乐创作组集体作曲的《毛主席诗词大合唱》，是最早的毛泽东诗词歌曲版本。这些作品，大多是长度仅几分钟的独唱和少量的合唱。由此可见，上述作品，与交响大合唱《英雄的诗篇》不在一个量级上，它是交响乐体裁的一个独创。

然而，谁又曾料到，这部完稿于1960年6月，被音乐学家黄晓和称作"一部将西方先进技法与浓郁的民族语言融为一体，具有现代中国气派的划时代的音乐杰作"，竟命运多舛。作品诞生后，仅仅象征性演出了几次后，就被无情地打入了冷宫。此后，作品在近半个世纪中所经历的戏剧性遭遇，实在令人唏嘘。当然，这是后话了。

眼看自己作品即将在苏联首演，满心喜悦的朱践耳，却在回国半年后，得到莫斯科传来的坏消息：苏联国家电台已终止了这项工作。原因在于，50年代后期，中苏关系已从友好逐渐走向交恶，乃至破裂。以毛泽东诗词创作的《英雄的诗篇》，当然被列入禁演、禁播之列。总谱手稿全留在了莫斯科，成了一堆无用的废纸。

作品遭遇重大波折后，朱践耳为留在苏联的总谱手稿心急如焚，在那个年代，手稿即孤本。他赶忙写信给仍在莫斯科国立柴科夫斯基音乐学院学习的至交黄晓和，恳请他千方百计索回手稿。

可谈何容易？项目黄了，总谱手稿已踏破铁鞋无觅处，几经辗转后不知了去向。黄晓和岂敢怠慢，"我深知这部作品的珍贵价值和分量，立即为寻找这份手稿四处奔走打听，最后终于在演出公司工作人员的帮助下，在一间库房的立柜顶上的一个箱子里，翻出了卷成一捆的手稿，顿时感到心头一块石头落地，兴奋极了。1961年6月，我顺利毕业回国，将手稿交还给了朱践耳"。

多亏了黄晓和，作品才得以在历经曲折后重见天日。当年如果不是他费尽周折，寻遍莫斯科有关单位找回，那么，这份总谱可能早就被烧成灰烬，或当废纸处理，永无天日，哪还有后来的成功演出和辉煌？

这里，有必要厘清朱夫人舒群与黄家兄弟姐妹之间的关系。早在抗战初期，两家就有往来。当年在贵阳，舒群与黄晓和家，都有着显赫身世。舒群父亲是蔡锷麾下滇军第六团团长，中将军衔，负责川、滇、黔三省治安。（那时，朱德是第一团团长。）蔡锷死后，舒群父亲解甲归田。黄家呢，祖父黄干夫为贵阳达德学校的创始人，叔祖父黄齐生是贵州知名教育家、进步民主人士，曾与王若飞（黄晓和的表伯父）一起，与周恩来、邓小平等革命家，一同留学法国，一道工作。黄家兄妹六人，均自幼学习音乐：大哥黄晓庄作曲，大姐黄晓芬拉大提琴，二姐黄晓苏搞声乐，二哥黄晓同指挥，妹妹黄晓芝拉小提琴。

1946年4月8日，中共代表王若飞、秦邦宪（博古）在重庆与国民党谈判返回时，飞机不幸撞山。在这桩史称"四八惨案"中，一同殉难的还有叶挺、邓发、黄齐生以及黄晓和年仅20岁的大哥黄晓庄等17人。抗战初期，日军轰炸贵阳，舒群家被烧得片瓦不留。面对日寇的暴行，舒群从小就参加抗日民族先锋队，走上了革命道路。舒群说："国民党认为我是小共产党（我是儿童团团长），上了县党部的名单。17岁时，我考入贵阳女中，学校里认为我的思想很左迟早要被抓。两年后，我考上了重庆青木关上海音专,离开了贵阳,脱离了危险。"

而黄晓和与朱践耳,1949年前就有交往。黄晓和说:"朱夫人舒群和她两个妹妹,与我两个姐姐在贵阳就是同学,她们同为中共地下党员。从小我与朱践耳及朱夫人,就以哥姐相称。解放初期,朱践耳是华东文工团军乐队队长,年长我13岁。那时,他到我家来,还留着胡子。之后,我们又在莫斯科相遇,成了同窗。但我比朱践耳晚毕业一年,才有了找回总谱一事!"

打住!我们再回看《英雄的诗篇》的一波三折。

总谱失而复得,朱践耳欣喜若狂。1962年,在"上海之春"音乐节上,曹鹏指挥上海交响乐团、上海合唱团、上海广播合唱团联袂在国内首演了《英雄的诗篇》。上海广播电台会同中央人民广播电台在录音棚正式录了音。黄晓和说:"中央人民广播电台国际部还做了一个小时的专题节目,四十五分钟是作品录音,十多分钟是朱践耳的讲话(用俄语,并向主科、副科老师以及苏联朋友致意)。专题的录音带由中央台送往莫斯科,作为特别节目在10月1日中国国庆日向全苏广播(当时中苏关系虽已破裂,但相互间的广播交流工作并未中断)。朱践耳事先给苏联老师们和好友们写信告知了广播日期。后来他们来信说,听到了广播,十分高兴,深感亲切。"

朱践耳很快收到了莫斯科的回信。俄语基础扎实的黄晓和,翻译了巴拉萨年的俄文亲笔信。

亲爱的朱践耳:

我感到自己在您面前十分有愧。我收到了你的许多信,然而只是现在才着手回答您。

首先,我非常感谢您对我60寿辰的祝贺。我非常忧愁地纪念了60周岁,但是什么事也做不了。幸运的是自我感觉精神爽朗并同往常一样充满能量。

其次，我想热烈祝贺您取得的成就，即您的《英雄的诗篇》理应荣获的成就。您寄来的照片使我非常愉快和感到满足。我毫不怀疑您的作品将取得巨大的成功。这部作品的确是非常大胆的、创新的（虽然我很不了解中国的现代音乐）。您的创新，我认为在于采用了您感到亲切的音调氛围，创造了对您的国家来说非同一般的宏伟形式（这样的音乐陈述形式，据我所知，在中国还没有过），运用了丰富的和声综合体、有意思的复调手法。如果还要补充的话，那就是您出色的管弦乐的嗅觉，这种效果应该无疑是来自个性。

我非常非常为您取得的成就感到高兴。您在莫斯科音乐学院学习的五年过程中，我一直在观察，我丝毫不怀疑，您将成为真正的大作曲家。我深信，独立工作后，您将会写作得一样的好。

衷心地祝愿您。

1962 年 8 月 23 日

五年寒窗，终成学业。朱践耳的创作，有了质的飞跃。当1960年夏，朱践耳从莫斯科归来时，他已是一位修养全面、功力扎实、有相当成就的作曲家了。朱践耳领悟到，过去在国内工作的十年间，"在创作观念上、艺术趣味上、作曲技法上是那么幼稚、肤浅、简陋、单调、粗俗，与专业水平差距不是一点点……仅属于业余爱乐者水平"。是莫斯科国立柴科夫斯基音乐学院令他大开眼界，引领他登堂入室，在这所世人仰慕的名校接受了五年专业学习和训练。

当然，我们应当看到，虽然莫斯科国立柴科夫斯基音乐学院秉承了世界最先进的教育模式，但与欧美音乐名校相比，由于受意识形态的影响，在国际音乐前沿学科等教育方面，存在一些差距。自然，学生们的知识面和视野，不可避免地受到局限，以致造成某种专业知识的缺失。如现代乐派的巴托克、勋伯格等，以及被认为是苏联的"叛徒"斯特拉文斯基等人，遭到了绝对的排斥。即便是普罗科菲耶夫、肖斯塔科维奇等苏联著名作曲家，也一而再、再而三地遭到批判。

自然，朱践耳在莫斯科所学，也受到了一定影响。但不管怎么说，五年学习中，他庆幸自己在民族化与现代化的结合方面，进行了大胆的尝试，找到了一条通往中国风格的新音乐之路。特别是他钟情的交响音乐方面，莫斯科成了他的"交响梦"开始的地方。他期待着回国后大展身手，成为中国进步的民族音乐艺术的一个创造者，将人民的意志、向往和情感混合在伟大的交响音乐的形式中，奉献给千百万大众。

可年轻的朱践耳还是稚嫩了点，他看不清60年代初国内的政治大环境。很快，他就嗅到政治风向急剧向"左"的信号，为"反修防修，防止和平演变，最高领导人决定在全国城乡发动一次普遍的社会主义教育运动，开展大规模的阶级斗争"。最高领袖还对文艺界发出了严厉批评，"帝王将相、才子佳人多起来，有点西风压倒东风……"

之后，一系列的中央决议，以及最高领袖对文艺现状的批判升级，改变了文艺界的整个氛围。音乐界"土洋之争"又沉渣泛起，并刮起了"必须民族化、大众化，以及无论如何，洋化是不行的"的"左倾"之风，以对德彪西的批判讨论为抓手，对西洋音乐上纲上线，大加讨伐。一时间，全国刮起了一股弃洋乐器改奏民族乐器之风。

现实狠狠地打脸朱践耳。被苏联老师高度评价的作品《英雄的诗篇》，在国内碰到了"钉子"，乐队总谱寄往人民音乐出版社后，随即被退稿。出版社回复，只能单独出版第五乐章《长征》，其余四个乐章退稿。

朱践耳百思不得其解。他真切地怀念起苏联的音乐氛围，五年中，他不停地解构与推敲西方经典作品，以期融会贯通。自己整天、整个身心沉浸在精美的音乐氛围中，每星期还可以看歌剧、听音乐会熏陶。回国后就不一样了，政治空气紧张，常常心神不宁。特别是对交响音乐这种外来的、技术性很强的艺术形式，更是责之过苛。

政治上的极"左"思潮，日益明显地干扰了艺术"双百"方针的贯彻。在这个大背景下，《英雄的诗篇》的结局可想而知。著名音乐评论家王安国说："1962年《英雄的诗篇》在沪首演，这部激情洋溢、气势磅礴而又十分富于歌唱性的革命史诗，却被批评为'太洋了！''洋'虽然是个艺术风格的判断词，但背后却意味着'脱离群众'和'西化'，艺术形式问题便可能成为方向道路问题。向来尊重别人批评意见的朱践耳，于次年拿出了一个修改稿，尽量在'让群众容易听懂'和避免'洋'上下功夫，结果作品中许多有特色的艺术处理被抹平了，失去了原有的光彩。"

作品被束之高阁，锁进了抽屉。可作曲家依然怀揣抱负与梦想，希冀在自己钟情的"交响梦"中，有一番作为。

卷二　失落自我

第六章　遵命创作

● "交响梦"被现实击碎，一地鸡毛

1960年，朱践耳学成回国，在北京"反修"学习班学习一月后，他满心希冀能回到上海，渴望在上海交响乐团里有一番作为。

在红墙边的莫斯科国立柴科夫斯基音乐学院的五年学习，彻底影响并改变了朱践耳一生，留下深深的文化烙印。他羡慕苏联在文化艺术方面的富庶，也深知中国文化艺术事业特别是古典音乐土壤的贫瘠与荒凉。作为新中国年轻一代音乐家，一名文化艺术的创造者，他知道自己肩负的重任。

毋庸置疑。20世纪50年代，中国与苏联在音乐文化方面的落差，犹如学生与老师之关系。君不见，在旧中国，达官贵人们每逢喜事，无一不是请个戏班子唱堂会，有谁见过歌剧或交响曲的堂会？即便像鲁迅、郁达夫、郭沫若、沈从文等中国知识精英们，也鲜有欣赏交响音乐会经历。中国这个崇尚戏曲和民歌的国度，虽说有不少西洋管弦乐团，但其功用简单得令人难以置信。就说上海乐团和中央乐团，能上演的曲目也非常有限。1957年，当中央乐团在俄罗斯指挥执棒下首演肖斯塔科维奇《第七交响曲》时，首都音乐界喜形于色，竟然奔走相告："我们能演肖斯塔科维奇的作品了！"

苏联则不同，苏联音乐是古典音乐的伟大继承者。俄罗斯人曾骄傲地夸口："当柴科夫斯基出现在世界乐坛时，西欧的音乐艺术已经拥有了灿烂的群星：巴赫、莫扎特、贝多芬、威尔第、普契尼、亚当、德利布……当群星在大地上空闪耀时,俄国的知识分子还在农奴制压迫下呻吟。1861年亚历山大二世废除了农奴制,新的(即资本主义)生产才在这片土地上飞快发展。至19世纪60年代到90年代,俄国文学艺术已进入群星灿烂的时代,这时代比西欧来得晚,但一样的辉煌。"

这无可非议。他们从教育体制上非常重视艺术教育,严谨而高水平的教学质量为苏联培养了大量的艺术人才,涌现出一批国际知名的艺术家:在音乐创作方面有斯特拉文斯基、哈恰图良、普罗科菲耶夫、肖斯塔科维奇、杜那耶夫斯基等,乐器演奏方面有里赫特、奥伊斯塔拉赫等,舞蹈方面有享誉世界的乌兰诺娃。除了大量高水平的古典音乐会外,苏联电影的配乐,大多使用如交响乐、器乐合奏、管乐合奏、器乐独奏等表现形式。中国人非常熟悉的电影《静静的顿河》,在用交响乐展示大背景下的场面,以感情色彩极其丰富的小提琴来刻画人物心理斗争。肖斯塔科维奇创作的《攻克柏林》电影配乐,给人留下的印象更为深刻。

一腔抱负的朱践耳回国后,感受到中苏间截然不同的文化大环境。尽管他有点不适应,但追逐"交响梦"的热切心情并未受到影响。"莫斯科是我'交响梦'最初起步的地方。我打算回国后继续探索下去,决心为中国的交响乐事业奋斗终生。"

可世事难料。回国一个多月后,丧气事接二连三地降临到他身上。"在北京集中反修政治学习临结束前,第一件倒霉事就来了。党支部组织委员突然来找我,口头向我传达了驻苏大使馆的留学生管理处党委的决定,给我以党内严重警告(仅次于'留党察看')……"朱践耳被这从天而降的政治处分事件砸懵了。

发生了什么?黄晓同回忆说:"朱践耳都回国半年了,有人栽赃诬告他在苏联丢失了党小组笔记本,谎称可能被与他同寝室的美国'特务'(美国进修生)偷走,这使上级错误地给朱践耳党内警告处分。"

这是严重的政治事件。当时,国内正在反修,与苏联在意识形态上出现严重分歧。此时，作为留学生支部书记，将党组织的一本记录本弄丢，况且偷盗者还是美帝的"特务"。无疑他在政治上犯了大错。

惊诧之际，朱践耳左思右想不得其解。回国前半年，莫斯科国立柴科夫斯基音乐学院留学生支部已改选，作为党支书的他在卸任时，依照组织程序，清楚无误地将全部党内记录本，一一清点移交给了新任支部书记，没任何问题啊！再说那时，与朱践耳同寝室美国留学生还未来校呢，怎么半年后，无中生有，突然让他背上政治黑锅了呢？简直莫名其妙。

朱践耳深感人性之恶，却想象不出谁在背后诬陷他。更为诡谲的是，这明显违反党章规定和组织程序的党内严重警告处分，怎么会在本人不知情、没有任何申述的情况下通过？

而今，他身处国内，远离莫斯科，朱践耳有口难辩，自己又如何申辩？上哪申述？他深感无奈，"虽然心中很不平，也只好哑巴吃黄连，背上黑锅了！但是反过来一想，也好，这样就不可能再叫我当什么官了，可以专心创作，管他呢！"阿Q的精神胜利法，让他暂时平定了那颗愤懑之心。

不用怀疑，被领袖毛泽东称为"你们是早晨八九点钟的太阳，世界是你们的，也是我们的，但归根到底是你们的……"这批共和国留苏骄子，并非生活在真空中。这个世界，没有所谓伊甸园，那不过是个传说。尽管留学生团体人数并不多，但人与人之间充满着复杂。表面看似一团和气，暗底下激流涌动，同窗中，不乏妒贤嫉能、排除异己、心怀叵测、背后捅刀子的势利小人。当然，还有革命口号常挂在嘴上的道貌岸然者。为此，留苏音乐学生中，多人"享有"被人背后下黑手的遭遇。

朱践耳莫名其妙遭到党内警告，可留苏生黄晓同比他还惨。这位莫斯科音乐学院指挥系的优等生，被一份上报国内的黑材料，扣上了"修正主义者"大帽子。在"政治挂帅"的年代，这足以断送其一生的政治前途。

果不其然，黄晓同回国探亲时，有关方面通知他，结束五年学业，提前一年结业回国。可怜这位才华横溢的学子,没等拿到毕业证书,便莫名其妙地"被休学"。蒙冤,成了他一生的悲剧,并改变了他一生走向,失去了走上指挥台的机会。从此,他只能远离乐团与舞台,躬身上音三尺讲台,领了几十年助教工资。遭此陷害,黄晓同抱憾终身,死不瞑目。还有,指挥系严良堃在党的会议上的发言,被人歪曲为反党言论而向上级递黑材料;作曲系杜鸣心回国,带着组织介绍信转团关系时,发现他已被开除了团籍。"文化大革命"后,朱践耳、黄晓同等当事人,在解密后的当年材料中,才弄明白遭歹毒之人背后陷害的事实真相。

有道是,人走背运,喝凉水都塞牙。在学习班结束后工作分配上,朱践耳极为晦气,似乎抽到一个"下下签"。他被告知,所有人"按规定一律"回原单位工作,而他出国前是中央新闻电影制片厂一员。

朱践耳沮丧极了,他太了解"新影"了。那时新闻片基本靠编选现成的音乐来配乐,不需要作曲,更不用说写交响乐了。在新影厂,作曲是个摆设,需要的是音乐编辑。留苏学成归来,自己已有拿得出手的三部交响作品。现在,学非所用,这是对国家资源以及人才的最大浪费。

失望、懊恼、沮丧、晦气,朱践耳心中五味杂陈。憧憬并为之奋斗的"交响梦"就此要破灭。可心中纵然有十分怨气,他又能说什么?"乖孩子"朱践耳最终还是秉承了革命军队的优良传统——绝对服从。

在"新影"工作一年后,朱践耳才得知,所谓工作分配上的"按规定一律",不过"是个局",唯独自己受到了不公正待遇。他受到了莫大的欺骗。"……新影厂送出去留学的三人中,一个早我一年回国的,就去了上海交响乐团担任作曲,另一个晚我半年回国的,去了上海交响乐团当了指挥,唯独我一人,二话不说,老老实实留在了新影。"一石激起千层浪,朱践耳内心难平,犟脾气开始萌动,他认为要为自己受到的不公正而鸣不平。他为自己行将破灭的梦想而开始了行动。

新影厂领导并不知情,却有意培养他,让他担任厂级业务行政领导——音乐总编辑，主持全厂音乐编辑工作。殊不知，一心只做"交响梦"的乐痴，对这顶乌纱帽并不感兴趣，自嘲自己哪是当官的料？他寻找种种说辞，试图说服领导："国家花了那么多钱培养我学作曲，现在学非所用，当行政干部，岂非浪费？我有志于交响乐创作，留学期间已写了三部交响乐作品。回国后唯一的愿望，就是为中国民族交响乐派的建设而奉献一生……"

今天看来，在那个年代，政治上幼稚的朱践耳想当然了，国家意识形态岂是以他的意志为转移？他对苏联文化艺术"中毒"太深了。他臆想自己能成为中国的"强力集团"成员之一。"南北各有一个作曲群体。中央乐团的作曲组已是一个阵地，上海交响乐团目前只有两位作曲家，我若能去，三人正好一个创作集体。何况我本人是上海人，妻儿都在上海……"

他觉得他与上海交响乐团很有缘。留学期间，自己首部管弦乐曲《节日序曲》，是上交 1959 年 10 月在国内首演的；1962 年，乐团和上海合唱团合作，又首演了自己的毕业作品交响大合唱《英雄的诗篇》，1964 年再次演出了作品修改本。为此他非常渴望自己能成为上海交响乐团的一员。

朱践耳生怕新影厂领导不同意，同时又给文化部、中宣部领导分别写了请调报告。在报告中，他特意引用了国家领导人关于"留学生回国后要发挥工作母机的作用"的指示，并主动请缨，愿意义务为上海音乐学院兼课，提出"工作岗位宜在上海交响乐团"的请求。

新影厂很快同意了他的调动请求。让他深感意外的是，文化部部长竟然爽快地在报告上批复——同意他去上海交响乐团工作。

一路绿灯，朱践耳信心徒增，愿景即将成真。谁料想，乐极生悲。在上海，他碰到了更大的钉子，至死都留下遗憾。

当朱践耳到上海市文化局报到时，他傻了眼。"不知何故，局长竟然不顾国务院文化部的批示，不肯接纳我，并一再地劝我去上海音乐学院工作；另一方面，上海音乐学院又传出消息，说我不服从分配，迟迟不到音乐学院报到。"朱践耳如坠入云里雾里，他不知道发生了什么，是何种力量"让老母鸡变鸭"。

为"交响梦"，朱践耳心有不甘，多次到文化局、上海音乐学院，煞费口舌地申述乃至请求，希望有关领导落实北京批示。然而，求爷爷告奶奶，没起一丁点作用，反而被误认为是个拎不清的难缠之人。

在三番五次找领导理论没有结果后，这个"迂腐"气十足的"乐痴"，依然不罢休，干脆自费赴京"上访"讨说法。（按今天说法，是越级进京上访。）他找到文化部有关领导，寻求帮助，岂料北京方面来了个"快闪"，直接将此事回上海处理。朱践耳哪里知道，此举犯了大忌，彻底惹怒了主管单位，哪有他好果子吃。

走投无路的朱践耳，硬着头皮再次走进了上海市文化局。他对上海不执行文化部批示、强行要他去上海音乐学院报到的做法非常窝火，当得知去上交无望后，他赌气地冲着有关领导嚷嚷："如果一定不同意我去交响乐团，那么，文化局所属的任何一个团我都去！"言下之意，就是不去上海音乐学院！

岂料，这句赌气话，使他付出了一生中刻骨铭心的代价——"十三年光阴，令我一无建树。"他感慨道。

在晚年撰写的《创作回忆录》中，对此事朱践耳依然耿耿于怀，"我一赌气，说了这句不该说的气话。果然不久，就把我分配到歌剧院去了（实为上海实验歌剧院，1991年改名上海歌剧院）。这下子更糟。我不擅长也不喜欢歌剧，只对交响乐情有独钟，'乱点鸳鸯谱'是对工作不利的……我自落陷阱、自认倒霉，不得不去歌剧院上班……"

这个当年红极一时的知名院团，悄无声息地接纳了这个中国音乐界颇有成就的作曲家。对于他的到来，上海实验歌剧院压根就没当回事。

作为当时上海重要的音乐歌舞团体之一，上海实验歌剧院设有歌剧团、舞剧团、乐团以及舞美工场。然而，乐团的专业是歌剧、舞剧，而非音乐会乐团，这使得朱践耳"英雄无用武之地"。专业上极不对口，他深叹"无才可去补苍天"。

上海实验歌剧院可谓人才济济。著名艺术家有任桂珍、林明珍（歌剧）、舒巧、恽迎世（舞蹈）和民乐演奏家任同祥、舞蹈编导李仲林、作曲商易等，在创作和表演艺术上都有很深的造诣。他们分别在歌剧《小二黑结婚》《白毛女》《红霞》《洪湖赤卫队》《江姐》《草原之歌》《蝴蝶夫人》和舞剧《小刀会》《宝莲灯》《凤鸣岐山》中塑造了成功的艺术形象，在观众中留下了深刻的印象。

1959年，上海实验歌剧院迎来创作史上的一个高光时刻。新创作的歌剧《天门岛》《人参姑娘》、舞剧《小刀会》三部大型作品接连上演。其中，《小刀会》和创作的部分音乐舞蹈节目，经由上海电影制片厂拍摄成舞蹈艺术片和艺术纪录片《十年歌舞选粹》，在全国发行放映后名声大噪。

据上海歌剧院《院史》记载：1960年1月11日晚，《小刀会》在上海艺术剧场为党的八届八中全会代表作专场招待演出，毛泽东、刘少奇、周恩来、朱德、邓小平等中央领导同志均莅临观看，演毕谢幕时，周恩来总理上台与参演人员见面，并合影留念。次晚周总理召见许平院长，说毛主席和大家看了《小刀会》演出，都比较满意。周总理还问："你们怎么不到北京去演？"许平说："这个作品是我们剧院创作的第一部舞剧，还缺乏经验，戏还粗糙，不敢拿到首都去。"

周总理笑笑说："有什么不敢去的！我请你们去！……那边文艺界里有那么一些人，只喜欢洋东西，说起舞剧，好像就只有一个（苏联专家在京排演的）《鱼美人》。他们就是不重视有我们民族特色的东西，你们去可以促进。"

那一时期，上海实验歌剧院因舞剧《小刀会》《宝莲灯》红遍全国。在国家重大政治活动中，《小刀会》经常受邀上京演出。文化部和外交部还以此为外宾组织了多场招待演出。剧组多次受到周恩来、陈毅等中央领导接见。

辉煌的院史载入了大事记。可有关朱践耳的创作与艺术活动,却鲜见记录。尽管他在那里工作了十三年,不过是个匆匆过客。在上海实验歌剧院,他算不上名人,更上不了名人目录。

打住,还是言归正传。

对于当年上海市文化局为何反对?直到垂暮之年,朱践耳的心结依旧未解,止不住一连串发问:为什么?为什么?

多少事,当局者迷,旁观者清。今天来看,朱践耳回国后所遭遇的一切,都与他在莫斯科期间得罪人有关。

作为留学生支部副书记(瞿维回国后,朱践耳任支部书记),因性格使然,朱践耳不善人际交往,平时又沉默寡言。不少同窗认为,这个来自解放区的年龄较长、又有一定资历的人,是个思想较激进、难以接近、又不懂融通的人,一些人为此对他心存戒备。

作曲家奚其明说:"莫斯科留学期间,一个上海同窗犯错误被处分,在党组织会议上,朱践耳丝毫不留情面,直言不讳,对其进行了过于严厉的批评,于是,被人记恨于心。同样,他还与北京留苏生群体结下了'梁子',原因是作曲系一位才华横溢的留苏生在生活上犯了错,朱践耳在会上同样对他进行了严厉的指责与批判,并给出了处分建议。"

或许因为言行过激,他得罪了京城留苏的不少精英人士,于是,朱践耳在京分配工作受阻,成为必然。这与朱践耳的说法对上了号。刚到莫斯科的一两年间,他受到了留苏生们的排挤,一些人看不起他这个"土包子"。

至于上海市文化局为何竭力阻止他去上交?那是因为,上海亟需充实上音教学力量,留苏归来的朱践耳,自然成了香饽饽。中国音乐界权威之一、上音副院长丁善德为此曾多次找他谈话,希望他到上音工作,都被朱践耳婉拒,坚持要去上海交响乐团。未如愿后,他又进京"告状",试图让文化部施压上海，这使得上海方面很恼怒。不经意间，这位人际交往中的"白丁"，彻底得罪了上海的"父母官"。为此有关方面直接下狠手，既不让他去交响乐团，也不让他去上音，而是将朱践耳分配到了上海实验歌剧院。

很多年后，朱践耳愤愤然地对奚其明说："浪费了我整整十三年！"

撇开赘述，回到正题。

在现实面前，朱践耳的"交响梦"被击一地鸡毛，成了"南柯一梦"。晚年时的他，写下了半个多世纪后的大彻大悟："……今天看来，撇开个中具体因素不谈，在深层次上，至少有两点可以肯定。一是不论文化部，还是文化局，乃至在整个国家的文化意识之中，交响乐是毫无地位、毫无价值的。我对中国交响乐一腔热血，只能付诸东流，活该！再则，这个时代，个人命运并不掌握在自己手中……"

● 接连碰钉，艺术路上走"背运"

尽管回国后接连碰钉，可朱践耳的背运远没结束。被苏联国家电台看好并买下版权的毕业之作交响大合唱《英雄的诗篇》在国内上演，又碰到了大钉子。

他哪里知道，20世纪60年代初的中国，政治气候风向变了。这些远离祖国、常年留学在外的年轻学子，毕竟政治上还很幼稚，他们全身心埋首学习，全然不知中苏两党、两国关系的急剧恶化，全然不知中国政治进入了巨变时代。

国际上，中华人民共和国成立之后，中苏度过了短暂的蜜月期，在这段时间内，苏联帮助中国提高军事实力，中国也和苏联特别交心。但是到了1960年时中苏关系破裂，苏联单方面撤走了在中国的全部专家，并且撕毁了和中国签订的243份合同，废除了和中国进行合作的257个科技项目，这对于中国的发展有着严重的影响。其实，从20世纪50年代末开始，中共与苏共两党在国际共运、社会主义国家的相互关系等原则问题上出现了严重分歧，展开了论争。接连发生的"长波电台""联合舰队""金门炮击"等突发事件，使得中苏两党之间关系骤然起了变化，从意识形态方面的论争，扩大到国家关系方面逐步恶化。1966年3月，中共与苏共两党关系中断……

国内呢？"五七"反右运动后，为反修防修，防止和平演变，"社会主义教育运动"正在中国大地展开，政治风向急转向左。作为上层建筑的文艺界更不例外。

朱践耳回国之时，身逢这大环境中。他对国内的文艺政策及现实环境不甚了解，却充满着美丽的幻想。"1962年春，我申请将毕业作品交响大合唱《英雄的诗篇》参加'上海之春'音乐节的演出。按常规，先由艺委会听审，没有通过，理由是'民族化、群众化'不够。"

首审没过关。再次听审，专家们依然摇摆不定，是上，还是下？迟迟拍不了板。可以想象，此时主宰作品命运的，不是作品成熟与否，而是意识形态。多亏了北京来沪的总政歌舞团团长时乐濛、指挥胡德风，两人听了《英雄的诗篇》后当即表态，"这作品很好，我们团可以上演"。"这等于将了上海一军，不演不行了，上海方面这才勉强通过。"朱践耳说。

可是对作品，否定的声音依然很有市场。有人甚至提出，作者没走过长征路，不了解井冈山斗争的实情，作品缺少真实性。这说法，简直荒谬至极。

在随后召开的座谈会上，对作品的评论出现了截然不同的两种声音。音乐界有人认为，作品缺乏民族化、群众化，而另一声音则说作品有创新，技巧高超，有深度。有人甚至认为，不敢想象中国作曲家能写出这种交响大合唱来。但无论圈内圈外怎么评价作品，决定性的意见还在于领导。

在文化局主持下，文艺界重要人物多次开会研究，最后决定，作品必须在"民族化、群众化"方面作出改进。说白了，这部用西方手法写就的作品，现在必须批判地看待、修改和扩展，最重要的是用"民族化、群众化"思维改头换面,以符合意识形态的需要。为此,要求作者出个修正新版本,准备在 1964 年 5 月的"上海之春"音乐节再次上演。

这个与艺术规律相悖的所谓"意见",让朱践耳直接犯晕。"民族化本是我一贯重视的。但这是交响乐嘛,和歌曲的民族化在艺术手法上是大不相同的。至于群众化就更不是一个层次上的问题了。我刚回国时,听了一些国内创作的交响乐作品,大多是民歌加伴奏而已,根本不能算是交响乐。如果按照这种'标准'来写的话,交响乐这一体裁就不存在了……"

他完全不能理解,这部被苏联国家电台收藏、受到权威专家教授肯定的作品,为何在国内的文艺标准衡量下,被看作"洋产物"而广受质疑,并被提出违背艺术规律的毁灭性修改意见。

朱践耳内心充满不服气。他以"践耳"署名,在 1962 年 7 月 28 日的《文汇报》上,发表了《一听就懂》一文,文章阐明交响乐的特定规律,以及对"群众化"滥用的错误做法。他用隐喻的文风,委婉地提出了自己的见解和批评。

"交响乐是为人民服务的,首先要使人民听得懂。那么,一听就懂是不是交响乐群众化的标准呢,不尽然!"他强调,"交响音乐反映现实有它独特的方法,它擅长以高度的概括性、抽象性来反映生活中的各种矛盾和复杂的心理活动……对作曲家提出交响乐群众化的任务,不能简单地以群众歌曲或轻音乐那种'通俗易懂'来衡量一部交响作品是否群众化。如果取消了上述那些特点,就等于取消了交响音乐……交响音乐的群众化,首先是作品内容与思想感情的抽象化,然后是音乐语言、表现手法的群众化,不可本末倒置。音乐语言、表现手法的群众化,要深入浅出(不是光浅不深)、雅俗共赏(不是俗赏、雅不赏),要求更多更高(不是更少更低)的技巧……"

朱践耳认为,由不懂到懂,由少数人懂到多数人懂,乃是一个漫长的过程。只要作品正确反映生活和群众的思想感情,即便暂时只有少数音乐爱好者才能听懂，仍不失之为好作品。这样的音乐爱好者，终究会变为多数的。

他在文章中巧妙引证地方戏来证实他的观点："每种艺术的对象都有特定的圈子，以最群众化的戏曲而言，除京剧等少数几种剧种拥有'全国性的大多数'外，恐怕很多地方戏出了本省的界限就不易赢得大多数了，难道可以认为这些剧种不群众化吗？人民的艺术爱好是多种多样的，因此永远会存在各种'圈子'。"

文章最后提出，"'阳春白雪'永远只能是少数的，'下里巴人'才是大量的。这既矛盾，而又统一，统一在都能为群众服务这一点上。切不要把'阳春白雪'都像'下里巴人'一样，以求得所谓的'普及'……"

如果说，在这篇文章中，朱践耳的艺术魂魄可圈可点、坚持说真话、坚持用艺术规律的标尺来衡量对与错的话，那么，在一年多后的1964年6月5日，他在《文汇报》上发表的另一篇文章《关键是认定革命化》，艺术观念却忽然来了个一百八十度的大转向。这思想上"叛逆"来得太快，快到令人眼花缭乱，以致让人难以理解。不难看出，留苏时期他所学习、领悟到古典乐派的伟大精髓都已混淆，所有的艺术信念、艺术准则都已模糊不清。"交响梦"已被颠覆。在现实政治大环境面前，他的思想已被"同化"，无可奈何地"从众"。

为去除作品"洋化"，按照"从众"理念，作曲家对交响合唱《英雄的诗篇》大动干戈，甚至"剥皮抽筋"去迎合"群众化"。经过两个多月的修改，作品被改得面目全非，连作曲家本人都难以相信，"整容"后的作品，是出于自己之手。要知道，那个年代，还没有复印机等现代设备。恐怖的是，修改总谱，采用的是剪刀浆糊和复贴，原总谱上的音符或小节，被复贴后荡然无存！

耐人寻味的是，在文章中，朱践耳进行自我批判，提出"民族化、群众化的前提是革命化"，"交响乐应该曲调鲜明，手法简单明了，易懂……

两年前的困惑和疑难，在'革命化'的大前提下一扫而光……"其论点，完全背离他原先的艺术观念。思想急转弯，作曲家本人都感到惊诧。数年之后，他再听1962年第一稿的录音，居然连自己也觉得的确"太洋了，太不群众化了！在政治面前，耳朵被彻底'异化'了"。

在"群众化、民族化、革命化"文艺方针面前，不！在"政治统帅一切"的大环境面前，这个痴迷"交响梦"的书呆子，被现实环境打回了"梦"的原处。他不得不低下了头，背离艺术规律，违背艺术灵魂，潜意识中，"左"的思想又开始回归，顺从而随波逐流。

今天看来，其艺术观念的急转弯并不奇怪。那个年代，他不可能顶撞现实政治，要想得到认可，只能听从现实并完全屈从。尽管这种屈从有扼杀自己创造力的危险。

诚然，他思想"叛逆"的另一个重要因素是，他已深深感到无望，"1962年版与1964年修正版，电台都作了正式录音，但都不出唱片。后来我把总谱寄往北京的音乐出版社（全国仅此一家）也被退稿。这些都给我同一个信息，说明我在苏联留学时所作的有关中国交响乐的追求和实践，在国内却遭到最终宣判：'此路不通！'我的'交响梦'彻底粉碎了，从此，交响乐只好搁笔不写，一搁就是十八年！何况，又不许我进交响乐团去工作，写了也白搭！"

朱践耳的感觉是对的。在那个历史时期，即便他回国后如愿调入上海交响乐团，也难有一番作为。因为当时中国交响乐的土壤荒凉贫瘠，缺少社会审美和观众，再则，国内政治环境、意识形态远未开化清朗。在这种大背景下，纵然你再有抱负，也"无才可去补苍天"。

毋庸否认的是，朱践耳在传统主义创作方面是有造诣的，莫斯科期间所创作的交响作品，已证明了他的才华。试想，如果朝着这条路走下去，他可能会像普罗科菲耶夫、哈恰图良那样，写出传世之作。很遗憾，那时的政治气候毁了他的"黄金创作期"。进入20世纪80年代后，他没有以创作传统交响作品为本，却一脚跨越了传统乐派，直接进入了现代派的行列。

当然，这是后话了。

因赌气"失言"掉入坑中，朱践耳认命。在这场决定艺术命运的"游戏"中，他终于悟出了道道：不管你不喜欢，自己必须朝着这条指定的路前行。他想起了苏联作曲家肖斯塔科维奇的"妥协"：这位大作曲家自喻为电影谱写音乐、写歌是"向凯撒交租"。他无奈地说，妥协——是一种有效而又无害的办法，可以用来争取活下来致力于自己的音乐。

此时的朱践耳问自己，用什么来填补这空档呢？"革命歌曲！于是，我又回到了十多年前，重操旧业，走回头路，转向写群众歌曲。"

● 重拾旧活，写革命歌曲、群众歌曲

"交响梦"彻底破灭，这一时期的朱践耳，走入"失落自我"阶段。他的思想开始被环境"同化"。在红红火火的上海实验歌剧院里，一台台大型剧目在上演，而他的才华是多余的，完全派不上用场，于是只能重拾旧活——写歌。当然，促使他根本转变的还有外因：20世纪60年代初国内、国际形势的骤变。

盘踞在台湾的国民党，在美国怂恿下叫嚣着反攻大陆；而苏联，与中国全面交恶，官媒《人民日报》接二连三地发表批判赫鲁晓夫修正主义的文章（史称"九评"）；在国内，党内总结了"三年困难时期"的问题，在全国传达"七千人大会"的精神。形势明显好转，全国又恢复了生机。

1962年6月，朱践耳"回娘家"——原南京军区前线歌舞团时，顿感时局的紧张。列车到达南京站，他目睹了大批军队东调，歌舞团在车站上给即将奔赴前线的将士们宣传鼓劲。一瞬间，他仿佛重新回到了烽火连天的战场。

如他所说："这场迷梦终于被美蒋反动派叫嚣窜犯大陆的吠声所惊醒

了……那种紧张而又振奋人心的战斗气氛，似乎把我一下子拉回到当年革命战争的生活中。旧仇新恨齐涌上心头，当时就利用前面提到过的旧作填上了一个新词《你来，就统统把你打下海》，射出我的第一颗子弹。以后不久，击落美帝 U2 飞贼的爆炸声，声援古巴示威游行的口号声，都鼓舞着我大踏步地去赶上无产阶级文艺大军的队伍，以笔作枪，向着敌人开火。"

历史上，有人概括了冯友兰一生的三个时期："实现自我，失落自我，回归自我。"这一概括，适用于几乎所有经历过那个年代的知识分子。

作为一代知识分子，艺术界的精英，朱践耳一生，就是沿着这条轨迹走来。

作曲家的思想开始嬗变，放下了"交响梦"，去实现"革命梦"。"……和平年代绝不该有麻痹思想，投身革命应是第一位的，'以天下为己任'应高于艺术创作，革命歌曲是最直接有效的武器。要紧跟形势，亦步亦趋，需要宣传什么，我就主动写什么……"

他在《光明日报》上发表的《党和革命现实教育了我》一文中，对自我进行了无情批判和鞭挞："……进入上海这个大城市，又由部队转入电影厂，生活安定舒适了，创作也'正规化、专门化、高级化'，于是脑子里革命少了，业务多了；接触群众少了，啃洋书、钻研技术多了，对群众歌曲渐渐看不上眼。后来有五六年在国外的音乐学院学习作曲，与群众歌曲基本绝了缘，1960 年学毕归来，高级化、专门化的思想更为发展，一味只想搞所谓提高的'艺术品'、大型作品等。"

"……那时，我对革命歌曲基本是'四不'：不听、不看、不唱、不写。老实说，就是根本瞧不起。认为它艺术性不高，写的意义不大。认为只有些高水平的大型作品，才能把我国的音乐创作提高到世界先进水平，而这个任务只能由少数专家来完成。所谓的'高水平'，当然是以西洋的技术标准来衡量的，而不是首先由我国的工农群众所批准、所公认的。就这样，解剖开来看，原来是陈腐的资产阶级文艺思想在作怪……"

朱践耳为军旅作曲者劫夫长年坚持创作革命歌曲而深深感动。他告诫自己，"对待革命歌曲的态度问题是个原则性问题。轻视革命歌曲创作正是我前一个时期严重脱离政治、脱离群众的结果；好的革命歌曲，艺术性是很高的。它不胫而走，不翼而飞，老少爱唱，起到了巨大的革命教育作用。一个革命的作曲者绝不可能对现实革命无动于衷，总是忍不住要迅速用音符来参加战斗"。

思想"被转变"后的朱践耳，很快便焕发出无限活力，如同回到了战争年代，写歌就像吃饭、行军、战斗一样，成为生活中很自然的一部分。

不得不说，朱践耳写歌，有如神助。他能迅疾抓住现实生活中最敏感的政治主题，写出影响深远的歌。这一时期，他一出手，配合形势宣传的歌曲《到农村去，到边疆去》，以及读报偶得的《唱支山歌给党听》，老少爱唱，起到了巨大的革命教育作用。

《到农村去，到边疆去》写于1963年。20世纪50年代末，全国各地大批知识青年响应国家号召，奔赴新疆支援建设。1960年初，各地面临的就业和升学压力很大。单上海一地，无业社会青年有近七万人，加上不能升学的高中、初中毕业生，总人数超过了十万人，而新疆屯垦戍边发展经济，亟须补充新鲜血液。国家为此发出号召，动员广大知识青年到农村去，到边疆去，到祖国最需要的地方去。

朱践耳再次发挥了音乐的力量。他亲自作词谱曲，写就了影响整整一代知识青年命运的歌：

到农村去/到边疆去/到祖国最需要的地方去！到农村去/到边疆去/到革命最辛苦的地方去！祖国 祖国 养育了我们的祖国/要用我们的双手把你建设得更富强/革命的青年有远大的理想！革命的青年志在四方！到农村去/到边疆去/让生命发出更大的热和光/更大的热和光……

就这样，上海十万知青，高唱着朱践耳写就的斗志昂扬的战歌，从黄浦江边奔赴西北戈壁滩。

"文化大革命"中，在最高指示的引领下，这首歌又响彻全中国，数以千万计的全国知识青年，唱着战歌，奔赴各地农村上山下乡。

如果说，《到农村去，到边疆去》是特定时代所产生的特定音调的话，那么，朱践耳同时期创作的《唱支山歌给党听》，是当代最具影响的歌颂党的时代主旋律。

歌曲的出炉十分有趣，诞生于一次次的偶然之中。署名"焦萍"的词作者是陕西铜川矿务局工作的姚筱舟，歌词发表在行业内部报刊《陕西文艺》上，无意间被雷锋发现，写进了《雷锋日记》；朱践耳又在《雷锋日记》中发现了这首闪光的歌词，谱写了一首歌；再后来，正在上海音乐学院学习的藏族歌手才旦卓玛，一天中午偶然在校园里听到这首歌后开始自己学唱，两个月后，她演唱的这首歌被中央人民广播电台播出，即刻传遍了祖国的大江南北。

词作者、作曲家、演唱者互不认识，却因为一次次的偶然，留下了一首刻有时代记忆、影响深远的歌。半个多世纪过去了，这首歌依然永驻歌坛，毫不夸张地说，它几乎成了中国共产党党旗的另一种艺术形象的表现。这在歌坛中，恐怕绝无仅有。

这首歌唱响后，朱践耳在《文汇报》上刊文，表露了当时"思想归队"的喜悦心境："雷锋那共产主义的思想火花，那洪亮高亢的话语，像股热血涌进了我的心里。我以抑制不住的激情，先后写了《唱支山歌给党听》（蕉萍词）《接过雷锋的枪》——写了一首又一首。自己总算重新回归了队。具有决定意义的，乃是党及时地、一再地强调指出文艺要为经济基础服务、为阶级斗争服务，才使我完全清醒过来。我心里涌起一个念头，应该努力做一个革命者，拿起文艺武器去战斗。歌曲是最直接最有效的最迫切的武器，就拿起它干吧！来不及再做其他选择和思考。什么'高水平''流芳百世的大作品'啦，等等，全被革命的现实一扫而光了！……近年来由于党的不断教导，终于将我从歧途中拉了回来……"

这首歌，既为朱践耳带来了巨大名声，同时也为他日后带来了许多非议，有人因此怀疑他的人格。

几十年过后的 2005 年，耄耋老者在家中，与作者谈起了当年这首歌的创作原委。

……1963 年初，《人民日报》以几个整版的篇幅刊登了雷锋事迹和雷锋日记。一生坚持读报的朱践耳，被《雷锋日记》中的一首小诗吸引住。（诗的首句"唱支山歌给党听……"）

在阅读中，作曲家被雷锋身上闪耀着的人性光辉所吸引。他爱憎分明，人物形象很饱满，是一个活生生大写的人。文章中有个细节，令他印象特别深刻：雷锋在未入伍前就很喜欢诗歌，他说要做一个啄木鸟，把树上的害虫捉出来。"我觉得他非常有思想，是个崭新的人、纯粹的人、心地透亮的人，他的形象活生生地闪现在我的眼前。"

雷锋的事迹和歌词，深深打动了他，并引起了他的共鸣。诗中的音律不时隐约涌现脑海。

"我决定把它写成歌。我很顺畅地完成了创作。我记得当时我一边哼，一边写，脑中的旋律很自然地就往下走，以致一气呵成。在处理手法上，我重点抓住'母亲、鞭子'两个词，作了形象化对比，也就是新旧社会的对比。一开始，我用了很高的音区和许多切分音符，来表达一种内心激动的心情。特别是唱到母亲两字，速度慢下来，然后用了一个有感情色彩的三连音。很遗憾，许多人却没把这个重要的三连音唱出来，而是一带而过。最后一句，我收在高音上，凸显了深情、激情与豪情。整个创作过程非常流畅。我想，如果不是内心深处受到感染，是绝对写不出这样的情感的。"

歌谱很快在 1963 年 2 月 21 日的《北京日报》、2 月 22 日《文汇报》上刊载。考虑到群众性的因素，取名为《雷锋的歌》。

朱践耳告诉作者说，上海有家报纸新千年后曾发表文章，说这首歌是才旦卓玛首唱。我见到文章后立即打电话告诉那位记者，你弄错了，首唱是上海歌剧院的任桂珍，当时还录了唱片。我觉得，历史事实是不能混淆的。因为那时我在上海歌剧院工作，近水楼台，我先找的任桂珍，再说，她唱得也很好。当时这首歌是用钢琴伴奏的。

而才旦卓玛演唱用的是民乐伴奏，她的音区低了一个小三度。所以这首歌的配器，有钢琴伴奏、民乐伴奏和乐队伴奏三个版本。

之后，根据《雷锋日记》，朱践耳又着手写了《接过雷锋的枪》。词曲在3月1日《文汇报》上刊出。

合唱指挥司徒汉看后建议说，"雷锋这个题材，完全可以写个组歌嘛！"作曲家觉得这个建议非常好，于是两人初拟将《雷锋的歌》《入党》《梦见毛主席》《我们的好班长》《青春，青春！》《接过雷锋的枪》六首歌，写成合唱组歌。他俩分头创作，由朱践耳写四首，司徒汉写两首。

歌曲发表后不久，朱践耳接到了词作者姚筱舟从陕西铜川焦萍煤矿的来信，他告诉作曲家，歌词是他在"大跃进"时写的，并收进了《大跃进新民歌选》一书中。同时，还寄来了这首歌词的后面四句（雷锋未引用的后四句）。

1963年3月5日，毛泽东的题词发表。这么一来，"向雷锋同志学习"成了全国性运动，于是，这两首歌开始走红，故事片《雷锋》还将此作为电影的主题歌（胡松华演唱）。

北京《歌曲》杂志再次刊发了这首歌。出版前，编辑部来电与作曲家商量说，歌名最好采用歌词的第一句，于是《雷锋的歌》变成了今天的《唱支山歌给党听》。

不可否认，这首歌的情感诉求十分强烈。它具有深情—悲怆—激昂的"三部曲式"。当年，在上音进修的藏族歌手才旦卓玛，听到由任桂珍演唱的这首歌后，刹那间像被闪电击中一般，马上找到主课老师王品素教授。这个有过相似经历的翻身农奴，对这首歌曲产生了强烈共鸣，她声泪俱下，恳求老师让她唱这首歌。很快,经才旦卓玛再度演释,歌声传遍全国,久唱不衰。

在那次交谈中,朱践耳拿出了当年的剪报,似乎要向作者说明什么。我深知他的意思。多年来,围绕这首红色歌曲,作曲家受到多种非议,备受诟病。有人说,他抄袭了吕其明的电影歌曲《弹起我心爱的土琵琶》的旋律;还有人说,这首歌是典型的溜须拍马之作,等等。

"人们总是谈及这首歌。客观地说,我创作这首歌,绝不是跟风赶浪潮,你从歌曲的发表时间与毛泽东题词的发表日期中可窥见一斑。我的创作,是一种内心的真实感受在音乐中的自然流露。并将这首歌所得的稿酬500元,作为党费,全部上缴给了组织。"(当时标准,发表一首歌,稿费只有5元。)

令作曲家惊诧的是,这首小歌,音乐出版单位竟然出版三个版本的单行本;而以简谱形式刊登在全国各种报纸期刊上的,更是不计其数。再看看交响大合唱《英雄的诗篇》,却因"太洋气"被打入冷宫而不见天日。这巨大反差,令他对当时音乐作品的评判标准以及价值观,深感无奈。

让他头痛的事情还在于,一些非议,直接怀疑他的人格。多年来,一些报道扭曲了史实,以讹传讹。明明是歌曲创作在前,却被说成是迎合领袖"向雷锋同志学习"的号召而写的应景之作;甚至还有人认为是"马屁拍到天花板"的"典范"。以致后来有人在作曲家某次重要的作品研讨会上公开发难:"到底哪个才是真实的朱践耳?"

无论外界怎么说,但朱践耳坚持创作初心不改,他一再表明:"我无需再辩解什么,那是内心真实感受在音乐中的自然流露。"

● **遵命创作,走入"失落自我"阶段**

作为上海主要音乐团体之一,20世纪60年代初,上海实验歌剧院上演的剧目很丰富,《白毛女》《草原之歌》《红霞》《民间小戏集锦》《小刀会》《十年歌舞选萃》《创作歌舞晚会》等轮换演出。而驻院作曲家朱践耳,却无所事事,除了院领导交办的不多的任务之外,基本处于"打杂"状态。他说:"这四五年间,写的主要是群众歌曲、革命歌曲,包括各种集体创作的组歌、大合唱等。内容都是宣传革命的应景之作,格调完全符合'民族化、群众化'的标准。我还经常去工人文化宫、群众艺术馆,给业余的歌曲作者进行群众革命歌曲的创作辅导和讲座。"

可以看出,这一时期的朱践耳,以革命的激情,全身心地投入了时代洪流中。正如他自己概括那样,"再一次放下了'交响梦',去实现'革命梦'"。他的思想,在发表的字里行间,变得激进,除了不断写革命歌曲外,他还常常为国内权威主流大报写音乐评论文章,如1963年4月刊载在《文汇报》上的《关于创作革命歌词》、刊载在《解放日报》的《难忘的一课》,以及1964-1965年间在上述两报发表的《喜看歌剧江姐》《芭蕾舞剧音乐的创新——芭蕾舞剧〈白毛女〉观后感》《气壮山河的英雄形象——浅谈〈椰林怒火〉的音乐创作》《大合唱的革命,革命的大合唱——赞〈长征组歌〉〈红军不怕远征难〉》,等等。从发表的文章中看,有夸赞别人新作的,有赞美革命剧目的,更有创作革命歌曲的经验之谈,当然,还有自我解剖和反省的文章。

譬如,刊载在《文汇报》的《略谈革命歌曲的时代音调》(1963年6月10日)一文中,朱践耳首次提出了歌曲创作的"时代音调"问题。他认为,"任何器乐、声乐、大小型音乐作品,都以不同的方式来反映时代精神,而其中以现实性、战斗性、群众广泛性最强的革命歌曲反映得最鲜明、集中、直接"。他指出创造我们时代的新音调是十分重要的课题和艰巨的任务,提出曲作者要根据客观形势发展和需要,"多创作反映国内阶级斗争的,国际上反对帝国主义和一切反动派,支援亚非拉民族解放战斗的新音调,需要能与《国际歌》媲美的、现代无产阶级的新音调;创作表现共产主义新思想、新风尚和工农兵英雄的歌曲；多写歌颂我们伟大的社会主义祖国、伟大的人民、伟大的军队、伟大的党和领袖，歌颂三面红旗的，有着高度思想性和艺术性的歌曲"。

如在批判自我、肯定创作转型的正确时，他说："对待革命歌曲的态度问题是个原则性问题。轻视革命歌曲创作正是我前一个时期严重脱离政治、脱离群众的结果。"

"我非常喜欢听工农兵群众唱歌，他们的歌声总是充满活力，充满战斗气息，感情真挚而淳朴，真可称得上'尽情地歌唱'，一听，就禁不住要和他们一起唱。参加这次'上海之春'歌咏大会，使我激动万分，禁不住离开了座位，以致站着听了三个小时也不觉得疲倦。那互相邀歌的场面，惊心动魄，一浪涌一浪，一下子把我带进了一二十年前的革命激流中去……只要稍稍关心下国内外政治生活，那些重大事件不由得奋而'带笔从戎'，不顾一切地投入战斗。从去年夏天起，一系列激动人心的事件把我带回了当年的战斗激流中，觉得再不写革命歌曲，就如同喉头被什么东西哽住那样憋得难受……"等等。

在谈创作经验时他写道："我创作的时候，有时好像是为了写歌而写歌，曲调是从'脑子'里思索出来的；而写《唱支山歌给党听》这首歌时，只觉得有满腹的话要倾吐，曲调是从'心'底涌现出来的。有些歌曲在一面写一面哼的时候，拼命使劲，想叫它发出感人的力量，结果是虚张声势、干巴巴的，连自己也不感动；而在写《唱支山歌给党听》这首歌时，却怎么也忍不住那激动的泪水，任它滚滚而下。（在写《梦见毛主席》——《雷锋组歌》之一的时候，甚至哽咽地搁笔写不下去了。）"

晚年朱践耳在《创作回忆录》中写道："……今天看来，我写的那些文章都有那个时代'左'的主流思潮的明显的烙印。"他自我剖析说："……其实，我的极'左'思想，历来就有之。"

…………

前面谈及，在上海歌剧院的十三年间，朱践耳不过是个过客。常年处于"打杂"状态的他，创作乏善可陈，基本没留下什么的作品。从上海歌剧院留存的现有艺术档案中可见一斑：

《老丁卖鸡》（小歌剧）流水剧本　李家振、朱践耳

《南海风暴》（大合唱）出版本　朱践耳、司徒汉、萧白作曲

《学习英雄王杰》歌曲谱　张晓峰、朱践耳、钱志成等

《白毛女》公演稿一场主旋律本　朱践耳、商易、刘念劬等

《铜墙铁壁》（舞剧）伴唱曲九首　朱践耳作曲

《织网舞》（舞剧）主旋律乐谱、钢琴谱　朱践耳作曲

《磐石湾》（舞剧）声乐伴唱谱　朱践耳

《白毛女》（歌剧）钢琴谱（部分）

可见，在这一时期的创作目录中，有编号的作品，唯有1962年创作的钢琴曲《云南民歌五首》（Op.15）。他说："这是遵循着留学时开拓的路子走下去的，并未受到'三化'的干扰。"

的确，这首钢琴曲最大特点在于：它在完整保留了原型民歌的基础上，用西方和声、复调、织体等手段构成了全曲。

试想，如果没受到任何干扰走下去，朱践耳很可能有一番大作为。因为，他不光善于用母语写作，而且还善于在民间音乐中找到精髓，消化、吸收、创造而为己所用。

钢琴曲《云南民歌五首》受到了顾圣婴、李名强等名家的青睐，演奏并录音出版唱片，人民音乐出版社还出版了乐谱。1987年，在俄裔华人作曲家、苏联功勋艺术家左贞观的推荐下，这首作品还被收入苏联出版的《中国钢琴作品集》。

....

"黄金创作期"从指缝间滑出而流逝。但在那个年代,你又能如何?即便你已选择好你的道路,但"上帝"掌管着风暴和海洋。道路在哪里?汪洋恣肆,山奔海立,一苇可航?

对艺术已绝望的朱践耳,完全陷入了迷惘之中。很多年后,他才幡然醒悟,并不断地诘问自己:"为什么有些人,在批斗劳动之余,仍然在默默地潜心于艺术创作,写自己想写的交响曲、小提琴独奏曲。为什么我不能这样呢?"

正如他自己所说,他对艺术已完全绝望。因为,在那个年代,音乐在心中已经死了!

第七章　落荒十年

● "革命时代音调"救了他，躲过一劫

与全国各地一样，史无前例的"文化大革命"，暴风骤雨般冲击了上海实验歌剧院。1966年8月至9月间，院里成立了红卫兵组织，贴出了"砸烂修正主义歌剧院"的大标语，开始批判"修正主义文艺路线"和"毒草作品"。许多人受到了冲击。院史记载，那段日子，部分"审查对象"被院内红卫兵抄家，批斗。

11月，院内雨后春笋般冒出了"精神原子弹""红旗""鲁迅""东方红""红卫""串连会"等一批造反派组织，开始批斗总支书记兼副院长朱可常。同月，"红心向党"战斗队成立，院内出现了两派尖锐对立的群众组织，歌剧院开始大乱。区区几百人的表演院团，被抄家和冻结存款的，竟然达45户。

面对严酷的阶级斗争形势，朱践耳一脸迷茫。思想一向"偏左"的他，也开始怀疑斗争路线是否出了问题。五年留学国外，他侥幸绕过了共和国历史上的"反右斗争""大跃进""大饥荒""社会主义教育运动"等一系列全国性政治运动，他压根就不知道运动的残酷性。眼下发生的一切，这时局，他看不懂了。

"天天都有一篇笔锋犀利的社论，满街大喇叭广播，还接二连三公布'最高指示'，令我'丈二和尚摸不着头脑'，惊讶不已。尤其是宣称，党、政、军各界都有一批反革命修正主义分子、赫鲁晓夫式的人物，现正睡在我们身边，更是骇人听闻！这怎么可能呢？"

他怎么也不信"文艺界的大多数已经跌到修正主义的边缘"定论。这些年，他亲眼所见院里创作和上演的一台台革命文艺作品，舞台上大唱革命歌曲，处处是高涨的革命热情，哪有什么修正主义？

尽管心存疑虑，可面对疾风暴雨般的"文化大革命"，谁又敢怀疑？在革命军队养成的绝对服从的信条说服了他。"听毛主席话，跟共产党走，准没错……正如刘少奇说的'要做党的驯服工具'，林彪说的'不理解的也要执行'。自战争年代参加革命以来，'军事共产主义'的原则和信条，早已刻骨铭心。现在，全中国仿佛一座偌大的军营，老百姓亦已习以为常，还是俯首帖耳、听任摆布最为保险，除此以外，别无选择。"

在这个巨大社会灾难面前，无产阶级专政成了悬在每个人头上的利剑，上至国家主席，下至平民百姓，无人不恐惧。人们被洗脑，思想被彻底奴役。

随着运动步步发展，创作组十多个成员，大都被揪了出来，关进牛棚。尽管朱践耳没被揪斗，但在每天的学习会上，他战战兢兢地自我解剖，上纲上线地自我批判。在"破四旧"时，他还将苏联带回的一整书橱乐谱、照片及资料，分门别类，一一造册，上报院里，请求销毁，然而造反派头头告诉他，不必上交，自我贴上"破四旧，立四新"封条，在家封存。不仅如此，他还将多年来写的歌曲以及发表过的文章统统上交，请他们审查，然而造反派们无动于衷，把他"晾"在一边。显然，斗争对象在于顺藤摸瓜抓"后台"，打"大老虎"，而不在这个无权、无派的新来者身上。

众所周知，歌剧院的人际关系错综复杂，矛盾盘根错节。朱践耳呢？什么也不是。他幸运地逃过了一劫。朱践耳后来回忆道："'造反派'夺权后，有人偷偷告诉我，他在一份院内阶级分析材料中看到，我被排在'中右'。所谓'右'，也许是指我刚从苏修那里留学回来吧。其实，我的思想是相当'左'的，应该列为'中左'。如果我在音乐学院工作的话，那些年幼无知的红卫兵单就我留学苏联这一条，就会把我打入'黑帮'之列。"

其实，在"文革"的审查中，朱践耳之所以躲过一劫，是因为革命歌曲救了他。1963年，他写的《唱支山歌给党听》《接过雷锋的枪》《到农村去，到边疆去》等红歌，传遍大江南北，爆发出巨大的精神能量，成为影响全国的"革命时代音调";多年来,他还创作了许多群众性革命歌曲、大合唱,在各种大型活动中传唱;在歌剧院工作的几年中,他遵命创作,或参与了小歌剧《老丁卖鸡》、大合唱《南海风暴》《学习英雄王杰》组歌、《白毛女》公演稿一场主旋律本、舞剧《铜墙铁壁》九首伴唱曲、舞蹈《织网舞》主旋律乐谱及钢琴谱、舞剧《磐石湾》声乐伴唱谱等众多创作。

正因为有了许多"革命时代音调"的成就,在腥风血雨的运动中,朱践耳成了地道的"逍遥派"。这个被划为"中右"的不是分子的分子,实为歌剧院里的中间派,除了一张大字报和几次检查外,逃过了人生一劫。正如他自己总结的:"音乐救了我。"

可他的夫人舒群就没那么幸运了,她被打成"走资派"后被整得死去活来。这让朱践耳在"文革"中,依然难得安宁,只不过,"专政"对象是他的夫人。

● 夫人"被专政",他的天"塌了"

"文革"开始后不久,奉命组建舞校《白毛女》剧组乐队并担任乐队副队长的朱夫人舒群,立马受到冲击,成了上海舞蹈学校"死不悔改的走资派"。

更惨的是,随着运动扩大化,三项足以使她死好几回的大帽子被扣头上:"走资派、炮打样板戏、炮打江青。"用当时流行的话说,她永世不得翻身了。

这个"政治惊雷",把朱践耳吓着了。他绝不相信曾是中共地下党员、文工团的战友、相濡以沫的妻子,竟然是睡在身边的修正主义"走资派"。在他眼中,妻子是个党性原则极强、很有工作能力的基层领导干部。

话说舒群,原名和碧君,中共地下党员,1948年奉命转移到苏北解放区时更名为舒群。(其父是蔡锷部下,中将军衔,参加过1885年中法战争,

20 世纪 20 年代退役。）

抗战胜利后，舒群以声乐专业考入重庆青木关国立音乐院分校，与严良堃同校。（后改名为国立上海音专，迁回上海江湾老校舍。）到上海后，她积极投入学运，1948 年春加入中共地下党组织。作为学运代表及上海地下党代表，她在上海交大等学校公开进行"反饥饿、反内战，打倒美帝国主义"演讲，听众达数万人之多。随即被国民党特务盯上，她的宿舍被称作"女生四号"，上了逮捕名单。一天，特务到学校抓人，她躲过了抓捕。

出于个人安危考虑，1948 年秋，上海地下党将她转移至苏北解放区，进入华中党校，后为华东军区文工团军乐队的政治教员，之后随解放大军回到上海。

在调往舞校工作前，她被文化局派到上音，用数年时间组建了一支管弦乐队。后奉命带着乐队，整编制调往上海舞校《白毛女》剧组，一年后担任了乐队副队长。就在周恩来总理到上海舞校视察运动前夕，一夜间，校内贴满了揭发和批斗舒群的大字报，接着，连续五次被批斗，罪名是"反对革命样板戏《白毛女》"。

舒群被"打倒"，从表面上看，似乎"祸根"在于她的耿直。她对芭蕾舞剧《白毛女》的音乐创作以及署名问题，向作曲者——一位舞校领导，直言不讳地提出了她的看法和建议，无意间得罪了这位校领导。

很多年后，他们的女儿朱卫苏透露了另外一个重要原因，那就是妈妈遭到了她的学生们报复。"我母亲是一个专门管人的党的干部，是思想比较'左'、也比较极端的人。在她眼中，黑就是黑，白就是白，完全没有中间地带。她看人，好就是好，坏就是坏，一刀切。我在上音作曲系读书时，她是上音管弦班的党支部书记，许多学生一见到我就冲我说我母亲太严苛，背后对她都恨之入骨。我说行了，你们忍着点吧，你们不过就是读书这几年，而我从小就是这样被她管大的。因此到了'文革'时期，她任上海舞校管弦乐队的支部书记，她带队的乐队里，都是当年的中学生，不少人开始造她的反。那些学生，下手都特别狠，妈妈被斗得很惨，因为她掌权时，很不近情理。"

不久，舞校大乱。校内两派在评价舞剧《白毛女》问题上产生了尖锐的分歧，舒群又说了公道话。旋即，她被打成"黑手""后台"，遭到更为残酷的批斗。如果说，上一次得罪了"走资派"当政者被整，这一次，得罪了造反派新当政者，被整得更凶。

朱践耳回忆道："她被接连批斗了十天，毒打了十天，用鞋底打耳光，双颊肿大，全身都是被踢打的紫血块。接着又来抄家……1968年3月，她被长期关入学校的牛棚隔离审查。每月只给十五元生活费。写了无数的'认罪书'，从早到晚做重体力劳动，爬高楼去挂大标语，下农田挑大粪，等等。由于干脏活受到污染而患了血尿，棉裤上都是血，按规定至少要病休五天，但因是'牛鬼'，医生只敢写两天。当她在高楼上刷大标语时，曾想跳下去死了算了，但又觉得不可，这样就更说不清楚了，还会牵累全家。被囚禁了一年三个月后，才放出牛棚，但仍是监督劳改，清晨六时报到，晚上九时半才许回家。总之，吃了整整十年的'残酷斗争'的大苦头。直到'文革'以后，经过多次申诉，才将三顶大帽子'走资派、炮打样板戏、炮打江青'的'罪名'，从她的档案中删除……"

夫人落难，朱践耳"天塌了"。长期以来，在家中，他是个典型的"甩手掌柜"，对衣着饮食从不讲究，更没有奢求。吃什么穿什么，从不过问，一门心思理头他的音乐创作。家中所有一切，从来都由夫人舒群一手包办。什么事都不用他操心，他也从不操心。朱卫苏说："爸爸在家里，几乎每件事，我妈妈都会给他安排好，让他一门心思搞创作。在单位里她是一把手，很干练，有领导风范。"

那时家中没钢琴。朱践耳搞创作要用琴，只得常常赶去电影厂。舒群不忍心，她说："当年，'淮国旧'（即国营淮海旧货商店）的旧钢琴一直堆到房顶，价格又便宜，可惜我家买不起。但搞创作没有钢琴怎么行？后来，我的同事以 400 元价格，出让一台钢琴给我。我一时拿不出那么些钱，就与同事商量，每月付 100 元，分四个月付清。此后，朱践耳所有的创作，都在这台二手钢琴上完成的。"

对家事，舒群为此难免有些嗔怪，她说："我不是嫁给丈夫，而是嫁给了交响乐。"这位担任过上音附小校长、上音管弦乐系书记、舞剧《白毛女》剧组乐队副队长，常年身处领导岗位的女强人，因工作使然，每天下班到家，基本都是晚上八九点了。她多么希望丈夫能帮一把，但朱践耳却从来不过问。她说："他满脑子只有音乐。家事、孩子的事，他从来不问讯。特别是几个孩子，这么多年他管了什么？如果他管，我们家还会这样吗？他关心是他的音乐，每个音符，每个和弦，每个小节。生活中，他常常若有所思，心不在焉。他把自己关在楼上房间，他住三楼这边，我住二楼这边，我要保证他的创作。吃饭了，请几次都请不下来。他写得正酣，一小节没完成，你去请他，他就嫌烦了。"

而今，夫人被"专政"，朱践耳"落难"了，不仅生活起居没人管，里里外外，还得独自撑起这个家不说，更揪心的是，他还时刻为"关进牛棚"的夫人担心。

面对"文革"乱局，朱践耳曾彷徨而沮丧，他怀疑、苦恼而不知所措。在歌剧院，尽管他是个"逍遥派"，但也没闲着。前面说过，对于"文革"中越演越烈的无政府主义狂潮，以及不断升级的派性斗争引发的无数冤案和失控的局势，一些亲眼所见的惨象，着实令他想不通："为什么党史中早就批判过的'残酷斗争、无情打击'的错误做法，今天又重演而且变本加厉？为何两派斗争一边念最高指示'要文斗，不要武斗'，一边斗得血雨腥风，你死我活？"

"文革"初期，院内"造反派"与"保皇派"两派之间斗争激烈，他与一个中间派同事成立了一个名为"团结战斗"的小组，妄图搞平衡，结果被淹没在两派斗争的漩涡中；他还自费进京串联，希望能找到合理的答案，结果事与愿违，目睹了触目惊心的乱象：

全国各地学生蜂拥北京，而北京的学生也到全国各地串联，"点火"、建立"联络站"、冲击机关、揪斗干部，各地工人也参加串联；

全国停学、停产，串联的人数以千万计，国家处于高度混乱的亢奋中……

● 麻木、僵化的"臭老九""打工仔"

当"一月革命全面夺权"开始后，更猛烈的"阶级斗争"风暴来了。院里，演奏员陈棕被人诬告后被打致死；之后，歌剧演员刘成竹跳楼自杀身亡；接着，音乐家戴鹏海被批斗后遭市公检法拘留审查，定性为"敌性内处"，等等。

然而，最为恐怖的"清理阶级队伍"开始了。"院里，天天开大会，搞突然袭击。猛然叫出一个名字，就当场揪出这个人来。全场人人自危，神经紧张到快要崩溃的地步，生怕下一个点到自己……"

院史记载，这次"清队"，又有十余人被宣布隔离审查或靠边审查。

朱践耳战战兢兢，担心哪天一觉醒来，自己突然成为"文艺界黑线人物"。他惶惶不可终日，紧要之时，命运又一次"眷顾"了他。歌剧院的造反派掌权者忽然一纸调令，将他调入歌剧《白毛女》剧组。原来，张春桥已奉江青之命，要上海重新改写歌剧《白毛女》，清除原剧中所有的反革命修正主义货色。于是，紧急抽调骨干力量，组成创作班子。

夫人已成"无产阶级专政对象"，朱践耳惶恐地"夹着尾巴"，小心翼翼地听话工作。他不可能、也绝对做不到像肖斯塔科维奇那样，用表面的顺从隐藏反叛的内心，将歌功颂德变成记录罪恶的玩世不恭。

在革命样板戏创作组六年，朱践耳叫苦不迭。在江青的严苛指示下，作曲组先后去天津、河北等地学习民间音乐、体验生活数月，改写了十来稿的剧本和音乐，内部排演了多次，但每一稿都被"枪毙"。

说来奇怪，同时进行改写的芭蕾舞剧《白毛女》和歌剧《白毛女》一样，一次又一次反复改，却一次次地通不过，成了一个"无底洞"。整整六年时间，就这样打了水漂。

六年之后，朱践耳总算脱离《白毛女》创作组。殊不知，又跳入了另一个"深坑"，他成了一个"乖孩子"，不得不努力创作。

晚年朱践耳在《创作回忆录》中，称自己在"文革"中的表现为"荒唐的十年"。他用手术刀，对自己作了深度剖析："十年之中，从头到尾，我始终都处在遵命创作的忙碌之中。最初是写'语录歌''社论歌'，常常是连夜赶写、录音，还为各种群众歌咏大会编写乐队伴奏，多次被借去帮忙交响作品《智取威虎山》的写作，奉命写了各种组歌、大歌舞、大合唱，乃至管弦乐《祖国颂》《日出韶山东方红》，等等。总之一句话，领导叫干什么，我就干什么，马不停蹄，颇像今日的'打工仔'。思想已完全僵化，麻木不仁，失魂落魄。究竟写了些什么音乐，我已毫无印象。大凡我自创的作品，其中总会有得意之笔，一辈子也难忘的。而现在这些东西，根本称不上艺术，既不动心，也不动情，全是一堆垃圾，连废品站都不会要的。何况有些还有毒，'助纣为虐'之毒。为此，至今深感内疚。"

当然，对"文革"的发生，朱践耳内心始终充满着疑问。朱践耳曾怀疑过、迷茫过，但作为一个小老百姓，他又奈之如何？持续十年的"文化大革命"，在"左"倾错误占统治地位时期，各种社会矛盾以尖锐形式充分暴露，给党和国家造成了颠覆性的危害，其教训极为深刻。在歌剧院，他除了一张大字报和几次检查外，幸免于难。但与他同楼住的9户人却家破人亡，他目睹了这凄惨的场面。

然而，作为"臭老九"的他，在这场浩劫中，同样成了众多受害者之一。他常在内心忏悔，"是自己害了一家人"，以至于得了"心病"，结了"伤疤"。

读者有所不知，朱践耳夫妇的晚年，非常孤独。女儿生活工作在美国，每年回沪一个月，照料两老。而耄耋老人平日的生活起居，一切都由住家保姆照顾。令人不解的是，朱践耳夫妇的两个儿子，仿佛从不存在，他们之间的关系，简直就是一个谜。只要谈及两个儿子，朱夫人欲言又止，止不住地抹泪，痛心不已："嗨，别提了，不说了！"话题很快被转移。作者意识到，其中必有难言之隐。此可谓，"家家都有一本难念的经"。但也验证了朱践耳的内心，常常为之忏悔。在他《创作回忆录》的文字中，都可隐约感受到。

"那时，知识分子被称之为'臭老九'。文艺界被称之为'封资修的大染缸'，必须彻底砸烂。这种思潮和思维不仅毒害了我，使我后悔掉进了这'大染缸'，再也洗不清了，而且还间接害了子女，尤其是小女儿。她本在上海音乐学院附小学钢琴，刚念完五年级，就被运动打断了。但她自己仍不愿放弃音乐，要学小提琴。虽然我给她买了练习用的小提琴，但却迟迟未给她找老师教。我认为自己已经跃入'大染缸'了，你何必再进来呢？还是去当工人干净！拖了两年，才给她找了老师，但已经太晚了，误了她的前途。

"再则，在1963年我写就了群众歌曲《到农村去，到边疆去》。现在我以身作则地把两个儿子都送到冰天雪地的黑龙江边疆去。一个长期扎根在黑龙江兵团农场，一事无成。另一个在最北端的呼玛县贫困农村插队落户，得了肝炎，病退回来后，当了一辈子翻砂车间小工，致使高度近视眼，差一点失明……"

或许，这是他们与儿子之间关系破裂的症结所在……

女儿（朱卫苏）从小学钢琴，是夫人一手抓的，考进了上音附小后两年，运动开始了，学校没人管了。朱践耳极力反对女儿再学音乐。他说，我的职业都成了'封资修'，学什么音乐？为此对女儿转专业学小提琴，他拖而不决。后来，杭州歌舞团招人弹伴奏，朱卫苏被录取。

"文化大革命"结束后,上海音乐学院开始招钢琴专业,朱卫苏已经24岁了。表演系的招生年龄极限是24岁。第一年没考上,怎么办?改作曲专业!那时她很辛苦,白天在团里弹伴奏,晚上学作曲理论,每周六晚上回上海,星期天上一天课,晚上坐火车再回杭州。好在有个作曲的爸爸,从早晨一起来,就教到晚上,带着作业回去。周而复始,整整一年,朱践耳教女儿作曲。

舒群说:"没想到,考试又出了状况。黄晓同是评分老师,与我的关系如同姐弟,这么铁的关系,他都没跟我说,可见当时我们的组织观念有多强。发榜了,女儿总分第一,专业分第五,没被录取(共招了四名)。女儿大哭一场,下午又得回杭州上班。她刚走,院里来了两个人。茅于润说,学校研究过了,叫你女儿到北京考区重考,让我赶紧通知她。我连奔带跑到静安寺,偷偷给她同学打电话转告她,立即回家。女儿半夜赶回家后,情绪波动很大,不愿去,因为后天北京考区就开考了。朱践耳这时急了,无奈亲自陪女儿去北京,在火车上给她补课。结果考分公布后,在上海、北京、广州三个考区中,总分第一又是我女儿。(结果会上有人又提出意见,丁善德坚持了原则。)女儿终于进了上音作曲系。关键时刻,她爸挽救了她的艺术生命!"

可怜儿女们受到他的牵连,对夫人舒群,朱践耳更感"罪过",他不止一次地说,是我的"左"倾思想"造的孽"。早在战争年代,华东文工团渡江南下解放上海之后,朱践耳坚决反对女友舒群要重返上海国立音专继续学习,称"学那种洋嗓子有何用?脱离人民群众"。就因为他这一句话,葬送了妻子一生的艺术前程……

晚年朱践耳在回忆"荒唐十年"时痛心地说:"'文革'对我个人最大的伤害是在思想上……纵观我这十六年,一直处在当'驯服工具'、迷信'个人崇拜'的状态之中。但是,前后两个阶段还有所不同。前六年中,是怀着崇尚的革命理想、自觉自愿、真心实意、满腔热忱地投入时代洪流中去，忘我奉献，对所见所闻的一切都信以为真，所写的作品是一种'真我'的体现。而后十年中，一切都被严重地扭曲了，异化了……我疑窦丛生，茫然若失，好似吃了迷魂药般，被鬼使神差地裹挟在那滚滚的浊浪中，变成一台音符打字机。"

卷三　回归自我

第八章　崭新起步

● "六十岁学吹打"，回炉、创作、生活"三补"

1976年，对每个中国人来说，刻骨铭心。1月初，周恩来逝世；4月初，天安门广场百万群众自发集聚，爆发了声势浩大的"天安门事件"，"欲悲闻鬼叫，我哭豺狼笑"的怒吼声，震惊了整个世界；接着，朱德辞世，毛泽东逝世……

10月，"四人帮"被粉碎，消息传来，正在住院的朱践耳，情不自禁地走上炽热的街头。此时，万人空巷，举国欢庆。这情景使他忽然觉得，整个国家，乃至自己已在窒息中解脱出来，如同第二次解放。他从街上的大字报中，看到了一幕幕惊心动魄的历史演绎，而今，十年浩劫已翻篇。作曲家如梦初醒，忽然一个闪念，失落多年的"交响梦"又在脑海中浮现。一瞬间，他意识到，这是一个难得的交响乐题材，并拟定了一个标题《难忘的1976》，显然，这受了苏联影片《难忘的1919》的影响……

前面说过，朱践耳对政治题材的发掘与把握，有其特殊的敏感性，并有成功的经验。可是"文革"这样重大的政治题材，写一部交响曲，十几年光阴虚度，笔头生锈，技法落伍，思维陈腐。过去所学，一派荒芜而杂草丛生。而今重拾，从哪下手？他深感心有大志，却力不从心。

是年底，朱践耳去大庆油田深入生活，一部曾被禁演的纪录片《周总理追悼会》，令他深感震撼。催人泪下的"十里长街送总理"场景，浓缩了全国人民对人民的好总理的无比爱戴，对"四人帮"祸国殃民、倒行逆施的无比憎恨。很快，他写出了歌曲《大庆儿女怀念周总理》。

多年来，写歌对他来说，信手拈来。在以往的"特殊年代"中，朱践耳和当时所有作者一样，写队列歌曲、群众歌曲、革命歌曲。"文化大革命"中，也遵命写过歌功颂德的歌曲。与上述情况有所不同的是，《唱支山歌给党听》和《接过雷锋的枪》两首歌，其创作情感，完全是一种内心的真实流露，也不是"命题作文"，它写于"文革"前三年。这两首歌曲广为流传，使他知名度大大提升。但还是有同行认为，"他的这一阶段的艺术道路是完全忠诚地服从于政治并被政治完全支配的"。

而今，噩梦已过去，但作曲家意识到，自己对"文化大革命"的反思，还停留在浅薄层面上。思想上的拨乱反正，绝不是一蹴而就的。正如他自己所说："那场'史无前例'已过去十年，但留给人们的思考却是深远的。它对我思想上的震动很大，心灵上的冲击尤深。我从一个'现代迷信'的虔诚信徒和'驯服工具'清醒过来，解脱出来，是经历了一个漫长而痛苦的过程的。"

写"文化大革命"的作品迟迟未能动手，作曲家焦虑至极。可以想象，当他的内心世界被捕捉到的题材的某种意境刺激、碰撞，引起强烈共鸣时，冲动携着动笔的渴望飘忽而至，但那种急于表达却力不从心的无奈，让他深感坐立不安，无比痛苦。

这种感觉，折磨了他许久。"必须要有一个深入了解和反思的过程，以及作曲技法上的'补课'才行。"

朱践耳专程来到北京。他试图在社会层面以及专业领域，找到某种感觉和某种启发。他运用京城人脉关系，私下采访了1976年"天安门事件"重要当事人二十多人，了解时局，了解社会，了解平民百姓的所思所想，并收集了许多"天安门诗抄"等重要一手资料。在事件尚未正式定性前，无疑，这个做法颇具风险。

北京此行，作曲家的灵魂深受震撼，促使了他对"文化大革命"的深刻思考以及自身的深刻反思。

回到上海后，朱践耳用歌曲《大庆儿女怀念周总理》旋律，写出了"文化大革命"后首部乐队作品——《怀念》。但是，荒芜了十八年后所写的这部悲剧性作品，如昙花一现，便消失得无影无踪，作品几乎未有什么影响。他很快清醒地意识到，作品不成功的原因，还在于自己思想观念、专业技法、审美观念上的缺失与差距。那些伟大的作品告诉他，作曲家应该是个出色的思想家，没有惊世骇俗的思想，岂能写出惊世骇俗的作品？

不过，北京之行还是有所斩获。他的莫斯科同窗、中央乐团指挥李德伦关于"文革"运动的分析与点拨，使他受到深刻启发。

李德伦告诉他，肖斯塔科维奇《第十交响曲》我们过去听不懂，经过"文化大革命"以后，一下子完全理解了。还有，他的《第十一交响曲》中"冬宫广场"那个乐章，如果借用过来也十分贴切。他还说，中国民主革命时期的反帝反封建任务，只完成了反帝这一件事，而反封建这条则丝毫未动……

李德伦一番话，使朱践耳茅塞顿开，顿感交响诗《难忘的1976》的构思有多么幼稚。格调低不说，创作思维还未走出标题音乐的陈腐老路。应该抛弃它，改成一部四个乐章的交响曲。然而，在试写了引子和慢板乐章的草样后，他对自己极为不满，无力驾驭如此大的作品，不得已，再次搁下了笔。

补课！补课！自己急需思想上的补课！

1978年春夏之交，党的十一届三中全会吹响了"实践是检验真理的唯一标准"解放思想的号角。朱践耳迫不及待地提出再次赴京体验生活的申请。他带去了初拟的《第一交响曲》创作提纲与设想，听取意见。"这次可以公开走访了，面更广，人更多，收获也更大。其中包括曾被打成反革命的外号'小平头'的人，以及那一批'天安门事件'的民主战士们，还去访问了当时冲在第一线的工厂……最可贵的是拿到了两大盘录音带，使我仿佛身临其境,大大有助我的交响曲创作。"

可作曲家过往的陈旧创作思维并未揩去,"文艺党八股"思想如影相随。他向国内外人士征询《第一交响曲》的提纲后,却在一位老工人那得到了启示(在创作革命歌曲、群众歌曲时,他习惯性地听取工农兵的意见)。针对第四乐章"向四化进军",那位老工人不屑一顾地说:"你怎么写这个呢?早着呢!还会有斗争啊!千万不要写成一帆风顺!"

一句普普通通的话,让作曲家如梦初醒,他认识到"前程是光明的,道路是曲折的"的真正含义。历史证明,中国社会尤其如此。可自己呢?"还是不顾客观真实,千篇一律,必须加上一个光明的尾巴,一个廉价的大团圆、辉煌的大结局。"他告诫自己,必须重新设计四个乐章的构思与框架。

"十年浩劫",共和国山河失色,遭受了无比巨大的创伤,上至国家主席的"共和国最大冤案",下至普通干部张志新的"新中国奇冤大案",以及陆洪恩、林昭、遇罗克等无数仁人志士死于非难,导致了我们这个民族的最大悲剧。

1979年6月5日,《光明日报》发表记者陈禹山的长篇文章《一份血写的报告》,深度报道了辽宁省委宣传部干部张志新在"文化大革命"中的骇人听闻一案。在6月至9月的三个多月中,《光明日报》共刊登有关张志新烈士事迹的长篇通讯、怀念文字、理论文章、编者按语、新旧诗词、照片、绘画、歌曲、题词以及各种报道86篇(幅),约15个整版,14万字左右,在全国引发了"谁之罪"的全民"天问"。

在"真理标准讨论"一周年之际,《一份血写的报告》对中国历史的影响之大,可谓新中国最大的大案要案。张志新因此在国内外广为人知,被追认为党员、烈士,成了社会无比同情和敬仰的人物,还被树为时代楷模。

朱践耳读了报道后,被张志新的坚持真理、宁死不屈的精神所折服,创作激情喷涌而出。"这给我思想上的震动极大,当即写了独唱歌曲《你是一朵杜鹃》,然后,又将这首歌曲的旋律作为主题素材,写了单乐章的《交响幻想曲——纪念为真理献身的勇士》……"

《交响幻想曲——纪念为真理献身的勇士》于1980年春完成。这首以传统奏鸣曲式所写的乐队作品,寄托了作曲家对这位思想者的崇高人性与人格,一个在昏天黑地的年代里,矢志不渝为追求真理而献出生命的斗士的永恒纪念。"这是我第二部以'文革'为题材的乐队作品。由于有张志新这样鲜明生动的具体形象深深打动了我、感染了我,所以在艺术质量上、思想深度上,这首作品都远远超过了第一首作品《怀念》。"

在当年5月举行的"上海之春"音乐节上,黄贻钧指挥上交首演了这部作品并获得成功。第二年,此作在"全国第一届交响乐作品评奖"中获得优秀奖。作曲家很高兴,这首写得较为顺手的练笔之作,使他逐渐找回了以往的创作感觉。

● 艺术生命"第二春"到来

进入80年代后,中国社会百废待兴,充满着活力。作曲家的心情,也充满了对未来的热情和期待,自己似乎大梦初醒,从精神桎梏和迷失中走出来。创作方面,在写了几部乐队作品后,逐渐找回了失落多年的感觉。

的确,这一时期,是中国知识分子汲取新养料、思想启蒙的年代。在文化艺术领域,国门打开后,大量的西方文化及新文化蜂拥而入,中国逐渐开始与世界接轨。那些年来,中西差距为何越拉越大?1949年之后,美西方对中国进行了长时间的全面封锁和经济制裁,将中国与世界文化的纽带剪断。国内呢?"左"倾文艺路线及政策错误,导致了排斥西方文化,并对西方文化进行口诛笔伐,全面批判与否定。

1979年之后,加拿大五重奏铜管乐团、多伦多交响乐团等先后来到中国,进行"文化布道"。人们如饥似渴地汲取养料"补课"。其实,时间可前推到1970年之后，为了突破西方世界的封锁制裁，中国外交开始转型，文艺界首先启动。当时，中央乐团请了法国指挥皮里松、美国指挥吉尔伯特等，排练了大量的西方音乐作品，如德彪西、拉威尔、法雅等人的作品。这些作品，中央乐团之前从未演奏过。

李德伦说，"四人帮"粉碎之后，中国交响乐搞得相当好。在1980年，我们一年干了二十年的活。……仅以1980年一年排练的曲目来看，无论范围及质量，都超过了"文革"前二十年的总和。这样一直持续到1984年，吸引了不少观众，形成了一波小的交响乐热。

新形势下，中国音乐界接触到了世界音乐前沿的动向，此时，国际音乐界已在探索现代主义的路上走过了半个多世纪。中国作曲家呢，则还在实验古典主义与浪漫主义音乐的表现手法。况且，成熟的交响作品尚未出现，与欧美相比，整整相差六十至八十年时间。

对国内作曲者来说，十二音序列、多调性、无调性、和声音块、偶然音乐、拼贴等现代技法成了香饽饽，被视为知识更新的标志，是"过去式"与"现代进行时"的分水岭，于是，全国各大高等音乐学院争相开课。

以杨立青等为代表的第一批海归精英的归来，承担起对中国交响乐创作的新知识的传播与引入，起到了不可估量的作用，直接推动了中国音乐的前行步伐。

新形势逼人，朱践耳深感压力如山。荒废十八年，欠下了许多笔头债，以致现今他渴望乃至迫切想表达的东西，迟迟拿不出手。他深感汗颜，并为之着急。

思想观念、知识结构以及专业技法上的贫乏，倒逼着他转型。实际上，《交响幻想曲——纪念为真理献身的勇士》的写作，是他尝试创作大转型的开始。正如他反省道："在上述转变的同时，我居然还在继续写着过去那种标语口号式的群众歌曲和独唱歌曲，并发表在各种歌曲刊物上，有些还录了音带。究竟写了多少，已记不清了。因为装着这些刊物的一只纸箱，在

1992年搬家时已丢失。总之，这类趋时跟风、内容肤浅浮夸、一味歌功颂德而没有艺术性的东西，毫无存在的价值。直到1983年为止，我才彻底转向纯正的艺术创作……"

这谈何容易？毕竟步入花甲之年了。年龄的增长使人不可抗拒地老化。精力、体力、眼力、记忆力、思维、意志，以及对事物反应的迟钝等方面，成了前进路上难以逾越的一道道坎。一般人到了这个年龄，已走下坡路，可朱践耳反其道行之，"六十岁学吹打"，成了他艺术生命的一个新起点。

没人知道，他的生命在黄昏的地平线上是如何再次被燃烧？他的创作激情，如何突破了年龄限制而再度被激发，如同爱运动的人一样逆生长，全身充满胶原蛋白？他的心态如何再次趋于年轻化且充满朝气？

朱践耳仿佛感觉到，心中那个从未熄灭的"交响梦"告诉他，艺术生命的"第二春"已到来。自己必须往前走，找回失去的自我，去达到自己远未达到但应该达到的高度。知识极度贫乏所制造的危机意识，敲打着朱践耳，他借用郑板桥的"咬定青山不放松，立根原在破岩中"诗句提醒自己，必须马上开始从"作曲技法、历史认知、民间音乐"三个层面开始补课。

其实，这一时期的南北音乐学院，中外专家纷纷开办各类讲座与课程。作曲家王西麟回忆说："1980年至1981年新学年开学，中央音乐学院请来了剑桥大学的戈尔教授，举办为期一个月的'梅西安的音乐讲座'，一下开启了新的闸门，吸引了音乐界不少同行。中央院的小礼堂，每天挤满了一二百人。讲座完后，戈尔教授还专门为叶小刚、谭盾等人上课……他的讲学，在当时的中国音乐界影响极大。"在上海音乐学院，杨立青等也开办了各类专业讲座，形成了南北呼应。可见，西方现代作曲技法风靡校园，强烈吸引了年轻一代学子，课堂常常满座，成了校园里一道风景。

朱践耳敏锐地感觉到世界音乐前沿的发展。"20世纪50年代我在苏联留学时，眼界比较狭隘，那里对现代派音乐是严厉批判的。现在中国改革开放后，西方现代作曲技法才开始传入。除能看到一些译著文章外，我还经常去上海音乐学院和学生们一起坐在课堂里听老师们讲课……弥补了我在苏联留学时未能学到的十分重要的一门课，受益匪浅。"

他疯狂地从三个层面补课，是基因般的知识贫乏在制造危机意识。与朱践耳交往甚密的作曲家陆在易回忆道："20世纪80年代初，一些由于过去年月的封闭而未曾了解的20世纪较前卫的作曲技法逐渐传入中国。此时，朱践耳坐不住了，他不止一次对我说过：'我需要补课！'因此，尽管年过半百，且已著作等身，他仍像小学生那样去上海音乐学院坐在第一排聆听专家的有关创作技法讲座，几乎一次不缺，还认真做笔记，回去认真整理思考。试问，这样出自内心的、迫切的求知欲，中国音乐界又有几人能及？几人能做到？"

朱践耳对过去一无所知的现代作曲技法产生出浓厚的兴趣。那个时期，上音许多学生，对课堂上常常抢占前排的年迈作曲家深感惊奇，但由衷地敬佩这位颇有名气的作曲大家。加籍华裔作曲家姜小鹏谈起当年的情景时说："常听到人们不约而同讲述着一位大师回炉听课的故事，而我正是那个坐在大师后排的同学。今天，有哪位大师会去课堂正襟危坐听青年教师传授知识？多丢面子啊。先生可没考虑那么多，他是个满脑子只有音乐的简单人。留苏期间放弃研究生主动降为本科生，就为了能多学两年；年轻时，对面窗户里的女孩每天八小时的钢琴练习，于常人或许是噪声扰民，先生却说，免费欣赏了四年从巴赫到李斯特的音乐，可惜不过瘾，只能享受耳福，看不到乐谱。呵呵，阻碍了先生进一步深探'噪声'的构成要素……"

这种嗜学精神，从朱践耳留下的大量学习笔记中可分析得知。他的补课过程，最早从1978年的"周文中谈创作"开始，到1991年听陈其钢的"孤独者的梦"止，补课时间前后贯穿了十三年之久。

听课笔记内容有：

杨立青：当代新表现主义与浪漫主义，梅西安的和声语言，贝多芬标题音乐"英雄""命运"交响曲分析；

廖乃雄：西方音乐的内容与形式；

江明惇：民歌旋律的基本表现方法；

桑桐：五声综合性和声结构；

钱仁康：肖邦创作道路的转折点，论非标题音乐的标题性；

巴黎音乐学院教授巴科夫：单音歌曲分析，马勒合唱；

陈钢：关于歌曲的钢琴伴奏；

蒋一民：试论音乐形象的几个中心环节；

还有，巴赫的和声问题、运用及作用，二十世纪音乐，现代音乐在美国，电子音乐，计算机音乐，美国音乐的特点，等等。

除记载了大量的音乐笔记外，朱践耳还做了许多美学、哲学、文学的读书笔记。在这些笔记中，他写下了很多思想上的收获，譬如，"音乐艺术表达作者坦诚、丰厚、真切的内心世界，爱恨之间、苦乐之间、似是而非，感情深处的隐秘的却又非常真实的瞬间流露，期待的是听众从中得到自己的体会，联想"。

他从中国画中，悟出了艺术创作的奇异之处："画使人喜，不如使人惊；使人惊，不如使人思。""现代作曲家必须具备这个特点：陈述简练，思想准确，细节精密，手法简洁。"

他从王若水《论人的本质和社会关系》得到启蒙，"当代文学，应当真实地描写异化，单表现对异化的抗议，借以唤醒人的主体意识。我的交响乐作品，就是在揭露这种异化"。

他从郑板桥的座右铭"难得糊涂"中，写下了心得，"聪明难，糊涂难，由聪明而转入糊涂更难。放一着，退一步，当下安心，非图后来福报也，'古来圣贤皆寂寞'……"

这哪是补课？是十八年后的重新"回炉"！为了补充符合时代发展的新知识，朱践耳又一次重新坐回了学生的课桌。只不过，这是一所没有围墙的大学。

这对一个年逾花甲且知名度很高的作曲家来说，尤其面对授课老师中曾是他的学生或晚辈同行，需要非凡的勇气去面对。

他的"补课"过程时间之长，超出想象；学习欲望之强，令人钦佩；不耻下问，令人尊敬。

正如他在学习笔记中记下的自勉那样："每天早晨，我要以古典大师为典范，来进行自我革命。所有的艺术家都是革命家、建筑师……作曲家总是在传统基础上保留对己有用的，再加上自己的东西。"

当时在上音读博的杨燕迪常回想起那个难忘的情景，"当时已是六十开外、鼎鼎大名的践耳先生，总是端坐在教室第一排，面前放着笔记本，手持钢笔，认真记录，仔细地写写画画……后来多次见到践耳先生开会和发言的状态，才知道这是他的'老习惯'：甘当小学生，不耻下问，总是在随身不离的笔记本上记写着什么……"

朱践耳矢志不渝的勤学意志，令音乐界同行深感敬佩。上海音乐学院前院长桑桐感慨："践耳不倦的创新探索、不竭的音乐个性、旺盛的创造力、丰富的想象力，令人钦佩。他是中国作曲界的'稀有金属'。"

● "画意黔岭""诗情纳西"两部曲

1980年始，朱践耳先后到云贵高原、广西、西藏等地采风，开始了真正意义上的"六十岁后学吹打"。人们不禁要问，是什么动力驱动花甲老者人生逆行？他靠什么战胜了不可避免的生理衰老，焕发出年轻的活力？

其实，深入民间采风的习惯，他早就有之。以往岁月里，他扛着十几公斤重的L601老式录音机，一头扎进焦裕禄工作过的河南兰考县，广东、山东、海南沿海渔村、东北大庆、虎林等许多地方采风。战争年代养成的艰苦作风，以及清心寡欲的生活，使得他不畏任何艰难困苦。在那个年代，去贫困山区及乡野采风、体验生活，一蹲就几个月是常事。

朱夫人说："他身体并不好，肠梗阻是他年轻时就落下的老毛病。犯病时，常常满头冒冷汗，疼得直打滚。"

作曲家陆在易还曾透露朱践耳鲜为人知的身体状况，"践耳有很严重的便秘，每天晚上睡前都要自己灌一次肠。他胃里有息肉，不是几个，也不是成百上千，而是像天上的星星数不清，每隔一二个月就得上医院'打扫'一次"。

尽管身体内在系统多病，但并没动摇他下乡采风的意念。朱夫人说："他下乡体验生活开心得很，即便是最贫困的地方，也从未听他叫过一声苦，反而为每次听到不同的民间音乐感到欢心。他对我说，你在上海能听得到吗？而今，每当触摸先生的谱集，睹物思人，耳边仿佛又听见了他在琴键上弹奏出一个个音、一条条旋律，脑海中仿佛又浮现了六十多岁时他，拎着笨重的录音机，奔向云贵高原，在原始森林里录音采风的情景……

1981年8月，朱践耳应邀去贵阳观摩"苗岭之声"音乐节。数天后，贵州省音协安排他去了黔东南苗族侗族自治州的雷山（苗族）黎平、从江、榕江（侗族）等山区采风。那个年代，贵州是中国出了名的贫困省份之一。"天无三日晴，地无三分平，人无三分银"，就是贵州的真实写照。当然，它还是仅次于云南、居全国第二位的少数民族高度聚集省份，世居的少数民族多达十七个。

深入民间，作曲家如同掉入了民间音乐的宝库和歌舞的海洋里，一头扎进了苗寨、侗寨，乐不思蜀，一住就是一个多月。在黔东南，他像寻宝一样，在村村寨寨里寻找非变异的、祖先传下来的"文化基因"——最纯真、最本体的少数民族音乐。

在雷平县的侗族地区，作曲家在侗族音乐歌舞中发现了"新大陆"，在民间音乐中惊异地发现了现代技法的"根"。今天看来，侗族大歌已经享誉全国，成为非遗。可在极度贫困、交通且信息闭塞的80年代初，它是藏在深山人未识、埋在泥土中的一块璞玉。

在侗寨，作曲家见识了丰富而有特色的侗族音乐。"汉家有字传书本，侗家无字传歌声。"侗歌，成了侗族人的传字之书。朱践耳饶有兴趣地解构了多声部无伴奏合唱的"侗族大歌"。他了解到，"合唱队"从小就由老歌手进行口授训练，音准观念以及和声感觉都很好，和声协和悦耳，音乐质朴明快。奇异的是，"侗族大歌"多声部、无指挥、无伴奏、无曲谱，而且必须三人以上才能演唱。其复调式、多声部演唱，在世界音乐史上极为罕见。

这年中秋夜，朱践耳还颇有情趣地"偷听"到了侗族的"琵琶歌"。半夜里，他忽然隐约听到有人唱情歌，一骨碌爬起身，摸黑循着声音方向跑。银色的月光洒遍鳞次栉比的木楼，楼前的小溪上，架着一段木桥，桥上有一对侗族青年男女唱着"琵琶歌"。他偷偷地站在小桥边，听他们对歌。那细声的歌喉，叮咚的琵琶，通过溪水的回响，在山间飘荡，使人如入梦幻仙境。音乐奇妙绝伦，一时竟然分辨不出是何调式，是何旋律。

他一边听，脑中却在细细分析，它是用侗族小琵琶伴奏的独唱曲，用假声哼唱，优雅纤细，极富诗意，和用大本嗓演唱的"大歌"韵味截然不同。它的音律和音阶十分别致：$^\sharp5\,6\,^\sharp1\,2\,3\,4\,^\sharp5\,6$ 这些变音是游移的；有些音升高时略小于半音，时间又接近原位音。小琵琶空弦为 $^\sharp5\,6$，$6\,3$，构成奇特的主和弦，有时则加进三音：$^\sharp5\,6\,^\sharp1\,3$（$^\sharp5$、$^\sharp1$ 皆低于平均律）。"这使我联想起欧美现代音乐中各式各样的新调式，它们大多是人工'合成'的，常带有生硬的雕琢斧痕，而'琵琶歌'却非常自然、亲切、动听。这一生动而难忘的生活印象为我提供了交响组曲《黔岭素描》的第三乐章《月夜情歌》的创作原型。其结构音阶、和声结构、调式交替和调式游移等技法，就是来源于'琵琶歌'（包括配器特点）。"

而苗族"吃新节"上的赛芦笙，又给了他另一番启迪。

山间一块平地上聚集着各村来的芦笙队。每队几十人，大中小芦笙配备齐全。一队先吹，第二第三队……接上来，声震山谷，气势雄壮，令人置身于现代派交响乐的音响中。让人大为惊讶的是，各队的定音都不同，有C、D、F、♯F、G、♭B各调。由于芦笙调仅有一个简单音型，不断反复，如果大家用同一个调，势必单调。现在各有各的调，比赛时就显示出各自的个性。几个队同时吹，就形成一个音响复杂的平行音块。

他惊诧，多调性怎么会是外国人发明的？我们的民族早就有了，几十个芦笙几十个调。吹芦笙的人就是要显露自己，显露自己的芦笙队。这不是多调性又是什么？

这个音乐现象，引起了作曲家的深思。"对于这种极不协和的'粗野'音响，为什么他们并不感到刺耳难听？相反，似乎只有这样才够味儿才来劲，才足以表达他们芦笙盛会的狂欢和炽热的豪情。恰恰是这一绝妙的民间多调性'交响乐'，才造成了如此宏大的气壮山河之势。我为少数民族的音乐审美观所吸引，为他们能以极简单的手段达到丰富的表现力的音乐智慧所折服。"

朱践耳感慨于生活本身，为写作技巧提供了原型。黔东南采风，一部四个乐章的交响组曲《黔岭素描》呼之欲出。第一、第三乐章用侗族音乐素材，第二、第四乐章用苗族素材。乐曲中，《赛芦笙》《吹直箫老人》《月夜情歌》《节日》，带着汗味并混合着泥土气息，以及人类蛮荒时代印痕的"绝音"，组成了一首交响组曲而问世。

在黔东南地区，朱践耳的"多调性在侗族、苗族音乐广为运用，与西方现代音乐之间有着异曲同工的'根'的发现"，有其重大意义。他第一次揭示了中国民间音乐与西方交响乐之间的关联，同时也初步揭示了中国少数民族"原生态"的艺术价值。只是这个发现仅停留在创作的专业层面上，没能继续深入，揭示其作为一种真正的艺术形态而存在的价值。

因为，在那个年代，少数民族的民间音乐歌舞，被视为山野乡间中村民们的自娱自乐，如同草芥，自生自灭，没人把它当回事，更不认为它是艺术。直到1985年，中央乐团作曲家田丰扎根云南后，对活着的少数民族"源文化"的发掘和保护，并以身先垂范的悲壮之举，在云南文化精英中掀起了一场改变意识、重新认知与审视本土文化价值的"头脑风暴"。这些文化精英的意识大转型，直接推动了云南文化艺术，乃至中国民族音乐史的进程，催生出"原生态"及"非遗"文化。其社会及艺术价值，得到了现代文明社会的认可。

当然，朱践耳在侗族的这一发现，客观上也推动了他的创作观念及技法的转变。"在乡间生活，听到了大量的原生态的民间音乐，过去曾误以为'怪声怪调'的、不屑一顾的东西，现在观念转变了，却忽然悟到其中艺术魅力的奥妙，甚至发觉它和西方现代音乐之间有着'异曲同工'的根，由此解决了我的悬念，坚定了我大胆运用西方现代作曲技法的信心，开始在中西融合、古今贯通方面做了多种尝试和探索……"

这部运用多调性、多节奏手法创作的交响组曲，是他创作乐队作品的初步尝试，可以说，更是他从传统乐派跨入现代乐派的初步尝试。值得一提的是，这一创作技法是从中国少数民族音乐中汲取，但与西方的现代技法高度吻合。

应该说，《黔岭素描》是以传统的、现代的创作技法与中国民族风格相结合的产物。这是因为，它的现代技法运用并不离奇，与观众的审美习惯与情趣并不远。形象地说，它走出传统与浪漫的篱笆外散了散步，但没走远，还是回来了。作品的可听性，听众完全接受了。

无疑，最出色的是第四乐章《节日》，作曲家用木管乐器演奏出了苗族"飞歌"的旋律，点出了民族欢歌的特性。高潮之处，音乐烘托并描绘出了苗族人民节日狂欢的大场面。更重要的是，在这个乐章中，寄托了作曲家自由心情的回归，以及放飞自我的愉悦之情。

作品很快出现在当年的"上海之春"音乐节上。瑞典国家电台还做了现场录音，第二年，瑞典广播交响乐团在斯德哥尔摩进行了演出。在国内，

《黔岭素描》成了朱践耳上演频率最高的作品之一。网上有张照片，记录了一个场景：音乐会现场，作曲家吕其明起身，双手翘起大拇指，向曲作者致意。

…………

如果说，"画意"写的是黔岭，那么，1982年的一次云南之行，作曲家写出了"诗情"纳西。

3月，作为纳西人的女婿，朱践耳陪同夫人舒群去云南探亲，头一次踏上了舒群祖籍地——丽江纳西族自治县。20世纪80年代的西南边陲，交通条件十分恶劣。从昆明坐长途汽车到丽江，六七百公里的路程，路上要走三天。这在今天，简直不可想象。

一到丽江，朱践耳就被纳西族的文化所吸引。夫人的家族身世、东巴文化、象形文字、玉龙第三国"殉情"、纳西古乐，以及泸沽湖边摩梭人尚存的母系社会，所闻所见，一切都令他惊奇万分。以至于此后数年中，他独自四五次前往丽江采风。

舒群说："每次去丽江，朱践耳都要找最古老、最原始的'根文化'，寻找身怀绝活的纳西族老艺人，发掘音乐并录音。他与村民们同吃同住。想当年，他在兰考采风时一天一杯水的日子都能熬过来，现在，还有什么苦能吓退他？他采风，不像现代人那样浮皮潦草，去两天转一圈，拿点素材就回来，他深入到村寨、田野，与少数民族融为一体。这就是他能把西方的东西和民族的东西融合得好的原因之一。"

痴情于"交响梦"的朱践耳，耐得住寂寞，长期在清苦甚至不被理解的孤独环境中从事创作。他坚持采风，喜欢到生活中去印证自己的思考，在民间音乐中获取艺术的灵感，在现实生活中寻找创作原型。

从朱践耳1983年5月写给乐团领导黄贻钧的一封信中分析得知，是年，花甲老者经历了他有生之年时间最长、印象最深、收获最大的一次深入民间的采风。

这年，他1983年1月13日离沪，5月14日返沪，整整四个月，行程二万五千里。

朱践耳说："这次行程，火车往返占一半，另一半在省内乘坐汽车，个别地区是步行和骑马。到了六个地区和自治州，有西双版纳、思茅、德宏、红河、丽江、大理，其中在红河比较深入，到了六个县，五个大队；接触的少数民族十个：傣族、哈尼族、彝族、拉祜族、佤族、爱伲族、布朗族、景颇族、纳西族、白族；参加了六个民族节日：西双版纳傣族自治州三十周年周庆、瑞丽县佛塔大摆、景颇族的'目脑纵歌'（元宵节歌舞会）、澜沧拉祜族自治县三十周年县庆、大理白族'三日街'、丽江纳西族'东巴'歌舞会演及骡马会；采风录音磁带三十盘。"

长达四个月的采风，收获令他惊喜万分。在丽江农村，他发现了不少"洞经乐队"；在澜沧江，他发现了一位活着的"阿炳"——拉祜族盲艺人张老五，三弦弹得令人掉泪……在各地村寨，他听到了各种特殊的调式、特殊的变音和音程、特殊的和声与转调、复杂的打击乐节奏，等等，开阔了眼界，丰富了少数民族的音乐知识。

他在信中写道："这些民歌歌词，大都文学价值极高，非常优美，尤其是情歌，语言含蓄深情文雅，并无'黄色'的东西。在红河自治州元阳县牛角寨公社的一个小学教员那里，我听到一首哈尼情歌的录音，非常委婉动人。由于父母的干涉，一对情人被拆散了，在临分手时，两人自编自唱了这首情歌（约半小时），并录成了卡式磁带留作纪念。原来，唱的就是小学教员自己。"

有时候，他的采风充满着险情。这年春节，他到西双版纳、澜沧江一带采风，来到德宏傣族景颇族自治州的芒市，并深入一个小镇。为了接近当地村民，他留了下来，准备几天后，到几十里外观看傈僳族的"拉歌节"（傈僳族人民祝贺吉祥幸福、欢庆丰收的传统节庆盛会火把节）。

这次采风，朱践耳险些送命。在写给乐团指挥黄贻钧的信中，他详述了这个过程。那天晚上，少数民族村民请他去喝酒，吃了傣族的传统菜——用苦叶汁拌的生肉。岂料次日早晨，他开始上吐下泻，折腾了一整天。他浑身无力，开始发高烧，又引起了急性肠胃炎，一天几十次的腹泻，令他几近虚脱。此时适逢民族节日，小镇上空无一人，小旅馆里连个人影都见不着。如此折腾了两天后，他挣扎着起身，扒着墙，亦步亦趋，踉踉跄跄地摸进了镇卫生所。值班医生见状，接连几天为他输液几千CC，才救回他一条老命。

这次难忘的经历，朱践耳深有感慨，"看来年纪不饶人了，一个人外出行动已很不便了……今后我的行动计划不变，只是自己更多注意一下身体，如无人陪同，就不下到县城以外的地方去。云南到处是山，到大队公社去必须翻山越岭，交通工具很少，汽油也紧张，再加上实行生产责任制后，白天在寨子里已找不到什么人，找民歌手很不容易……"

话说回来。

在丽江，朱践耳对纳西族民歌中"谷凄"（音译），产生了极大兴趣。这种罕见、怪异的吟唱，十分朴实、深情。"这是我聆听民歌时最最动情的一次，因为切身感受到了亲情的温暖。"他马上请人将纳西语翻译成汉字，原来，歌词中有青年男女对"玉龙第三国"的幻想，多么富有诗意啊！然而，作曲家在更为奇特的民歌——男女声二部合唱《窝端端》中，惊喜地发现，"男声部是刚劲有力的、呼喊似的旋律，女声部则是羊叫似的颤抖的花腔。这种对比式的复调对位，在中国民歌多声部合唱中尚未见过第二首。"

丽江采风所见所闻，使朱践耳对纳西族有了深刻了解，决意写一部反映纳西族的交响作品。

写什么呢？他从东巴唱腔以及纳西口弦中得到启示。东巴唱腔，现硕果仅存，而纳西口弦呢？原有72个曲牌，"破四旧"后，仅存4个曲牌，即《铜盆滴漏》《蜜蜂过江》《母女夜话》《狗追马鹿》。

朱践耳对夫人说："就叫纳西一奇吧！为什么？因为纳西人的奇特的东

西太多了！到现在，纳西人还保留了舞蹈谱。你说世界上，有哪个国家有这么悠久历史的舞谱？"

无疑，《纳西一奇》采用了纳西族奇特的民间音乐精华做音乐素材，用多调性技法而作。"创作上突出一个'奇'字，即奇特的纳西文化和纳西人性格，力图做到原味性和创新性的结合、出奇性与平易性的结合、造型性和表情性的结合、色彩性和深刻性的结合。"这是作曲家的本意。

可与朱践耳创作意图相悖的是，完成于1984年春的交响音诗《纳西一奇》，在当年5月"上海之春"音乐节上，黄贻钧指挥上交首演后，并不讨喜。由于作品过于强调"原生态"的"求真禁变"而显得晦涩难懂、诡异还不悦耳。听众并不买账，出现了截然不同的声音，有赞誉，更多贬低，且反对的声音占据主流。

音乐学者钱仁康很欣赏这部作品，称其"以其绮丽的色彩和鲜明的形象博得听众的交口称誉……纳西族的音乐也很奇妙：全音阶、朗诵性音调、男女二部复调合唱，以及演奏双重调性的口弦和葫芦笙，尤其富有特色。音诗《纳西一奇》突出一个'奇'字，既刻画了奇谲的民族性格，又表现了珍奇的民族文化，特别是音乐文化的特色"。

但在"上海之春"随后召开的座谈会上，批评声、否定声来得非常猛烈，几乎遭到了全盘否定。有人说这部作品是个怪胎，是个没法听的东西，离听众十万八千里；不少人对朱践耳的创作转型，以及追风赶时尚感到不可思议。由于当时朱践耳与李德伦正在苏联访问，其夫人舒群代表他去参加座谈会，坐在后排的她，没引起人们的注意，于是，她将会议内容作了全盘记录。会上，来自全国各地的专家们一致否定。

作为纳西族的女儿，舒群非常了解此曲内涵。可在会上，她非作者，有口难辩。很多年后她告诉作者，《纳西一奇》中的《铜盆滴漏》，是纳西族的夜景传统。他们没有钟，用铜盆装水往下滴，滴到哪个刻度，就代表几点钟。它是钟的象征。（如同在古代，汉族人以打更来确定时辰。）

《蜜蜂过江》是什么呢？纳西族只有 30 万人，是中国最小的民族之一。蜜蜂虽小，但敢于飞过雅鲁藏布江。它象征着当年骁勇彪悍的纳西族人，牵着马，从茶马古道翻山越岭，无惧艰难险阻，勇敢地跨越雅鲁藏布江。

《母女对话》，说的是纳西族中的摩梭人，是至今地球上唯一保持着母系社会的民族，人称最后的"女儿国"。摩梭人的走婚形式，保留至今。

《狗追马鹿》是指纳西人的打猎。

四个乐章的小标题，都是纳西族奇特的名字。

朱践耳回国后得知这一切后，走访了多位老友听取意见。有人客套地敷衍，有人却正儿八经告诫他，"你是老同志，不要忘了群众，不要赶时髦去学现代派，要保持晚节啊！"

作曲家心里非常明白，"这作品写的就是底层人民的生活，只不过一般人对纳西音乐完全陌生而已，人们终将会接受它……何况，多调性技法根本算不上什么现代派，实际上这首作品已经属于很通俗、很传统的"。

虽说如此，作曲家心中还是忐忑不安。他告诉老伴："别急，将来到云南，再听听当地人怎么说？"

1992 年，陈燮阳率团在昆明中国艺术节上上演了《纳西一奇》，引起极大反响。在其后召开的座谈会上，省内及丽江方面的音乐专家反应亮了，"这些民间的东西，我们听得习以为常，但鲜有人认为它是艺术，更不知道怎么用它。朱先生的音乐，令我们茅塞顿开！"

在丽江工作多年的彝族作曲家那少承说："1984 年，云南音乐界去听'上海之春'的人不少，对这部作品议论纷纷。有人说听不懂，甚至反感。说话很难听，说太刺耳，第四乐章简直就是鬼哭狼嚎。而我在丽江工作过十多年，对纳西族的风土人情与文化音乐有相当深的了解，我对《纳西一奇》的感受是六个字：'亲切、新奇、带劲。'"

云南省音乐理论家刘兰说："朱先生深入生活，钻进去，并拿出东西来。这种传统及精神，在当今一些年轻人中，几乎已摒弃……在表现生活方面，他尊重传统，又不拘泥于传统，而是基于传统，立意创新。这部作品，既是纳西族的，又是朱先生的。"

昆明座谈会后，朱践耳并不满足，他希望听到纳西族人的反应，于是不顾车马劳顿，坐了三天长途客车，赶赴丽江召开座谈会，听取丽江音乐界以及纳西族人士意见。

陪同朱践耳前往丽江参加纳西文化学会座谈会的省歌舞团作曲家涂正明，为座谈会上的气氛所动容。"座谈会令我很激动。这些纳西族人从来没听过交响乐，但听了《纳西一奇》后很激动。认为这是他们的音乐，但又很新鲜。他们认为，纳西族人常被错误地误解为一个悲剧性的民族，朱先生的作品却正确反映了纳西族彪悍、不屈的性格，音调都很熟悉。这些从小在金沙江边长大的纳西族人，高兴地唱起了'阿里里'，向朱先生表示祝贺……《纳西一奇》被纳西族人承认，并被纳入纳西文化的一部分，这是很大的荣幸。"

作曲家写一个民族的东西，最希望得到这个民族的认可。会上所言，朱践耳才放下了心，他坚信，自己的路没走错。

艺术家是引导人类审美的先行者。他们的眼光独特，往往很超前，有时甚至超越时空。也就是说，艺术家朱践耳，是走在时代前列的先行者。

今天，客观地看，朱践耳运用少数民族音乐元素所创作的"诗情、画意"两部曲，告别了以往的他。他的作品，开始取材于少数民族原生生活中有生命力的"鲜活食材"。《黔岭素描》《纳西一奇》，就是佐证。在这两部乐队作品中，他挖掘、运用了少数民族最典型、最精华、最奇特的"鲜活元素"，搭建出作品的骨架，并力图保持它的"原汁原味"，活脱脱、水灵灵地展现出西南少数民族尚存的文化原始印记。他后来的作品，也证明了这点。

作为一个作曲家，他的创作意识超前了几十年。因为那时，人们对后来发掘的"原生态"文化的认知，远未达到今天的水平，以至于他的作品不能被听众接受。

但随着时空的推移、视野的开阔、文化的交流、审美的提高，一切自然迎刃而解。

● **莫斯科之行，零距离触摸世界音乐前沿**

1984年5月，受苏联作曲家协会邀请，作为中国音乐家协会的代表，李德伦、朱践耳前往莫斯科，参加第二届国际音乐节。这是朱践耳以官方身份首次出访。

自从有了《第一交响曲》的创作意图后，朱践耳不断"下沉"，在民间音乐积累、创作观念转变以及现代作曲技法上，做各种准备。这次应邀出国观摩国际音乐节，是一次绝好的机会，不仅令他眼界大开，而且触摸到了世界音乐前沿的最新动态。

在莫斯科，两位中国音乐家受到了贵宾礼遇的接待。苏联作曲家协会专门安排重要人物接机，第二天，协会第一书记、音乐节组委会主席吉·赫连尼科夫，协会书记谢德林，专门会见了他们（两人过去的同学）并餐叙。在中苏关系开始缓和但未完全正常化的时候，这"破冰式"的文化交流，可谓意义深远。

阔别了四分之一世纪，故地重游，眼前的莫斯科，既亲切又陌生。"亲切的是，看到莫斯科市中心、大剧院、音乐学院保持了原有的风貌；陌生的是，市内出现许多新建筑……"然而，令他们眼界大开的是，在与世界文化脱轨几十年后，此行零距离触摸到世界音乐的前沿，以及世界音乐创作的最新动向。

这届国际音乐节，声势浩大，共安排24场音乐会（平均每天两三场），上演46个国家的120首作品（基本上每个作曲家一首），有交响乐、歌剧、室内乐、合唱、吹奏乐及群众歌曲专场。作品全是20世纪的，题材广泛、风格多样，既有传统的，也有新流派、现代乐派，有些还是首演。作品大都运用现代作曲技法，而又有一定的思想深度和艺术感染力，所谓"先锋派"的作品却未见到。

120位作曲家中，不少具有国际声誉，如卡巴列夫斯基、赫连尼科夫、谢德林，美国的巴伯、科普兰、伯恩斯坦，英国的布里顿，巴西的维拉-罗伯斯，波兰的潘德列斯基，日本作曲家芥川也寸志等。开幕式上，80高龄的卡巴列夫斯基亲自指挥了他的歌剧《柯拉·勃留翁》序曲。

音乐节上，不少作品给朱践耳留下了至深印象：潘德列斯基《第二大提琴协奏曲》思想深刻，手法独到；保加利亚的杰·明切夫九分钟的《交响前沿》，戏剧力量震撼人心；芥川也寸志的独幕歌剧《广岛的奥利欧》，尖锐的戏剧冲突扣人心弦；赫连尼科夫《第三钢琴协奏曲》，富有动力感、富有光彩的演奏充满着生机，等等。

莫斯科对朱践耳来说，是个"福地"。留苏期间，作为留学生，他的《节日序曲》《英雄的诗篇》两部作品，被苏联国家电台作为永久性节目，买下版权并演出。而这次，作为观摩音乐节嘉宾的朱践耳，在"福地"又收获了意想不到的惊喜。

苏联作曲家协会主席、音乐节组委会主席赫连尼科夫慧眼识珠，他仔细翻阅了中国音乐家协会赠给苏联同行的一包礼物（中国作品乐谱）。在读到朱践耳《交响幻想曲——纪念为真理献身的勇士》总谱时，赫连尼科夫眼睛一亮，立刻把它抽了出来，饶有兴趣地对中国同行说："这部作品很好，如早拿来，这届音乐节上就可以上演！下一届音乐节希望能送乐谱来，欢迎李德伦同志来指挥。"

岂料，在三天后的开幕式上，音乐节挂出了中国国旗（按规定，来宾国不挂国旗），李德伦与各参演国代表，被请同登主席台。次日，赫连尼科夫告知中国同行，19日将演出这部幻想曲。朱践耳被这突如其来的消息吓着了。中苏关系紧张之际，这部带有浓烈政治色彩的作品，被苏联国际音乐节选中立马上演，政治上的敏感，令朱践耳直冒冷汗，瞬间衣服都湿透了，他不知道，这是祸，还是福。

还有，演出准备工作，也让他大为吃惊！作品三天内被抄好分谱，选好乐队、指挥、排练就绪，在这等高规格的音乐节历史上绝无仅有。

对中国音乐几乎一无所知的国际同行，对这部交响幻想曲产生了浓厚兴趣。在音乐学院大厅，格拉辛柯指挥乌克兰国家功勋乐团演释了这部作品。乐队水准可圈可点，处理细致独到，演释动人心魄。观众反应异常强烈，长达七分钟的鼓掌，令作曲家三次谢幕欲罢不能。

无疑，现场气氛打动了中国驻苏大使——杨守正大使及夫人。大使热烈拥抱了作曲家。赫连尼科夫、谢德林、艾什帕依等苏联著名音乐家、朱践耳的老师和同学，以及一些国家的作曲同行，纷纷上前祝贺。苏联同行说："作品深刻，富有哲理性，很有才能，反映了内心深处的经历感受。我们听了深有同感。"保加利亚音乐学家德·金基诺夫指着胸口说："这乐曲并非由这里（指脑）出来的，而是从这里（指心）流出来的。"

一位苏联听众告诉朱践耳："我不是音乐家，但听懂了，音乐富有生动的形象，引起了我许多联想。"

苏联权威报纸《真理报》刊出评论："音乐节中激动人心的事件之一是中华人民共和国作曲家朱践耳的《交响幻想曲——纪念为真理而献身的勇士》的演出。与会者与来宾将此看作是艺术家之间团结的感人之举。《交响幻想曲——纪念为真理献身的勇士》是中国代表团到达莫斯科之后才被列入演出的，并在几天之内由指挥细心排练出来。听众像一个人似的，都站立着，以长时间的欢呼来祝贺作曲家。他以鲜明的音乐形象，体现了其同时代人坚定信仰精神力量，他们尽管经历了各种艰难考验，但仍坚持对人道主义理想和崇高艺术的信念。"

之后几天，中国音乐家成了苏联媒体的关注焦点。《真理报》《消息报》《苏联文化报》等报纸，先后七次报道了中国音乐家的讲话、访谈录、作品评价等。以至李德伦、朱践耳明显地感到，音乐节后五天，中国的影响明显提高了。

这部作品在国际音乐节成功上演后，还录制了唱片。可在国内，还是引起了一场风波。朱夫人说："由于中苏关系尚处交恶时期，当音乐节组委会决定上演朱践耳《交响幻想曲——纪念为真理献身的勇士》后，中国驻苏使馆通知了文化部，得知消息后，文化部开始追责，谁让他们去演的？文化部把中央乐团合唱指挥严良堃叫去问事，严良堃告诉他们，这是中国首届交响乐作品评比中的得奖作品！事情才平息了下来。"朱夫人还说："到母校上演自己的作品，朱践耳盼了很多年，无奈心有余悸：一是两国关系不改善，难以成行；二是如果作品站不住，到莫斯科去，这不丢脸吗？"

其实，机会曾出现过。俄裔华人作曲家左贞观来华时曾告诉作者："我曾经将朱践耳《纳西一奇》推荐到苏联演出。天晓得啊！乐队、指挥，一切准备就绪，分谱都抄好了。并发出邀请信，邀请朱践耳到莫斯科。他上报申请出国，未获批准。不得已，苏联方面取消了演出。"

莫斯科之行，朱践耳见到了昔日的苏联老师、众多的苏联同窗，几十年光阴荏苒，再聚首时，都已白了头，但一见面，似乎重回了二十多年前。他去了红场，瞻仰了列宁墓；他专程拜访了母校，参观新校舍、新音乐厅、名人墙等，流连忘返。

然而，令朱践耳深为感慨的是，离开莫斯科24年了，其音乐文化依然充满着丰富养分。他对一位拉美音乐家所说感同身受："只有艺术在每个人生活中占有重要位置的伟大国家，才有能力举办这样规模宏大的音乐节。"

他深感庆幸，在与国际音乐界脱轨20多年后，第一次在现场听到当代世界这么多现代作品。他惊讶地发现，苏联作品已大大突破了20世纪50年代的戒律和模式，完全现代化了。苏联，乃至世界音乐，正在变革之中。题材、风格、技法，在某种程度上相互靠拢。先锋派曾在60-70年代的苏联流行一时，又被抛弃，回归到调性的既继承传统而又有创新之中。这个时代，对于各种技巧，只要符合内容需要，都有目的地吸收、运用。

他从众多作品中看到了一种创作趋势，即音乐语言的极端复杂化与内容的可理解性相结合；民族化与现代化相结合；宏大的交响乐化与细致的室内乐化两极发展，甚至交响曲也采用室内乐队（米·塔绍耶夫1979年作的《第八交响曲》）。实际上，这是交响曲的大变革时代。从某种程度上说，它正在被重新定义。这点，后面章节中将谈及。

一切，使朱践耳陷入沉思，"反观自己的作品，技法上已远远落后于时代。尽管创作时十分动情，但缺乏新的音乐语言"。

他甚至怀疑，莫斯科人对自己作品的肯定，是否掺进了思想感情，多少带有些礼节性？倘若不是，为何他们对作品作曲技法只字未提？这恰恰说明自己在作曲技法上的落伍。也就是说，莫斯科的所见所闻，形成了一股看不见、摸不着的无形压力，既刺痛了他，又促使他断然下定决心，创作该进行根本性转型了。

世界音乐创作的最新动向，成了他改变自己创作的动力。事实上，莫斯科之行，成了朱践耳创作的分水岭。

当然，在与各国音乐家交往中，朱践耳发现了中国音乐现状存在的最大软肋。国际同行告诉他，在西方和任何一个发达国家的任何一家音乐书店里，你找不到一部中国作品的总谱。也就是说，国际同行对中国的音乐创作以及发展一无所知，中国音乐还没有从根本上融入世界文化艺术之中。

朱践耳在笔记中记载了这一重大缺陷，提出了自己的建议：他希望中国的出版部门，多多出版中国交响作品总谱，并附有外文标识；此外，还可以请外国权威出版商出版中国作品总谱，介绍中国音乐。他真诚希望有关部门加强对外发行工作，以及资料交换工作，让中国音乐更快地走向世界。

第九章　分水岭

● **创作大转型，从传统主义跨入现代乐派**

经过近十年技术准备与积累，朱践耳着手创作《第一交响曲》。这是他创作大转型的分水岭——从传统主义一步跨入现代乐派。

的确，20世纪的音乐，对中国音乐家来说，陌生而迷人。80年代初，人们发现，因中西方意识形态的对立，包括西方在文化艺术领域里取得的成就，使得整整一代年轻的中国音乐家在音乐教育上出现了空白，视野受到了很大的限制。国门打开后，十二音体系、多调性、无调性、法国六人团、印象派、匈牙利音乐以及音块技术等现代技法，成了中青年一代音乐家的"恶补"方向。花甲老者朱践耳，破天荒地也跻身这一行列。

国内有学者发现，当中国音乐进入20世纪时，与西方的发展脱轨约六十年的时间。西方作曲家在发展现代主义时，中国作曲家则还在实验古典主义与浪漫主义音乐的表现手法。游走在中西方世界的谭盾说："交响乐已死。"这意味着，音乐世界正在经历着大变革时代，交响曲已被普遍认为是一种过气的艺术形式。而国内对这一发展趋势，尚处在未知状态。

俄罗斯作曲家左贞观说："当代作曲家们不再写大部交响曲。这个传统，在肖斯塔科维奇之后走向式微之途。中国作曲家由于受俄罗斯影响很深，会去写交响曲。朱践耳、王西麟就是如此。现今在国外，交响曲创作已淡出乐坛多时。现代社会节奏很快，听众没有耐心去听一部45分钟的大作品。再则，如此长的作品，作曲家用什么东西抓住听众？"

交响曲已成"过去式"。在苏联国际音乐节上，朱践耳已敏锐察觉到，参演作品中，鲜见有新创作的交响曲上演。可中国作曲家仍心有不甘，在古典浪漫主义转向现代主义时期，没写过一部交响曲，则不足以证明自身的实力。不朽音乐大师的交响乐创作之途，成了作曲家的创作标杆。心怀志向的国内作曲家,将交响曲、歌剧的创作,视为终极目标。朱践耳的意愿,则更为强烈。

这些年来,朱践耳不断补课"换血",填补现代作曲技法的空白,目标就是构建自己有个性色彩的"交响曲板块"。他说:

> 19世纪末,曾有人声称"上帝死了"。后来,又有人声称"交响曲死了"。我至今仍沉溺于交响曲的创作,是否有点迂腐?落伍?
>
> 我以为,作为"上帝"的交响曲,也许死了,但寄托平常人心声的交响曲,不会死亡。毕竟人性是永恒的主题,独具创造个性的交响曲,也不会死亡。"变化齐一,不主故常",自由自在,天马行空,其中就蕴蓄着无限的生命力。就我个人而言,"交响梦",将近六十个春秋,时断时续,几起几落,此梦不圆,也是不会死心的……

就像他后来所认识到的,"在西方,今天已无人再用十二音序列技法,似乎一切可能性都已挖掘完了,但是,我觉得还可以开辟出一片新天地。那就是,与中国音乐特性相结合,从而带来新的特色……"

毕其功于一役。酝酿十年之久的《第一交响曲》,拿起,放下,再拿起,再放下。几经沉浮。早在"四人帮"被粉碎时,这部作品的构思已产生,终因积累不够而数度搁笔。

有时候,人需要借助外力刺激,才能激发出自身更大潜能。朱践耳与福建音乐家郭祖荣的偶遇,对他的交响曲创作起到了一定"催化作用",两人由此也成了终生挚友。

1983年,上海和福建两地的音协在沪举办"老中青三代研讨会",福建省音协负责音乐创作的作曲家郭祖荣等八人到上海参会。这是两人第一次谋面。

那天,朱践耳来得很早,在座位上一直在翻阅一本总谱。郭祖荣瞥眼一看,是他的《第四交响曲》。朱践耳非常认真,从下午一点多钟,一直看到下午六点多。郭祖荣说:"我坐在他边上后,他就总谱上的一些问题不断提问,这段是怎么写的,那段是怎么写的。那天,他没什么发言,一直在看我的总谱。之后,我去了北京。回福建时经过上海,去朱践耳家拜访。一进门,舒群告诉我,他等你很久了,一早就起床,一直等到现在。中午,他还请我吃饭。"

两位作曲家,一次偶然相遇,因为交响曲,成了一生的挚友。朱夫人说:"两人相见恨晚,此后,朱践耳给他写的信,可以出一本书了!"

那次见面后,郭祖荣几乎每年都去上海。"每次我到上海,朱践耳都请我到红房子(上海闻名的西餐馆)吃大餐。有一次吃完饭,他坚持送我回宾馆。于是,两人步行一直走到富民路口的武警会堂酒店。路上我问他,为何每次你要请我吃饭,还要陪我走路?他回答,那天我看了你的总谱,印象很深。我一辈子想写交响曲但没能写,而你从40年代就开始写。从小,我在姐姐家里就听交响乐,后来参加了新四军,没有机会。60年代从苏联回来后想写,可政治形势不对又不敢写了。60岁以后,我才刚写第一部,而你已经写到第四部了。这给我印象太深了。他说,我不但质量要保证,数量上我还得赶上。"

郭祖荣说:"回福建后我写信给他,交响曲创作不能赶时间。他回信给我说,你不用给我讲这些。我看你的总谱,知道你写得很自由。他说,交响曲的形式要改变。我是写生活的感触、民族的希望,是写中华民族的交响曲,而不是中国的交响曲。作曲家要写未来,不能只看到眼前。"

自此始,朱、郭两人惺惺相惜,郭祖荣说朱践耳运气好,作品有人演,每个时期都有代表作;而朱践耳说郭祖荣一起步就不畏逆境,自由地写交响曲,令他望尘莫及。

在中国音乐史上,有一批才高八斗却一生落魄的音乐大家,郭祖荣就是其一。这位被英国 BBC 称为"中国的布鲁克纳"、美国 CNN 说成"中国的马勒"的福建作曲家郭祖荣,是中国音乐界一生怀才不遇、却又矢志不渝的作曲家。

早在1947年，18岁的郭祖荣就写出小提琴与乐队《春之沉思》。之后半个多世纪中，他创作了37部交响曲、13部协奏曲、19部交响乐作品、41部钢琴奏鸣曲及独奏曲、11首重奏曲、各种器乐独奏曲12首，加上58首艺术歌曲、7首合唱曲，被业界认为是"新中国创作交响乐最早也是最多的作曲家"。可郭祖荣调侃自己只是个"纸上谈兵"的作曲者。

直至25年后，李德伦指挥中央乐团，才首次将他的交响曲搬上舞台。之后在1989年、2000年和2017年，他三次在北京举办个人交响作品音乐会；2015年和2016年，连续在上海举办个人交响作品音乐会。他的部分作品，才得以见天日。

无疑，郭祖荣的出现，刺激了朱践耳，就在感叹人生即将接近终点时，无意中翻阅了名不见经传的郭祖荣《第四交响曲》，深深刺痛了他内心那根最敏感的神经。几次拿起又放下创作《第一交响曲》的梦游状态，被完全刺醒了。十多年来，一事无成，时时敲打着灵魂，使得已进入花甲之年的朱践耳痛下决心，迎头赶上，否则将日暮西山终身悔。可见，多年来两人关系非同寻常，很大程度上，郭祖荣的逆境创作，给了朱践耳刺激乃至鞭策。

朱践耳说："这在中国是很少见的，他在创作上锲而不舍，即便多年政治风云中，仍然坚持交响乐创作。尤其在特别困难的时期，福建没有乐队，仍然……"

他对郭祖荣充满了同情。从那时起，每年，他都参加由郭祖荣召集的京沪闽作曲家座谈会，并尽一切可能给予郭祖荣支持。2019年初夏，92岁的郭祖荣，在福建省立医院的病榻上，向作者谈起当年朱践耳对他的提携。原来，1989年郭祖荣在京举办的首场音乐会，是在朱践耳鼓励下实现的。他对郭祖荣说，年轻作曲家个个都在开音乐会，我们老一代作曲家也该如此，你先在北京开，完后再来上海开，我会让上海方面全力支持你。怕他有顾虑，之后，朱践耳前后写了12封信鼓励郭祖荣。音乐会前，朱践耳、杨立青等还专程到京聆听。为此，首都音乐界不少头面人物如吕骥、时乐濛等都出席了音乐会。这让郭祖荣十分感动。

郭祖荣说："那天下午，我到机场送他，朱先生很激动。飞机晚点，在候机楼，我们手拉手散步一个多小时。他谈了'文革'中许多事，以及他夫人在'文革'中的经历。他说从苏联回来，迫于形势，一直没敢写交响曲。他说自己太听话了，以致造成了上海音乐界对他的误解。那次机场谈话，朱践耳说了许多心里话。他为上海一些人对他的误解，说他'狡猾，跟风，墙头草'而感到委屈，为此他时时夹着尾巴做人。他悲哀地说：'我见马克思后，我的作品可能一部都留不下来！'我只能安慰他……"

郭祖荣不无伤感地说："2015年，上海爱乐举办我的音乐会，约定上午九点我去他家，一进门，舒群告诉我，朱践耳知道你要来非常兴奋，早上六点就起床了，还一个劲地问我，郭先生什么时候来？这次见面，他似乎有预感，离别时，朱践耳忽然抱住了我告别，紧紧拉住我的手不放，不断地问，你什么时候再来？我回答明年再来！2016年，我又去上海，想再去看望朱践耳，可舒群告诉我，朱先生让她转告我，他已经得了阿尔茨海默症了！"

这一别，两位音乐老人从此阴阳两隔。2017年，郭祖荣两次中风倒地，抢救过来后，长年住进了医院，而朱践耳，亦已驾鹤西去了。

● **十年磨一剑，《第一交响曲》呼之欲出**

以"文化大革命"为题材创作交响曲的意识，朱践耳走在了音乐界前列。而文学界，1978年上演的话剧《于无声处》，已成为中国的一场思想解放运动，是改革开放的标志性事件。它犹如一声惊雷，冲破禁锢，对艺术领域、思想领域和社会领域，产生了广泛而深远的影响，并起到了引领作用。由此,"伤逝文学"呼之欲出。音乐界呢,还没出现类似《于无声处》这样振聋发聩的交响曲或歌剧这样的大作品。

十年来,朱践耳隐忍不发,是因为他觉得思想积累不够,对"文化大革命"认识不够,"只有与历史保持一定的时空距离,以出世的眼光来审视,方能看得清"。毕竟,这是生平第一次写交响曲,第一次运用十二音无调性序列技法写作,更是突破敏感"禁区"——以人道主义和异化反映"十年浩劫"的大作品。

确实如此,那场"史无前例"的运动,留给朱践耳的反思是深远的。"'文革'对我思想上的震动很大,心灵上的冲击尤深。我从一个'现代迷信'的虔诚信徒和'驯服工具'清醒过来,解脱出来,是经历了一个漫长而痛苦的过程的。"

早在"文化大革命"初期,朱践耳就对这场"史无前例"深表质疑。为何在党史中早就批判过的"残酷斗争、无情打击"错误做法今天反而变本加厉?反修防修为何如此"凶猛"打倒一切?两派斗争为何演变成一场"暴烈行动"?他眼看着在"文化大革命"的疯狂躁动中,造反者们的中枢神经变得亢奋、紊乱,失去了一个社会最起码的法则。他曾告诫自己,虽然身处这环境,但绝不能跟随他人盲目乱舞。然而,那时的人们已是被革命观念冲昏了头脑的群体,即使心里明了对与错,"多数的力量"也迫使你不得不放弃个人立场。

进入晚年后,他又一次对自己的灵魂历程进行透彻的拷问,反思更为深刻。如同一台X光机器对一个标本的深刻透视,这是他个人在思想层面上的一次全面核磁扫描,试图"回归自我",厘清思想中的"病毒"残余。

《第一交响曲》的立意,落在了人道主义与异化这个主题上,意图反映"文革"中的人性被扭曲、人道主义被践踏,真善美异化为假丑恶、人性异化为兽性这一哲学思维上。作曲家以独特的视角、独特的构思、独特的手法,将四个乐章"石破天惊、讽刺漫画、无言悲凉、居安思危",

用"？""？""……""！"四个抽象的标点符号来概括人们在"文化大革命"中的心理过程。

尽管党的《决议》已经定调,但用如此敏感的题材创作,人们还是心有余悸,朱践耳突破了中国音乐创作的艺术禁区。

美国学者约翰·罗比逊分析说:"《第一交响曲》是朱践耳唯一一部遵循西方标准完成的四个乐章的器乐交响曲:第一乐章采用了一种不同寻常的、避免了再现的奏鸣曲式;第二乐章满足了谐谑曲乐章的预期;第三乐章是慢乐章;结尾乐章使用了赋格式进程,并最终重复了交响曲第一乐章的一些主题,而这些主题在之前的部分中从未被再现过。"

《第一交响曲》在创作过程中,作曲家破天荒地运用了四个十二音列主题,而这种音乐语言是不多见的。它在表达自己的思想和感情的过程中,始终保留着中国文化的元素。约翰·罗比逊称:"这是一部震撼人心的、充满戏剧色彩的作品。"

十年磨一剑。当思想准备、技术准备和艺术积累达到成熟阶段时,1986年3月,《第一交响曲》呼之欲出。在当年5月18日"上海之春"音乐节上,陈燮阳指挥上海交响乐团首演了这部新作,受得了极大好评。

可在出炉之前,这部新作却充满了戏剧性。

朱践耳刚写谱时,乐团打算在第二年赴京演出时推出这部新作。岂料,在试奏了前两个乐章后,乐队成员及乐团大失所望,感觉押错了宝。陈燮阳说:"排练厅里,乐手们敲打着乐器纷纷叫嚷,什么东西啊?要多难听就多难听!排练进行得很艰难!"确实,演奏员传统的耳朵,岂能忍受如此无调性的嘈杂以及不和谐音?很快,进京演出节目单在一片否定声中,撤下这首新作,换上了《纳西一奇》。可作曲家全然不顾众人感受,坚持写完了作品的其他乐章。

之后,在"上海之春"节目审听会上,新作草草试奏,勉强获得通过。谁料想,乐团"进入角色"排练一星期后,剧情忽然来了个大反转,连演两场后大获好评，南北音乐专家们给予了很高评价。朱践耳说："经过艺委会的现场打分，此曲以最高分获得了唯一的一等奖。于是，上海市文化局决定，赴京演出仍用《第一交响曲》。这一上一下再一上，颇有戏剧性。"

第二年6月，在北京音乐厅，当上海交响乐团完美演绎了《第一交响曲》后，爆棚的一刻出现了。"一些领导人和音乐界权威人上吕骥、周巍峙、李焕之、李德伦等上台祝贺。新任文化部部长、作家王蒙握手时对我说：'你写得很棒啊！'李德伦说：'北京音乐厅还从未有过这么大的音响，屋顶都要给掀掉了！'……"

音乐会后，朱践耳应邀参加北京艺术沙龙，与指挥家陈佐湟、邵恩，青年作曲家瞿小松、叶小钢、陈怡等会面，座谈《第一交响曲》。陈佐湟认为这部作品虽然用了许多现代作曲技巧，但都是与音乐的内容紧密相连，完全没有多余的炫技之处。瞿小松说："有些作曲家有落伍感，好像与青年作曲家有距离。践耳先生却不是这样，他这么大年纪还在不断学新的东西，实在令人敬佩。"

当上海交响乐团从北京返沪时，时任上海市委一些领导亲自前往车站迎接，祝贺他们进京演出获得成功。

同年12月，上海交响乐团在香港上演了这部作品，震动了港澳台音乐界，香港《文汇报》《大公报》《信报》纷纷刊出评论文章称："这是中国作曲家的重大突破。""是中国作曲家近来最好的作品之一。""中国作曲家应该创作出如此高质量的音乐！"

中国音协主席李焕之在一次会议上也指出，朱践耳的作品在反映"文革"题材方面比以往其他任何涉及这一主题的交响曲都更为成功。

作曲家、音乐理论家杨立青则发表评论说："他用娴熟的技巧为我们描绘了一部壮丽的史诗。作品中倾注着作曲家的感慨和愤懑，令人信服地表达了作曲家对这幕历史性悲剧的深刻反省和思考……"

他还评论道："他不仅在运用交响乐（曲）形式表现现实生活的重大题

材方面迈出了可喜的一步，而且，在创造性地借鉴西方现代作曲技法，并使之适合中国传统审美心理和观念，形成具有鲜明中国特色的、新颖的管弦乐语言上，为我们提供了宝贵的经验。"

音乐学者苏夏称："他的《第一交响曲》概括了整个一个时代，是中国交响作品中的里程碑式的作品。"

而一些批评声，则指出作者受苏联作曲家特别是肖斯塔科维奇的影响太深，称对俄罗斯交响乐语言的依赖削弱了中国元素。

作曲家王西麟评论说这部作品具有一定深度，但远远不够，"风格过于统一，作曲家独特的创作个性还不够鲜明，好像主要在一个领域内借鉴手法，比如借鉴肖斯塔科维奇太多了！"

然而，正是这些批评声，促使了朱践耳下决心创作《第一交响曲》的姊妹篇《第二交响曲》。

但无论如何，《第一交响曲》的上演，标志着作曲家一生中第三个创作高峰的到来。（作曲家本人称这是第二个创作高峰，漠视了20世纪60-70年代的歌曲创作高峰，但这是客观存在，不应该被否认。）

● "两条平行线"上的孤独行走者

《第一交响曲》虽然得到了认可，但批评声与否定的声音，如两条平行线始终存在，不绝于耳。一些与朱践耳同时代且选择了传统风格的作曲家，对其热衷研究、接受并运用现代作曲技法写作，表示不理解、不喜欢。有人公开持否定态度，更有人为他"晚节"担忧。从传统主义一跃成为现代乐派，犯什么浑？因为，无论写管弦乐曲或者歌曲，他都是一个绝对成功者。如果他沿续莫斯科国立柴科夫斯基音乐学院所学，完全可以写出走红当代的作品，为何偏要走上背离听众的艺术叛逆之路？

这种误解，在音乐界不在少数。对此，陈燮阳用"独钓寒江雪"来形容朱践耳内心的孤寂。

　　最先领教朱践耳现代主义手法的是乐团那些演奏员。这些传统的耳朵，被古典及浪漫主义大师们的经典"熏坏"了，对于现代及先锋乐派的作品，相当一部分演奏员十分排斥。上海交响乐团原首席张曦仑曾说了个搞笑段子，"我们演出过好多现代作品，但一些东西写得太没章法了，演奏员都有了逆反心理。有一次，一个铜管演奏员恶作剧，一个音符都没按照谱子吹，但是下场后，那个作曲家竟然握着演奏员的手说，你吹得太好了！我真的不知道他是怎么创作的。"

　　也就是说，现代主义经历了近一个世纪的探索后，还没找到符合这个星球上大多数人审美观的音乐道路。迄今，世界各国音乐厅的节目单上，上演的大多是古典以及浪漫主义的经典作品。

　　朱践耳的《黔岭素描》《纳西一奇》到《第一交响曲》，使上海交响乐团的指挥及演奏员们，彻底领教了十二音序列、无调性等现代主义的音乐语言。

　　与朱践耳关系较好的一些演奏员，在排练结束后，指着耳朵调侃道："这儿实在受不了！"他们难以想象，这个性格内向、外表儒雅的花甲老者的每一部作品，为何有着年轻人般的新奇想象力，充满了形形色色的冒险手法？这与他的外表极为不符。

　　在《创作回忆录》中，朱践耳谈及了与乐团"不打不相识"的过程。"自从'要多难听就有多难听'等彻底否定的意见相碰撞开始，经过三次成功的演出，我和上海交响乐团以及指挥陈燮阳就成了知音好友。两年后，在排练《第二交响曲》《第三交响曲》时，陈燮阳已捉摸到我的创作个性，给乐队队员分析作品时常说：'这就是朱践耳！'我很幸运地有此得天独厚的创作环境！在以后的二十多年中，我的全部交响曲作品全由他们首演、录音并出版曲集。这种事业上的挚友、净友，是最为珍贵的、终生难忘的。"

如作曲家所说，陈燮阳成了他的艺术挚友、莫逆之交，以及后半生创作之途上可遇不可求的贵人。朱夫人说："他和朱践耳合作了三十多年，他深知朱践耳音乐的心灵之魂，是朱践耳作品的代言人。"

一个好的指挥，对作曲家、对新作品太重要了。试想，如果一个作曲家写的东西总是不能排演，被压箱底或丢进废纸篓，他就会失去动力和信心，创作思维就会枯竭，创作欲望会被杀死。

而身为上海交响乐团团长、音乐总监的陈燮阳，成了朱践耳的坚定支持者。他告诉朱践耳："不要有顾虑，你写一部，我就排演一部、录一部。"这给了他无穷的动力。为此他对陈燮阳充满着感激，他曾多次在公开场合表示："相比其他人，我特别幸运，许多作品最后都拿去压箱底，而我写了十部交响曲，十部都得以演奏并且出版。感谢陈燮阳，感谢上海交响乐团！"

这里，有必要赘述一下两人间的关系。

本书写作中，作者在阅读了大量的文章及资料后发现，朱践耳之所以能够成为当代中国杰出作曲家的一个重要成因被忽略，那就是当时上交音乐总监、指挥陈燮阳的个人因素。当然，自1975年朱践耳调入上海交响乐团后，黄贻钧、曹鹏等指挥家也曾首演过他的作品，但无论从时间长度、支持力度、首演数量上来看，无疑，陈燮阳最为厚重。

众所周知，人生成就大业，莫过于"天才、机遇、造化"六字，缺一不可。有这样的运气，在中国当代作曲家中，朱践耳是罕见的幸运者之一。在他晚年创作生涯中，遇上了一位可遇不可求的贵人。

朱践耳的一生，可用"才、运"两字概括。所谓"才"，是指朱践耳的天资与才气，贯穿一生至21世纪初，在生命到达极限时才停下笔；所谓"运"，是指他一生得了难能可贵的艺术知己（也称贵人）——上交掌门、指挥家陈燮阳。他是中国乐坛里对中国作品抱有极大热情的少数几位指挥家之一。他对上交的贡献，不仅贡献了演出，还贡献了作品。

年轻的指挥家彭家鹏在一次访谈中这样评价陈燮阳："他的一生中有百分之四十一的比例在推中国作品。"诚然，陈燮阳推出了不少原创的中国作品，但朱践耳所有的新作，除了极少数外，几乎都是陈燮阳排演的。无疑，他是朱践耳最坚定的强力推者。几十年来，指挥家通过个人的权威，不遗余力，力推、力荐、力演朱践耳的作品，实现了他写一部就排演一部的承诺。

除外，陈燮阳还多次为作曲家谋划，将其一生最重要的作品之一——交响大合唱《英雄的诗篇》，从冷宫里捞出并搬上音乐会舞台。正是陈燮阳的关键一举，救活了这部作品。以至于在一份材料上，朱夫人批注："没有陈燮阳，就没有这部作品！"

感动人的事还在发生。朱践耳离世后，陈燮阳在上海、北京、莫斯科、苏州等地，一场接着一场上演他的作品。他竭力想纠正一个奇怪的反常："作为中国最重要的作曲家之一，他的作品价值却在很长一段时间内被低估和忽视。""作为作曲家，他受人尊重，可他的作品，却遭到了漠视。"正因为这样，在音乐厅舞台上，他不断用朱践耳的作品说话，试图树起一座活的丰碑。

这等音乐力量，远比那些文章中如"拥有朱践耳先生是我们时代的大幸"等溢美之词，更有威力。

话再回到正题。

《交响幻想曲——纪念为真理献身的勇士》《第一交响曲》的上演，使朱践耳备受一些权威精英的质疑。有人试图在专业之外，找出了朱践耳在历史时期中前后不一致的地方，质疑他人格的两面性。上海交响乐团前任总经理曹以辑说："中国一线作曲家中，反思'文革'，没人比朱践耳写的更多。如《交响幻想曲——纪念为真理献身的勇士》《第一交响曲》《第二交响曲》，写的都是'文革'。但有一点很特别，一个家国情怀非常浓厚、有正义感的杰出的中国知识分子，反而常常容易被人误解。"

与朱践耳关系非同一般的李德伦,不仅是莫斯科的同窗,还是艺术上的挚友。朱夫人说,两人同去莫斯科参加音乐节时,李德伦的老腰病犯了,弯不了腰,每天,朱践耳都为他穿鞋系鞋带。即便如此,他对朱践耳同样有着不同看法。在1995年接受加拿大媒体采访时,李德伦不留情面地说:"在'文革'中,朱践耳是个乖孩子,不像我敢顶撞江青。'四人帮'一粉碎,他马上就反,他是太赶时髦了。他写过一部歌颂张志新的作品,还是很不错的。后来就玩现代派了,作曲变成数学练习,作曲手法玩得很花,已经不再表现人的感情,内容也很时髦。朱践耳和我是好朋友,电话上我跟他说过:'你的音乐背离了传统,我不喜欢。'"

李德伦的话是否过于武断,后人自有评说。但至少,有些观点确实值得商榷。

作曲家王西麟对朱践耳在"文革"中的创作,也隐喻地说出了自己的看法。文章中,他巧妙地叙述了目睹的几件事。"文革"中,朱先生写了不少歌颂"文革"的歌曲。1986年上海交响乐团在北京音乐厅首演了他批判"文革"的《第一交响曲》,在演出结束后的座谈会上,叶小钢当面提问:请问朱先生,你在"文革"中写了十几首歌颂"文革"的歌曲(他还一首一首地念了歌名),现在的《第一交响曲》是批判"文革"的,究竟哪个是你的真实思想?

1995年在厦门召开的京沪闽作曲家研讨会上,赵晓生也当面提出同样的尖锐质疑:究竟哪个是真正的你?王西麟说:"那两次会我都在场,我心里当然也有这个问题。会后我曾写信与先生讨论过,他在回信中大意是说,谈这个问题他也很痛苦,但那些情感在当时都是真实的。"

对此,朱践耳的"忘年交"陆在易认为朱践耳在广大群众中的知名度和广泛影响,离不开那段历史时期他的歌曲创作,这是中国特定的历史和国情所决定的。

但陆在易清楚地知道,作曲家内心真实流露是存在的,他说:"为什么朱践耳会写此歌？因为他真切地感到'雷锋是个崭新的人、纯粹的人、心地透亮的人'，并被雷锋的事迹所感动……我和他在20世纪90年代初的一次交谈中，曾各自说到最动情的某次创作，他即说到写此曲时曾号啕流泪，足见他在创作时的真诚和投入。"

● **取材于现实生活的"悲剧"交响曲**

如果说，《第一交响曲》被称之为"命运"交响曲的话，那么，朱践耳的单乐章《第二交响曲》却被定义为"悲剧"交响曲。前者立足全面，铺开直接表述"文革"；后者呢，作曲家着眼一点，深入人心，称之为"如精细的抒情诗"。《第一交响曲》着重揭示人性异化，写人性与兽性的搏斗；《第二交响曲》写人性的折磨、复苏和彻悟。两部作品的立意，形同姊妹，前后呼应。

作曲家说："'文革'是个巨大的悲剧，是无数历史悲剧在当代中的重演……在我国的文艺创作中，悲剧与人性是两大禁区，讳莫如深。我们要大声呼唤人性的回归！民心的回归！"

1991年，在上海市文联的一次会议上，朱践耳谈及自己毫不回避"文革"这样重大的现实题材，他说："因为'文革'牵动着每家每户的命运，而一个艺术家不能不倾听人民的心声，不能不关心人民的命运。写这类题材的作品，已成为我感情宣泄的自觉要求，而不是什么'赶时髦'，也不意味用音乐去图解政治，或是假大空地拔高现实。"

很明显，作曲家的精神已升华，使之能够从历史的高度和哲理的演变审视现实生活，得出了"一个能认知自身悲剧的民族，是文明自尊的民族，美好辉煌的未来孕育于苦难之中"的认知，并转化成音乐创作；而改革开放更新了他的艺术观和审美观，使其用艺术家独特的眼光和独特的手段来把握现实，反映现实。《第二交响曲》的取材，就来自现实生活。

前面谈到，1976年粉碎"四人帮"后，朱践耳两次进京，采访了多位"天安门事件"的关键人物，还曾看望了一些当时被监禁的人士。有关资料显示，实际上朱践耳参加了天安门广场送别周恩来总理的集会。（但在回忆录中，他却否认了自己当时在场。）在北京，他得到了一盘1976年清明时节天安门广场上的实况录音。这份弥足珍贵的历史资料（素材），曾激发了他的创作欲望，他想将此单独写成一部交响作品。但在《第一交响曲》中，这些珍贵的音像资料没机会用，而今，它成了这部悲剧交响曲的主题。

作曲家重温了录音中热血沸腾的场景：在光明与黑暗的大搏斗中，首都成千上万青年和父兄们一起，潮水似的涌向天安门广场……《国际歌》声，口号声，演讲声，诗词朗诵声，此起彼伏……他说："我仿佛身临其境，深受感染，于是突发奇想，用语气化、语调变化的旋律将实况再现出来。"

朱夫人说："他在写《第二交响曲》时，深感《第一交响曲》对于'十年浩劫'的刻画缺少悲剧性。有一天他突然半夜惊梦，爬起来叫道，悲剧没写够，悲剧没写够啊！因为写《第一交响曲》时，他去了几次北京，严良堃给他讲了很多关于'天安门事件'的事，于是他觉得要用《第二交响曲》来补充。他苦苦思索，用什么来表达人声，即人的呼喊、人的哭泣？以及'我哭豺狼笑'的悲剧性？他设想一种乐器，发出的音响就像幽灵，飘忽在空中，猛地由刺入人心，或哭，或喊，或无助，是看透人性的嘲笑。终于，他有了想法……"

天才之人，一生中常常有几度恢复青春。时年66岁的朱践耳，在《第一交响曲》上演不到两年时间，又创作出了《第一交响曲》的姊妹篇《第二交响曲》。在1988年5月的"上海之春"音乐节上，陈燮阳指挥上海交响乐团首演了这部作品。

在这部作品中，作曲家引入了一种令人叫绝的独特的乐器——锯琴，并在首演中亲自演奏了锯琴部分。这不寒而栗、毛骨悚然的音响，使得作品更具悲剧性力量，音乐表达更为精致、严谨。

作曲家对锯琴的表现力非常熟悉，早在华东文工团时，锯琴是编制不全的乐队中常用的乐器。可中华人民共和国成立后，锯琴在国内民族管弦乐队中几乎绝迹，更别说交响乐团了。朱践耳别出心裁地在作品中运用锯琴，对深化主题起到了"四两拨千斤"效果。

旅美学者梁雷评论朱践耳是在"寻找个人与民族的声音"："……锯琴演奏出了充满悲剧性的主题。锯琴奏出的颤音和下滑音型成功地模仿了人的哭泣，再现了'文革'对人的心灵造成的创伤，其手法可以被称为是一种音乐写实。锯琴的声音模仿的是人的哭泣，但这个人不是一个个体，而是一个匿名的群体，一个被作者赋予代表性的'她'。'她'无名无姓，代表了在'文革'中受到摧残的亿万民众；'她'不具备明确的自我意识，而是一个被动的载体，受到了外界政治力量的虐待与折磨。锯琴奏出的主题唤起了有共同遭遇的人们对痛苦与不幸的记忆。锯琴主题的声音认同于这个共同遭遇，而不是有意识地区别于这个共同的遭遇，凸现一个个人的独特思考和体验。"

在随后上海音协召开的座谈会上，音乐同行们对其不断的创新精神、素材的熟练运用、新的音色，以及更有逻辑性和有效果的形式设计等纷纷发表评论：

《第二交响曲》比《第一交响曲》有更大突破……有新意，新的音色，新的语言，更为完整，言之有物。（许舒亚）

《第一交响曲》表面性多了些，而《第二交响曲》则更多地表现个人的内心，把《第一交响曲》未写够的地方写出来了，非常之好，简直是滴水不漏。（金复载）

我个人更偏爱《第二交响曲》，这是深层揭示人的内心的少有的杰作。（赵晓生）

音乐家戴鹏海对《第二交响曲》评述尤为深刻:"《第一交响曲》理念多,外来技法的影响也未完全摆脱;而《第二交响曲》却深深地把人吸引住了,忍不住眼泪流出来了……他概括了一个时代,也宣告了一个时代的结束。技法上游刃有余,只用了三个音符,素材凝练,手法凝练,感情凝练,是创作上至善至美的境界。他做到了。"

《第二交响曲》第二年在北京演出后,在中国音协召开的座谈会上,北京的学者和音乐权威,对作品所体现出的悲剧性、哲理性,开掘新语言扩大表现力等方面,给予了很高评价。

音乐学家黄晓和说:"和《第一交响曲》相比,《第二交响曲》更多的是内心的体验和抒发,揭示了人们精神上所受的磨难,用的是现代的语言。这又一次证明,践耳的作品总是反映时代,能引起我们共鸣。"

指挥家卞祖善称《第二交响曲》是凝练的、沉思的、深邃的作品。用严格的十二音序列技法来写,但是富有感情,不是数理算出来的,并有鲜明的民族音乐韵律。

当然,批评的声音依然存在:"……在史诗性的交响思维上,更多的是受肖斯塔科维奇的影响,现在又受欧美影响,用的手法多而杂了。戏剧性的发展部分,技法更多的是色彩性的,缺乏和声动力的推动。"

作曲家左贞观一针见血地指出:"朱践耳《交响幻想曲——纪念为真理献身的勇士》在俄罗斯受到欢迎。我本人则感到,作品受俄国影响太深,完全运用了柴科夫斯基的《罗密欧与朱丽叶》格式写的。但在《第一交响曲》《第二交响曲》后,他找到了自己。"

朱践耳的创作,在进入古稀之年之时,开始走向自由王国。

第十章　走向自由王国

● **被低估的《第三交响曲》，他找回了自我**

1986 年夏，头发花白的朱践耳不顾夫人的劝阻，舍命前往心驰神往的神秘之地——西藏。这个机会，他渴望多年了。"早在 1976 年我就想去西藏，这愿望直到 1986 年 7 月才得以实现。虽然晚了十年，但却正逢其时，销声匿迹二十多年的古老传统'雪顿节'（藏戏节），这年恰好第一次恢复。"

尽管雪域高原的蓝天白云，身披霞光的森林湖泊宛如仙境；圣洁的布达拉宫、大昭寺、八廓街如万有引力，吸引无数人向往。然而世界屋脊的海拔，以及随时危及生命的高原反应，还是让无数人望而止步。想象一下，这岂是一个 64 岁老者冒险的生命游戏？

采风对于他来说，是最兴奋不已的事。朱践耳对亲自采集、感受"存活在人民生活中的"民族民间音乐及文化艺术，充满着向往。几十年来，他足迹天南海北，去过大海中的孤岛，大山深处的贫困村寨，一天一杯水的干旱之地，以及河网密布的江南水乡。生活给了他灵感与素材，给了他无穷的激情和不老的青春。与众不同的是，他的采风，绝不是蜻蜓点水、走马看花，而是下沉接地气，一待就是几个月，甚至更长。朱夫人说他，都一把年纪了，一听到采风，就会孩子般的兴奋好几天。出门后乐不思蜀，回家没个准信。

曾与朱践耳同行采风的作曲家陆在易有切身感受。他认为，朱践耳之所以能成为后来的朱践耳，还和他对民族民间音乐的重视、学习、研究，并创造性地运用到实际创作中去有关。"据我所知，他曾深入云南、贵州偏僻的小村落采风至少八九个月，全然不顾环境、条件有多艰苦。其中有一次赴云南与我同行。我当时才三十几，他可是五十几岁了。一天，两人分头骑马过峻岭，回来时，望着他那浑身被汗水浸透的衣衫，涨红的变了形的脸，我对他的敬佩之心油然而生。"

西藏之行，作曲家称之为"一次神秘之心旅"。他全然忘了自己的年龄。不可思议的是，羸弱瘦小的他，竟然只有轻微的高原反应，且几天就过去了。"在拉萨过完雪顿节后，又去了日喀则、萨迦、拉孜、江孜等地，一个多月，美不胜收。"可他感到的最大收获，是获得特许，接触到部分尚未开禁的宫廷音乐，以及他尤感兴趣，放荡不羁且充满山珍野味一般的"藏戏"。尤其是藏戏中那种古朴、神秘、象征主义的艺术气质和宗教音乐浓厚的艺术特色，吸引了他。但是，如何把适应以风俗化、音画式为表现手法的题材，写成一部交响乐？这对自己是个挑战。

跟随虔诚信徒，到大昭寺转一下经轮，能感觉到宗教的神秘；到拉萨色拉寺，不可漏看藏教人文景观有趣的"辩经活动"；到玛旁雍错、纳木错和羊卓雍错"转湖"，可深切感受西藏三大圣湖的圣洁；到"西藏江南"林芝，可观赏到冰川、高山、峡谷、草甸、森林、河流、湖泊等各种神奇景观；到冈仁波齐峰山下，仰望中国最美的、令人震撼的神山。一个多月来，作曲家徜徉在这片神秘之境的神秘色彩中，寻找答案。在离天国最近之地，他仿佛被神秘霞光所笼罩，感受到了自然之伟力。

朱践耳从一年一度壮观的展佛仪式上，在藏教文化中，从雅鲁藏布江的索桥上，在金灿闪亮、空气清新的"日光城"中，似乎看到了画家笔下的多幅油画，交响曲要表现的不就是这个画面吗？

回到上海后，他着手《第三交响曲》写作。他觉得，"这是完全另类的交响曲，开拓了我的交响创作中的一个新领域。这题材较为陌生。唯其陌生，才更有吸引力"。

这与他力图遵循的思想观念有关。作曲家曾在日记中写道："每天早晨，我要以古典大师为典范，来进行自我革命。所有的艺术家都是革命家、建筑师……作曲家总是在传统基础上保留对己有用的，再加上自己的东西。"据此来看，他把艺术家比喻为革命家、建筑师的论述，颇具"革命性"。正是这"革命性"，成了他不断探索求新的"源动力"。

《第三交响曲》完成于1988年4月。在同年"上海之春"音乐节上，由陈燮阳执棒上海交响乐团首演，同演的还有《第二交响曲》。或因《第二交响曲》的光芒，或是听众陌生的藏戏题材，以及现代技法的表现，《第三交响曲》受到了观众的冷遇，首演后再也没能在音乐厅舞台上出现。

在上海音协随后召开的座谈会上，学院派对作品的结构和赋格音乐创作，以及乐曲中过多的转调以及调性和无调性的混合，提出了批评。

而一位曾在西藏工作过的音乐家，则对批评予以反驳："我在西藏工作多年。当第一乐章开始的时候，我马上就能感觉到那种特别的气氛。音乐生动地表达了西藏特有的荒野，沙漠中神庙的意象使听众觉得仿佛到了天国。"

作曲家、理论家杨立青、黄荟随后也在《人民音乐》发表文章，对这部作品作出了积极的评论："《第三交响曲》的成功之处在于作曲家用音乐营造的立意与匠心……三个乐章就像三帧形象鲜明的画面，表现了这个民族的历史文化与风俗……《第三交响曲》也像朱践耳其他作品一样，表现出作曲家驾驭大乐队的高超手笔，反映出朱践耳管弦乐队写作水平在我国确实堪称首屈一指……从《第三交响曲》中，不难发现另一个引人注目之处，即作者在有意回避以往的创作风格。不落窠臼的表现手法和风格，是作曲家一直在追求的目标。"

很多年后，美国学者约翰·罗比逊在研究了朱践耳交响乐创作后说："显然，《第三交响曲》被一些中国人误解和低估了……这是一部杰出的作品，它将朱践耳推向了一个新的方向，探索了人性、生命的意义以及人类与自然的关系，这是他作为一名作曲家发展的关键……"

有意思的是，作品中，音乐最后用几乎是原始状态的西藏民歌《南飞的大雁》收场。杨立青称，这也许是耐人寻味的。它释然于一首古朴的歌谣，其中或许还渗透着更深的思索！

这也许是作曲家有意制造的一个"悬念"。正如他在《美学思想》笔记中所记载："音乐艺术表达作者坦诚、丰厚、真切的内心世界，爱恨之间、苦乐之间、似是而非，感情深处的隐秘的却又非常真实的瞬间流露，期待的是听众从中得到自己的体会、联想。"

如果说，朱践耳的《第一交响曲》《第二交响曲》是政治题材的话，那么，从《第三交响曲》始，他走出了政治。也就是说，在他的创作生涯中，《第三交响曲》是分水岭，如左贞观所说，《第二交响曲》之后，他找到了自我。音乐表达呢，从政治走向了情怀。这个情怀，可理解为家国情怀，也可理解为志存高远的文人士大夫的情怀。他的晚期作品，印证了这点。

● **"水和油的交融"——唢呐协奏曲《天乐》**

接连创作了三部交响曲后，朱践耳开始进入了一个自由王国。唢呐协奏曲《天乐》，就是自喻为"革命家、建筑师"的又一次"革命"的大手笔。他说："为什么会想到写唢呐协奏曲呢？一来很喜欢唢呐这件乐器，二来因为有刘英这样一位出色的青年演奏家。"事实上，这是他为朋友、日本作曲家芥川也寸志的"还债"作品，也是对中国民族乐器——唢呐的一次"革命性创作"。

中国乐器中，最难与西洋管弦乐"合群"的，是个性极强的唢呐。在中国各地农村，唢呐是人们须臾不离的生活乐趣。节庆假日、婚丧嫁娶，都少不了它。尽管在社会变革中它受到冲击，但依然旺盛地活着。然而，唢呐的音色及风格，有着鲜明的草根性民间形态，与西洋管弦乐的风格相比，犹如大蒜与咖啡，二者"油水不相容"。朱践耳明知其中的巨大差异，却偏偏为自己设置了一次充满冒险的挑战。

1986年，为庆祝中日邦交正常化15周年，日本NHK交响乐团首次来华演出。在宴会上，上海艺术家小组成员之一、上音学生刘英的唢呐大出风头。原本演奏一首乐曲，却即兴加演了五首。神奇的唢呐，引起了日本作曲家、电影《砂器》配乐者芥川也寸志的兴趣。芥川到后台向他祝贺："太不可思议，七八个孔能吹出如此美妙的音乐和音色！"他当即决定创作一部唢呐协奏曲，计划三个月后完成初稿试奏，并邀请刘英在次年东京三得利音乐厅落成典礼上，与NHK交响乐团合作演出。遗憾的是，芥川壮志未酬身先死，创作就此搁浅。

朱践耳得知此事后，出于对挚友芥川的哀思，他找到了刘英："芥川已去世，我给你写一首唢呐曲吧！你愿不愿意演奏？作为中国作曲家，不为中国演奏家写东西，那是白活了！"

朱践耳不愧为现代技法运用的高手，他说："从根本上说，东西两大文化就存在着极大的差异。在音乐方面、美学观念、思维表达、旋律进行、曲式结构等方面，唢呐和西洋管弦乐都难以融合，犹如"油和水"，必须对两者都给予一番改造。简单说，就是使'洋'管弦乐队中国化，使'土'唢呐现代化，手法有两条：一、土洋结合，花样翻新；二、南腔北调，熔于一炉。"

可创作一波三折。期间，刘英生了一场大病。朱践耳得知后，让夫人炖了一锅鸡汤。两人坐公交车为他送鸡汤。回家途中，朱践耳不小心崴了脚，骨折住院一个多月，在病床上完成了《天乐》的最后部分。

前辈作曲家与晚辈演奏家心与心的合作，为此作奠定成功的基础。"这部作品对我，对独奏者刘英来说，都是一个挑战、一次超越。事先，我们两个在一起单独演练就花了十多次，一句句地琢磨、切磋，直到双方都满意为止。"

再说刘英，在试奏过程中，没有任何经验可资借鉴。唢呐靠气息控制音准，而现代音乐的十二音技法运用，使传统唢呐演奏的每一步推进，都极为艰难。为完成这部试验性的唢呐作品，刘英吹坏了无数哨片，幸好他是制作哨片的高手，使试验可以采用多种途径进行。演奏中，刘英使用了三支不同调高的唢呐，除了自我发明技术以应对半音化音高快速旋律外，刘英还在传统南北派唢呐基础上进行了创造性的综合运用，在继承中寻求发展。

这首协奏曲，把上海交响乐团难倒了。在开始的排练中，演奏员们简直找不着头绪，一些人产生了严重逆反心理，好在指挥陈燮阳坚持不懈，终于排除万难，大获成功。

1989年，朱践耳完成了唢呐协奏曲《天乐》的创作，并在同年"上海之春"音乐节上，首演获得极大的成功。中国民乐界之为振奋，称这是"现代民族管乐的伟大之作"。9月下旬，《天乐》在"上海文化艺术节"上，再次获得成功，并获"优秀成果奖"。

10月2日，上海交响乐团赴京，在"第二届中国艺术节"上公演了这部新作。陈佐湟说："上次在北京演出，很多人就冲着此曲而去。所以，《天乐》可能会轰动日本。"一支靠气息控制音准的唢呐，居然演奏十二音无调性作品，这绝无仅有的尝试，果然得到首都音乐界与听众的热情回馈，当然，批评声也不乏有之。

在中国音协召开的座谈会上，音乐界权威吴祖强给予很高评价："唢呐与西洋乐队结合，好似油和水，根本不可能。可是毕竟出现了《天乐》，油和水还是融合在一起，变成了一道美味浓汤。"

黄晓和赞赏《天乐》是无拘无束地尽情抒发，与民间即兴演奏的风格和技艺有本质的联系。他评论道："不确定的音高、独特的音色和西方交响乐队、现代手法结合在一起，确实别具一格，独具特色。"而李西安认为《天乐》大大拓宽了唢呐的表现领域，又大大丰富了交响乐的手法（如"摇板"的运用），为唢呐提供了一个高级教材。

这部中西合璧的交响作品，使国外同行颇感惊讶。苏联作曲家希捷尔尼柯夫对朱践耳说，非常喜欢。这才是真正的中国交响音乐，外国人绝对写不出来!

北京演出归来,朱践耳兴奋不已,他对刘英的完美演释十分满意,于是,他在《新民晚报》发表了赋藏头诗一首的文章:"一声长啸刺破天,鸣吟低回自得乐。震惊京华美名传,人人赞叹皆曰神。——赞刘英"

此文,作曲家在对演奏家的二度创作表示满意之外,无非再想表明,"民族性与世界性"是可以成功结合的。

在1991年第二届香港艺术节上,陈燮阳把《天乐》改编成民族管弦乐版本,执棒香港中乐团公演了这部作品。刘英又赴香港演奏此曲,轰动香江。随后,香港报纸纷纷刊发评论,对这部完全打破传统唢呐曲曲式和演奏方式的作品,大加赞赏,并将年轻的演奏家誉为"大师"。

当然,骂声也不绝于耳。音乐界有人听后说:"我不会再来听,只有几段与乐队结合得比较好,其他部分都是失败的,不能接受。"

还有人评论说:"《天乐》跑得太远,与《西游记》《梁祝》相比,显然用错了乐器,唢呐太古老了,与交响乐队大相径庭。音色上无结合点,完全两码事。朱老在摸着石头过河……青年无所谓,老先生则太大胆,音色反差太大,直到急板到尾声,才听出美感。"

诚然,这部作品首演之后,批评声就始终存在。在上海,有人质疑朱践耳的探索,是否考虑到听众的欣赏习惯?言外之意,作品不符合听众的审美习惯。还有一些坚持保守风格的音乐同行对此也不认同。上交前任总经理曹以辑说:"2016年,上海爱乐要去台湾省嘉义县参加管乐节。曾邀请一位唢呐名家演奏《天乐》,他一口回绝说,这不是我的审美!结果只得改演传统的《梁山随想》。"

对此,有乐迷写信给朱践耳,"冲在最前头,就要有勇气,不怕人非议,给冷面孔。要坚持自己的创意,决不退缩,争取胜利"。他在信上用红笔写了一个大字——"对"!!!

随后,《文汇报》发表文章,对作曲家无止境的创新表示了高度赞赏,

"在现代派作曲技法受到非议时,他成为老一辈作曲家中运用技法最大胆的一个。而当'现代派'成为一种时髦时,他的作品维护民族性和传统性。他在创作中,不偏废,不极端,追求的是什么?是传统与现代、世界性和民族性、主体性和可接受性的艺术平衡"。

● **"试探性气球"试出中国作品的希望**

1989年下半年,在上海音协第五届理事会上,德高望重的朱践耳,当选为上海音乐家协会主席一职。对于官职,作曲家一贯看得很轻。早年在军队文工团,后到新影厂,再到留苏期间,他多次调侃自己不是当官的料。可官运来时,想推掉都难。

朱夫人说,这是中国音乐界权重人物贺绿汀的极力举荐。原来,贺绿汀自知年事已高,需要有人接班,他看中了朱践耳,几次派秘书前来劝说,朱践耳才答应。"正因为没有官职,才有了今天的朱践耳。即便当了上海市音协主席,后来又担任上海市文联主席、中国音协第四届常务理事,他都不当一回事,只知道写自己的作品。"而自1978年来,朱践耳的创作渐入佳境,已经写出了多部有分量的交响曲,以及其他几部乐队作品,他已跻身为中国重要的作曲家之列。

1989年初,上海交响乐团收到了瑞士寄来的"玛格丽特·何塞皇后"国际作曲大赛的比赛章程。此前,中国作曲家中,还没人参与过这项重要的国际性赛事。自1960年此项比赛举办以来,获奖作曲家名字,都被列入英国格罗夫音乐辞典中,可见这项赛事在国际上的分量。

"玛格丽特·何塞皇后"国际作曲大赛的参赛曲目,规定极为苛刻,编制为小型弦乐队和一位独奏者,并限定管乐器,可兼本组内高中低数件。弦乐编制为6.6.4.4.2,共22人。可谓专门为比赛量身定制的原创曲目。

朱践耳收到信后,决定一试。"倒不是为了获奖,因为这种可能性极小，每届取一名，宁缺毋滥。而是想借此放'试探性气球'，看看国际上如何看待中国作品。"作曲家更感兴趣的是，乐队编制数字给了他灵感，按此数字很快编出他想得到的十二音序。再则，《天乐》对民乐独奏乐器的成功运用，给了他很大底气。

老庄的哲学，给了他灵感，他找到了"从无到有，从有到无"哲学命题，那么，用什么样的音色音乐手法去表现"道"和"无"？

作曲家并没有发明或引用民歌旋律，但他所做的远远比引用民歌更深刻。民族的音乐风格、节奏、音阶都成为他音乐创作的一部分，他很自然地用这些音乐语汇来思考。他要让音乐表现出非常的真实和鲜活，是一种现实存在。于是，他用一种新颖而大胆的方式，使中国元素最大化，而创作方法则更加自由，更加无拘无束。

当然，任何音乐作品最终的价值都是与作曲家的天赋成正比的。在不称职的作曲家手中，无论是民间音乐还是其他的音乐素材，都将无法实现其价值……

朱践耳想到了中国竹笛，有"中国魔笛"之誉的演奏家俞逊发。在此作品中，他设计了意想不到的、绝妙音色的音乐手法，贯穿了全曲——"没有古琴的古琴"，用大提琴模拟古琴的"吟揉"；"没有琵琶的琵琶特色"，借用琵琶奏法，让弦乐器轮指；"没有敲击乐的敲击乐音响"，手法更多样；"听不出是人声的人声"，让全体演奏发出各式各样的哈气声、叹气声，竹笛的演奏，将使各种音色变化更为多样。

他从老庄哲学中悟出："交响乐不能仅限于对一事一物一时一地的陈述，而应进一步升华到对生命、人生乃至宇宙的一种哲学思考。"这部交响曲，是作曲家创作的为数不多、用无调性手法写成的无标题音乐，用无调性手法写成。"它似真似幻，若隐若现，描写一种人与自然、宇宙、空间的对话。作品有神无形，运用了许多非传统的现代技法，不追求传统的旋律，而着重表明一种高远的意境。"

1990年年中,《第四交响曲》由张国勇指挥弦乐团完成了录制,寄往了瑞士。

年底,朱践耳收到了"玛格丽特·何塞皇后"国际作曲大赛秘书长、瑞士指挥家皮埃尔·科隆博的信函,告诉朱践耳,他的《第四交响曲》在应征的43部作品中脱颖而出,获得大奖。信中写道:

> 我非常高兴地进一步重申你的音乐作品《第四交响曲》(为竹笛和22件弦乐而作的室内交响乐),已获得1990年"玛格丽特·何塞皇后"音乐比赛大奖……玛格丽特·何塞皇后以及她的比赛组委会全体成员,还有九位1990年国际评委向你致以最热烈的祝贺!……按惯例,一万瑞士法郎的奖金和获奖证书,将在获奖作品在日内瓦的演出音乐会上发给获奖者。

"玛格丽特·何塞皇后"国际作曲比赛获奖消息公布后,1991年初,上海市文联召开庆祝座谈会,多位音乐家称这是中国交响乐作曲家获得认可的转折点,对整个中国是个重要的成就。

丁善德说:"中国音乐起点很低,我们那一代是在垦荒,几代人的追求目标就是使中国现代音乐能走向世界。没有想到,仅仅七十年,这么快就赶上了世界。今天这个庆祝有特别意义,标志着中国交响乐的兴旺由此为起点。"

有同行称:"他在这首交响曲中所做的尝试是成功的,与别的作品不同,音乐语言是独特的。听了作品,有许多联想,其中有一点少数民族的音调,但是并不是直接引用,有敢想敢干、大胆尝试的精神!"

旅居巴黎的作曲家许舒亚写信给他的老师朱践耳说:"音乐非常感人和完整,语言上处理得相当精彩。最重要的一点是个性很鲜明、突出,这是成功的关键。在欧洲,对这一点往往是最严格甚至苛刻的,也最能体现一个作曲家的特点。"

1991年5月8日，在第14届"上海之春"音乐节上，陈燮阳指挥上海交响乐团在国内首演了这部作品。评论对此出现了贬褒不一的两种声音。

显然，中国听众的听觉审美，还在传统与现代的风格中鲜明站队。对于普通乐迷来说，很难接受现代主义新的音乐手法。就如《第四交响曲》这部抽象的、背离传统太远的作品，难以符合中国听众的审美，其音乐语言充满了毫不协调的杂乱，以及不正统的调性关系和不规则的韵律组合。

可对作曲家来说，在经历了复杂而混乱的社会变革，传统手法已无法表现深刻的矛盾冲突、复杂的社会状态。社会在不断异化，音乐的手法自然也随之变化，逼着作曲家不断去寻找新的语言，进行新的创造。真正出色的作曲家，就是不断地思考、探索与创新。

对此，一个民间音乐社会组织——上海交响乐爱好者协会邀请多位音乐家以及乐迷，连续召开了几次座谈会。两种截然不同的声音，进行了激烈的较量。一位老资格的评论家托人转述了他对《第四交响曲》的看法："毫无民族性可言，丢掉了竹笛的本体美，专吹些怪腔怪调的、不入耳的东西。毫无形象可言，没有内容，只有玩技巧。没有结构，是散的！"

他还告诫作曲家，不能跟在洋人背后，不能因国际得奖而盲目说它好。已经一把年纪了，创作还没有准型，一个作品一个样，这是不成熟的表现。

这番言论，引来了反驳说："我们对似曾相识的作品已不满足了。艺术家应有超前意识，要有听不懂的，使人产生联想、有咀嚼的东西，《第四交响曲》就是这样的。"吉林大学中文系美学教授张德厚的来信，给予作曲家莫大支持，也让他看到了中国现代音乐创造的希望。信中说：

朱践耳先生：

您好！久闻大名，心仪已甚。5月9日趁参加上海一美学会之便，在"上海之春"音乐会上伫聆先生《第四交响曲》等大作并一睹先生风采。诚谢您为大家献出的新艺术！

……您知道，听了您的新作之后，有些人，还是搞美学的，认为"不是艺术""无美可言"，大有愤愤之状。但毕竟有些人，多为中青年，认为是艺术，"新艺术"很美。我即属后者。如您在《文化报》所撰文说，新时代艺术应注意传统与现代、民族性与国际性、可接受性与超前性、调性与无调性等等的结合。我以为您的"第四"实践了这一主张。"艺术"观念必随时代发展，固守旧观念必难创新。美，美学，亦复如此。

您的"第四"曲很有韵味，是现代的，又是民族的；可理解的，又是高层次的。我写了一首诗来表达自己的感想，其他人可能见仁见智，并且也不一定符合您的创作主旨，但作品一经问世，应允许人有不同的审美感受，越是深厚的作品似乎愈如此。所以请您笑纳，使我们双方都了解自己作品可能引起的反应。

一支竹笛

我的心曲

一缕阴风　如丝

一声叹息　如泣

一豆萤火　如炽

一线游丝　如气

一个幽灵　飘飘荡荡

几片枯叶　翻翻滚滚

一双眼睛　寻寻觅觅

…………

其实，作品与听众有距离的争论，从《黔岭素描》《纳西一奇》开始，几乎每一部作品公演后，两种声音始终存在，有时候还非常激烈。只不过，褒贬的声音多与寡而已。作曲家对此并不在意，坚持自己的创作。他对自己出色的管弦乐的嗅觉非常有信心,无疑,这来自他的个性。

除了作品争论之外,作品在瑞士获奖,音乐圈里对获奖者本人出现了质疑声。圈内有人说,身为上海音协主席的朱践耳,在收到邀请信后,直接锁进自己的抽屉里,并封锁了消息,然后自己参加。意思再明白不过,那就是吃独食。

身为当事人的上交前任领导曹以楫为其申辩说:"事实并非如此,实际上,瑞士的邀请信是发给上海交响乐团的,上交收到后再给了朱践耳。他写了整整三个月。创作规定很苛刻,22件乐器,独奏一人,时间有限制创作,并不好写。"

这个不和谐的插曲,朱践耳并没在意,一笑了之。他真正在意的是,这个"试探性气球"的真正目的是否有了结果,即他试图让中国作曲家认清——中国现代主义作品在国际上究竟处于什么水准?

无疑,在现代主义的探索路上,中国虽然起步晚于世界近半个世纪,但中国音乐家们融入世界、探索现代主义的步伐是超前的。

俄裔作曲家左贞观在谈及当前世界音乐趋势时说:"西方人运用的作曲技法,中国人现在都在用。可以说,对现代主义的探索,东西方身处同一起跑线上。因为当今世界,西方还没有哪位作曲家,真正确立了当代国际地位。西方辉煌的19世纪和20世纪初已经过去,交响乐仿佛已经不属于这个时代了。至于中国作品,就看西方愿不愿意演,如果愿意演,说明他们对你的作品感兴趣。就拿朱践耳、王西麟的作品来说,欧美人并不觉得与西方作品有差距,相反认为作曲技法非常好,技巧也很高,但他们觉得,作品必须要表达中国的东西。"

左贞观意味深长地说:"我们这个时代,很重要的一点就是,你怎么推销?要有办法、手段,以及现代营销方式。个人如此,一个国家也如此!音乐作品更是如此!"

《第四交响曲》的获奖,使朱践耳真正明白了,他的路,走对了!

● "回归自我"中寻找"艺术平衡"

《第四交响曲》完成后,朱践耳如同上足发条的钟表,用了八个月时间,又完成了三个乐章的《第五交响曲》。不同的是,前一部是室内交响曲,后一部却是中国传统打击乐和西方打击乐、有完整乐队编制的大型交响作品。

有学者分析道:《第四交响曲》是以自然为主题的一首神秘而细腻的弦乐和中国竹笛作品,而《第五交响曲》是一部涉及人类情感的更清晰、更直接的作品。前者的交响风格更现代,而后者的风格更传统。《第四交响曲》可以看作一个相当大的飞跃,而《第五交响曲》似乎是朝着保守方向迈出的一小步。

从上述分析中,可以得知,朱践耳已完全进入了创作的自由王国。他的作品中,已显现了人格信念、追求真理、清白纯正的个人气质。在他创作的五部交响曲中,可清晰地看到他在"回归自我"过程中,精神不断升华的轨迹。人性与异化、民族悲剧、神秘之疆的精神净化,对生命、人生乃至宇宙的哲学思考,以及万民竞争自由等音乐理念,成了他的作品主题,使作品具有了深刻的思想力量。从某种程度上说,朱践耳继承了肖斯塔科维奇等音乐先贤的衣钵。

中国作品,如何运用西方作曲技巧,融合中国音乐的特点,创作出具有鲜明的精神、思想的作品,对中国作曲家而言,是个巨大的挑战。肖斯塔科维奇的每一部作品,都是思想的表达。他的《第八交响曲》,描写的就是战争。但他的作品并不像绘画那样,画出一幅美妙的画,而是精神的表现,如同亲身经历过这一切后的感受那样。这是非常难的。

朱践耳呢? 坚定遵循这一创作理念,并在现代作曲技法运用上,追求"传统与现代、世界性和民族性、主体性和可接受性"的艺术平衡。

艺术手法的探索与内容相结合，是他创作的一大特点。他从不使用被西洋化和被打磨过的民间素材，他深入民间所寻找的，是那些存活在民间的原始音乐。那些掺了假的民间音乐及民歌，不是他的目标。他的新的手法是无穷的，表达的内涵很深，并不断探索新的想法。但他从不标榜与众不同的鲜明个性，也不与不迎合观众为荣的所谓时髦理念为伍。

　　音乐学家黄晓和说："他的交响曲每一部都不一样，他不断地往前走。这位中国第一代老作曲家，在中国与世界前沿隔绝这么多年，居然有着如此超前的意识，很快用最新的知识武装了自己。同时他又具有创造性，自觉到民间采风。这样的作曲家，非常独特，非常罕见。他超过了年轻作曲家。我甚至觉得，在技法上，朱践耳超过了肖斯塔科维奇。"

　　话题再回到《第五交响曲》。

　　作曲家自述说，作品的创作灵感来自陕北信天游《天下黄河九十九道弯》。黄河船夫那苍凉的歌声，回荡在千回百转的九十九道弯上。作曲家从中忽然悟到："人类历史的长河不正是如此吗？那种脚踏实地、百折不挠的坚韧性格和气吞山河的宏大气魄，令我看到了希望，受到了感染，获得了启迪。"

　　于是，以人民为主干：激流—沧桑—万民竞自由的三个乐章脱颖而出。实际上，三个乐章主题，取材于南北多地的民族，而非北方民族。作品用大管弦乐，如彩绘，以雄浑的中国大鼓为间奏的角色，夹在三个乐章的头尾。如上述所说，在技法上，用传统手法较多，又退回去一小步。

　　尽管作曲家颇费匠心，作品在1991年"上海之春"音乐节首演后，听众则反应平平。人们对这部作品的兴趣，远不如《第四交响曲》。作曲家后来也发现了作品存在缺陷，十年后作了较大修改后才重新录音出版。

　　应当承认，朱践耳的作品，与听众审美有一定的距离。曹以辑说："有一次，朱践耳与我谈及他在创作上的苦恼，许多人说他的创作是赶时髦。他不解地对我说，中国少数民族的民间音乐，本身就是多调性。我写出的东西，纳西族人完全听得懂，为什么城市听众会觉得怪？实际上，这是自己民族的东西啊！这种距离感，他深感无奈。"

的确，这是个问题。对于音乐，创新与传统存在着矛盾，音乐创作中同样存在辩证法。但是，音乐是时代的一面镜子。音乐不为当代人所写，不为当代人所接受，就很难有生命力。一些专家为此纷纷向他提出建议，"规劝"他写一些"回归"作品，称之为音乐厅音乐，意在音乐要活在音乐厅里，音乐要考虑听众，与观众拉近距离。如同斯特拉文斯基，回归"新古典主义"那样。

在一次座谈会上，黄晓和提出，"朱践耳的创作手法与音乐语言已经够超前了，我希望他能稍微'回归'一点，更贴近一般音乐爱好者和音乐工作者。但是，不要放弃求新的追求，可适当写些'回归'的作品，让更多的人来接受"。

还有学者提出，题材能否从宇宙、天上走下来，从远古走近些，现在远古的、抽象的多了些，能否回到人间，回到日常人们关心的问题上来？

诚然，朱践耳的交响曲似乎更注重交响性和哲理性。浓重的个性色彩，对一些观众来说很生涩，朱夫人几次善意地提醒他："不要太'忘恩负义'了，乐团演奏你的作品已经很不错了，你写的大家不爱听或听不懂，乐团卖不出票，你怎么忍心？"

朱践耳则坚持说："你就当我是个顽皮的孩子，我已经快80了，再不干点自己想干的事就来不及了！以前，我的写作更多想到的是为社会、为群众而写，现在主要根据自身感受，我想怎么写，就怎么写。当然，也会考虑听众的接受程度。"

《第五交响曲》在中国遇冷，但西方音乐界却非常认同。2018年1月26日晚，美国茱莉亚音乐学院上演了朱践耳的这部交响曲，受到了茱莉亚乐团指挥和学院的另一位美国教授很高评价：这是"出自一位最老一代人的宏伟壮丽的乐曲"，"一首真正令人吃惊的乐曲！！！"

第十一章　探索者的内心独白

● 美国探亲，埋首图书馆数月贪婪"吸氧"

1994年1月，时年72岁的朱践耳携夫人前往美国，探望旅居美国的"作曲二代"女儿朱卫苏。这份难得的闲情，在古稀之年才到来。这些年来，这个"追梦者"的生命，在音符中燃烧，孜孜不倦地往前走，却无暇天伦之乐。此行，能否享受一番加州的阳光、夏威夷的风情，观赏尼亚加拉大瀑布？可情况恰恰相反，美国之行，反而成了他排除干扰、接触世界音乐前沿的最佳机会。

生活在缅因州的朱卫苏，丈夫是耶鲁大学博士后，学习期间，他们临时借住在耶鲁附近的小镇上。她说："爸爸来美国住了近十个月，哪个景点他都没去。除了写作，还'借光'用了耶鲁图书馆，接触到大量国际最前沿的现代音乐文献。他眼界大开，非常兴奋。这些最新音乐资讯，以及各类音乐文献，过去他从未接触过、听说过。他从图书馆里借出了大量乐谱以及相关资料，加以复印。回上海时，装满了一箱子，带回去研究。"

朱卫苏说："我很惊诧，爸爸荒废了那么多年。可世界上的作曲理论、手法都在前进，而他在六十岁后，居然一切都从头补课。这种精神，实在令人尊敬。"

在哈佛、耶鲁的图书馆里，作曲家为能接触到大量现代作品而兴奋不已，"特别是打击乐的、大提琴独奏的现代作品，这在中国是根本见不到的。例如，大提琴家和指挥家罗斯特罗波维奇为祝贺瑞士指挥家保罗·扎赫尔（Paul Sacher）七十岁寿辰，建议12位世界一流作曲家如布列兹、潘德烈茨基、迪蒂耶、武满彻等，用这位指挥家的姓氏Sacher的六个字母构成六音主题，各写一首大提琴独奏曲。我在图书馆里找到其中三份谱子，真是各显神通，毫不雷同，十分有趣。这对我创作《第八交响曲》的启发很大。因此，可以毫不夸张地说，如果不去美国，不去参阅那些现代作品的乐谱，我的《第七交响曲》《第八交响曲》就不可能写得这么顺畅、有效"。

在美期间，作曲家多次与旅美年轻作曲家谭盾、梁雷、盛中亮、葛甘孺、郑苏以及琵琶演奏家杨惟等人，或打电话或当面交谈，了解世界音乐发展趋势，汲取现代音乐的养料。在一旁的女儿感觉到，只要谈到音乐创作，他的眼睛瞬间会发亮。

除了与年轻同行谈论创作，他还数次观看了美国上演的现代作品，之后，写信给乐团领导曹以楫，大谈自己的观感和启发：

"看了一场谭盾新作《金瓶梅》的演出，这是舞蹈与音乐综合艺术。音乐不用任何乐器，而是用纸，或是撕，或是拍打，还可以在嘴里吹（如少数民族吹木叶一样），可以做成笛子状，吹出音来，还可以做成鼓状敲打，加上人声的哼唱，叫喊。舞蹈中也加进纸乐，很有特色。我还看了瞿小松的歌剧《俄底甫斯》的录像，这也是不同一般的歌剧。以上两部作品都有鲜明的个性和创造性，又有民族韵味，所以演出很受欢迎（瞿小松的歌剧在荷兰演出，以后还要加演）。从这里面，我也得到不少启示，中国现代音乐朝什么方向发展，似乎有了明确的答案，这是我此行最大的收获。"

在纽约，朱践耳还听了三场台湾作曲家的音乐会，是 1945 年至 1994 年的作品展。音乐会展示了十几位作曲家的声乐、器乐的室内乐作品。

然而，纽约的一场音乐会，给他留下至深印象。"在卡内基音乐厅。我听了一场由作曲家管弦乐团演奏的新作品音乐会。三首是外国作曲家的作品，最后压台的是中国葛甘孺的《中国狂想曲》，演出时反响最强、鼓掌最热烈的就是这部作品。前三个作品技巧都不错，但是有点不知所云，总是感觉从技巧到技巧，而葛甘孺的东西有内涵，听得出想表现一些东西，而且又有一些民族的神韵。我在与瞿小松与叶聪的交谈中，他们也有此同感。一个美国人对我说：美国文化传统太浅，与中国根本不能比。他们往往只是找一个动机、一个音响，从音符到音符。由此我感到中国人有自己的优势，那就是文化背景、音乐传统非常深厚。"

难以想象，年过七旬的朱践耳，居然会如此喜欢新生事物，并充满着兴趣与好奇心。他与年轻人交往，很容易地跨越了代沟；他的思维，竟然像年轻人那般活跃，那样容易接受新事物。他曾告诉女儿，你别看我文绉绉的样子，好像从来也不会大声说话，但是我的内心非常有激情，是充满激情的。创作的时候，会唱，有时候连弹带唱，非常有感情。所喜欢的音乐，大都也是些充满激情的音乐。

如朱卫苏所说："在他的创作中，你可以看到，每首曲子都不一样的。他一生，对新鲜事物非常感兴趣，喜欢与年轻人交往和交谈。他喜欢创新，喜欢新的东西，接受新事物特别快，直到老年。他读报，一看到新东西就划出来，甚至一些非常小的新东西他都会好奇。那年在美国，正好过万圣节，我告诉他这就是鬼节，人们都装扮成各种各样的鬼怪。晚上呢，大家去讨糖。我问他要不要去？如果去，得走路到附近小区，他毫不犹豫跟着去了，他说，要看看鬼节到底是怎么回事。于是，他跟着我们，在黑灯瞎火的街区上，一家家上门去讨糖，就这样，走了几个小时。"

"爸爸就是这样，他对许多细小的事情都非常感兴趣。这东西怎么会是这样的，是什么原理？都要问清楚。这种好奇心情，到老依然如此。而且，他的逻辑思维非常缜密。这种逻辑性、理性，不仅体现在作曲上，生活中也如此。记得三十多年前我去美国时，两个行李包都是他打的。这包，打得非常有条理，所有的角落全都塞满并且放得十分妥帖。如果你把包打开后，没人再能装回去，爸爸教会了我怎么打包、捆包，怎么用绳子，他都井井有条。"

这年9月，朱践耳应邀前往波士顿、纽约等地，在美国康涅狄格州威士连大学、纽约茱莉亚音乐学院、波士顿新英格兰音乐学院，以及缅因州柯尔比学院，进行题为《中西音乐的融合与我的创作》的讲学。四十天后，回到了缅因州。

他写信告诉曹以辑,"这次出去收获甚大,原定讲学只有茱莉亚音乐学院一处,但后来经人推荐又增加了威士连大学和新英格兰音乐学院,这两处都是有相当历史名望的学校……三次讲学,反映都出乎意料得好,每一作品放完录音都是长时间的鼓掌(不是客套)。我一再鞠躬,掌声仍不止。我每次讲的题目都是《中西音乐的融合与我的创作》,举三个作品为例:《第四交响曲》、五重奏《和》和《天乐》"。

在美的首次讲学,是在威士连大学。这是指挥家郑小瑛的女儿、威士连大学民族音乐系助教郑苏的推荐。音乐权威、美国民族音乐学会主席、研究生及学生数十人参加了讲座。

作曲家播放并讲解了自己的作品《第四交响曲》《第二交响曲》及五重奏《和》。美国学者及参会者对《第四交响曲》和五重奏《和》,表现出浓厚的兴趣。然而,对在国内颇受好评的《第二交响曲》,却反应较冷淡。

思路敏捷的朱践耳察觉到,美国人对浪漫主义风格大都取否定态度,认为《第二交响曲》的作品感情色彩太浓,经翻译者解释说"文革"对中国人民的感情影响很大时,他们才有所理解。但对这种浪漫主义风格的作品,总觉得"似曾相似"缺乏新意而不感兴趣。细心的朱践耳,马上在此后的两次讲学中,换上了现代作品《天乐》,果然效果大相径庭。

讲学效果非同一般,郑苏很高兴,她对朱践耳说:"曲目选得好,讲解内容也丰富,使他们(美国)了解了中国作曲水平,以后就敢请中国人来讲学了。你的成功,使我这个推荐人也感到脸上有光彩。"

这次讲学,正逢在美探亲的指挥家、郑苏的母亲郑小瑛也参加了,这位昔日同窗对朱践耳说:"你的作品,过去我听得很少,今天听后很为吃惊,怎么会有这么大的转变?尤其是这么大年纪了。比几天前在'台湾作品音乐会'上听的作品,要高出大大一截。台湾作品虽有技巧,但缺乏内容,听起来吃力,而且又不动人。你很聪明,不仅能下功夫学习,转变风格，而且想得出，写得好。"郑苏似乎更理解创作者的感受，她说："你停顿了十八年，未能写交响音乐，感受一定不少，所以才能达到今天的炉火纯青！"

半个月后，朱践耳来到纽约，在茱莉亚音乐学院作曲系讲学，同样受到欢迎。作曲系主任罗伯特·贝瓦（Robert Beaver）高兴地对朱践耳说："这是本学期第一次学术活动，这荣誉属于你。你这三首作品各有自己的特色，对比十分鲜明，很吸引人。《第四交响曲》在作曲理论上较丰富，但我更喜欢五重奏和唢呐协奏曲，因为在风格上，音乐效果更为突出。"

为朱践耳做现场翻译的旅美青年作曲家葛甘孺说："你的作品很有个性，以前就听过《第四交响曲》，结构上安排得很好，让人很舒服。"

几天后，作曲家来到了波士顿的新英格兰音乐学院作曲系讲学。与上述两所学校一样，讲座收到了很好的效果。

作曲系主任麦克兰·佩顿（Malcolna Peyton）向朱践耳发问："你除了用十二音技法外，还用了些什么？为何要用十二音技法？"答曰："只要我的音乐需要，什么样的技法我都用。"对于这个回答，教授很满意，他说，这个问题，你说到点子上了。

显然，三首作品中，"很中国"的是唢呐协奏曲《天乐》、五重奏《和》，它们似乎更受青睐。一位美国女学生告诉作曲家，"《第四交响曲》开始的'气'形象十分逼真，好像伸手就能触摸到。我一面听一面看总谱，许多地方我情不自禁地要跟着音乐一起动手挥舞，能听出音乐背后的情景、思想和内容"。她的话，令朱践耳大感意外，因为美国的音乐家，一般都绝口不谈音乐的思想内容的。这次却破天荒谈起乐曲的思想性，难得！讲学的最后一站，是缅因州的柯尔比学院音乐系，朱践耳的作品也受到了师生们的喜爱。

作曲家的四次讲学，使西方音乐界对20世纪中国现代音乐作品，有了相当的了解。

美国音乐同行们对《第四交响曲》、唢呐协奏曲《天乐》、五重奏《和》三部作品的评价是:"非常有个性""三首各有特色,毫不雷同""在配器上,在时间长短安排处理上都与西方音乐不同""音乐很有分量"。

他们认为,五重奏《和》有交响性,不像一般的重奏室内乐,各声部的结合很妙,结尾尤为传神、感人,独奏部分很美,如人声一样地歌唱。因为在西方,器乐与声乐是界限分明的。而《第四交响曲》结构很好,作曲家设计的"6.4.2.-1"这些谱例,应该纳入今后的作曲教材中,音乐如流水般地流畅、自然……

在讲学中朱践耳感觉到,美国高校的师生们对中国作曲家充满了未知与好奇,提出了不少问题,如:道家学说对你的音乐有何影响?中国音乐的特色是什么?在和声方面你是如何处理的?你喜欢哪些西方作曲家?中国语言对你的音乐有何影响?中国的音乐学院作曲系学生是否中西音乐都学?中国青年作曲家都出国了,国内还有没?这些作品的CD唱片哪里可以买到?等等。

茱莉亚音乐学院有学生问作曲家是何时开始十二音序列创作的?朱践耳回答,1985年!岂料竟然引来一片哄堂大笑。

朱践耳很自信地告诉他们,由于过去中西方交流中断,直到改革开放后,才知道十二音技法。但是我用的十二音技法和西方的完全不同,你们从以上作品中可以听出来。

在柯尔比学院有人提问,"你为谁写作?考虑不考虑听众?"作曲家告诉他们,"首先是有感而发,自己有话要说,有东西要写。也就是说,有强烈的创作欲望和创作设想,我才会写。在下笔时,自然会考虑到接受美学,即听众能否接受,但并不去迁就和迎合听众。我相信,只要作者是真诚的,而且真心表达了他想表达的东西,听众是会接受的,会理解作者要想说什么的"。

还有学者问,中西音乐结合有没有困难,困难在哪?朱践耳告诉他,

"由于文化背景不同，美学观念不同，中西音乐的差别较大：例如西方音乐偏重于'音'，强调精确、科学；中国音乐着重于'意'，讲究随心所欲、自由即兴。西乐以大小调为体系，用十二平均律，以小节为单位，节拍明确；中乐以五种调式为体系，音律与西乐不同，以乐句为单位，多用散板，节奏自由。要使中西音乐结合，就要解决这些矛盾"。这言简意赅、充满哲理的分析性回答，令学院师生们非常满意。

美国讲学，作曲家在介绍中国音乐的同时，也深刻了解到中国音乐走向世界的软肋。在讲课时有人问他，你作品CD唱片、总谱哪里能买到？作曲家一时语塞，半天说不上来。他深深感觉到，中国文化艺术要走向世界，要做的工作实在太多了。欣慰的是，他看到了中国音乐的发展方向，他总结道："创作必须要有自己的个性，要与众不同，与西方不同；创作必须要有现代性，现代的意识，不能停留在浪漫时代；中西融合的做法是对的，中国乐器有极大的艺术魅力，能为西方人接受，但必须现代化、个性化。"

旅美中国学者梁雷说："在音乐语言这个领域……朱践耳不是在创造新的音乐语言或寻求技术上的突破。他更感兴趣的是如何在已经存在的音乐资源之间建立过去没有发现的联系。在这个过程中，他发现了自己的声音，同时，他也实现了音乐语言的现代性与民族性相结合的目的。"

面对东西方文化融合的各种可能性，不同亚洲作曲家表现出截然不同的美学倾向。日本作曲家武满彻认为，"应同时朝两个方向发展：一方面作为一个传统的日本人，另一方面作为一个创新的西方人。在内心深处，我喜欢让这两种音乐形式互不相干，各有各的正当表达……"而旅美华裔作曲家周文中主张创造一种"既非西方又非亚洲，但同时容纳两种音乐文化的新音乐"。朱践耳的美学倾向，明显不同于武满彻，但与周文中有许多的共同点。

梁雷曾撰文评论道："不同于武满彻试图凸现文化间的差异带来的'富

有成效的矛盾'，朱践耳在寻找不同文化间的共同点与结合点。他在音乐中同时寻找古代与现代、中国与西方、文人与民间的关联。朱践耳试图在音乐中融合不同的元素，寻找使不同音乐资源相互渗透的方法。与周文中主张的'汇流'相似，朱践耳提出了'合一法'。这或许是中国文化几千年来所固有的一种吸收外来文化，并最终使其中国化的文化特征在20世纪的延伸和新的表现……"

这是以朱践耳为代表的中国作曲家对"中国音乐走出去"的最清醒、最自信、最有价值的认识。

● **注入新生命，用中国视角重新定义交响曲**

美国之行，使朱践耳对中国现代音乐朝什么方向发展，有了明确的答案。他对多年来自己在创作中坚持"中西融入，作品必须具有现代性、现代意识以及鲜明的个性"的理念，有了更深的理解和信心。

在美期间，除了讲学，他整日埋首案头，悉心研究从耶鲁图书馆获得的世界音乐最新文献，投入了创作。朱卫苏说："在美国十个月，他哪都没去，在没有钢琴的情况下，写了三部交响曲，一部小交响。那时，我刚到美国不久，家里还没钢琴。住在大学城周边小镇上的教授得知后，请我爸爸去他家用琴。于是，他就每天走到他家去用琴，写出几部交响曲。我爸爸与教授很合得来，常常与他攀谈，了解美国社会的各种情况。他对新事物充满着好奇心及敏感性，这与他在创作中能够不断创新很有关系。"

十个月内，写出四部新作，这破天荒的速度，连作曲家自己都难以相信。《第六交响曲》的构思，就是在瞬间突发奇想中偶得。他脑洞大开，决意把多年来亲历其境、面对面地听到并深深打动自己的"野味"十足的民间音乐，精心挑选和编辑后，直接纳入庞大的交响曲中，并让其担任"主角"。作曲家想把这部交响曲，打造成人文主义创作中最为直截了当的"草根"交响曲。

在他的意识中，民间音乐的重要定语是"存活在人民生活中的"。就是说，是亲自在具体生活场合中听到、感受到的，不是从《民歌集》中或录音带中听到的。他认准的是，那些与生活割裂的民间音乐，是第二手的死材料，同样，"把那些曲调当作素材，让管弦乐队来演奏或者歌唱家来演唱，原有的野味、土味必将大为逊色"。

这异想天开，竟在交响乐创作史上产生出一种全新形式。标题为《3Y—第六交响曲》，是以中国道家文化为立意，所用的民间音乐原声带，来自云南、贵州、四川、西藏、青海、甘肃等地的藏族、哈尼族、拉祜族、佤族、纳西族、彝族等。作曲家如同一个工程师，他用一种罕见的"黏合剂"，用高超的技法，将民间音乐与管弦乐，天衣无缝地"黏合"在一起。固然，这是一种创意，但作曲家似乎忽略了乐团因素。无疑，这给音乐会乐团的演奏，带来了极大的困难。

美国学者为朱践耳在这方面的第一次努力并获得成功而叫好，"他的目标是通过将传统文化的活力和自然之美与自己高度个人化的现代交响风格相结合的过程，创作出一件最高品质的艺术作品。朱践耳令人钦佩地实现了他的目标"。而这个目标，就是既有古老原始的韵味，又有现代新鲜气息的一次新探索。

《第六交响曲》公演后不久，谭盾从美国打电话给朱践耳，兴奋地陈述了他在《第六交响曲》中的发现，"这是遥远与现代的对位，是不同理念、不同风格、不同时代、不同美的对位，已不是巴赫式的古典对位。就这个问题可以写篇专论"。

曾告诉国内同行"交响乐已死，20世纪不是交响乐世纪"的谭盾，对朱践耳新作，又一次说出了"元宇宙"时代音乐发展的大趋势：这个世界，古典主义已成为教科书而存在，浪漫主义正在被远离被替代，世界大势，浩浩荡荡走在现代主义大道上。

就在朱践耳准备回国之际，上海方面传来消息，上海交响乐团呈送"全国第八届交响乐作品"评审的他的三首作品，《第二交响曲》获得一等奖；《天乐》《纳西一奇》同获三等奖。他感叹中西方审美的明显不同。人文和哲学方面具有一定深度内涵的《第二交响曲》，与美国人的生活体验有着相当大的隔阂。

这种文化体验上的差距，朱践耳还通过他的洋女婿——文化人类学终身教授戴维·纽京以及他的家人的理解，来佐证自己的观点。朱卫苏说："爸爸在美国的时候，跟我先生以及我先生的妈妈都很合得来。他们都很喜欢他，说爸爸是个非常谦虚，非常有知识、有教养的人。他们都很敬重他。"

然而，虚怀若谷的朱践耳，在美国时所创作的每一部交响曲，他都要与女婿交谈并听取他的意见。这使他对现代音乐的发展方向，有了更清醒的认识。

…………

如果说，《第六交响曲》进行了一次大胆的尝试，那么，《第七交响曲》的构思，同样具有极大的冒险性，"《第七交响曲》纯粹为打击乐而作。只有五位演奏者，一共使用五十多件打击乐器，重要的是要用交响曲的构思和手法来写，而不是一般的锣鼓乐或纯粹炫技性的表演"。

对于锣鼓，朱践耳有一种与生俱来的情愫。他说小时候，家里做道场，或者邻里有人家做法事，他就喜欢钻在前面看。鼓乐声中，他对法师们敲击的木鱼、锣鼓等法器，怀有独特的兴趣。

而交响乐呢？朱践耳身临其境地感受到西方世界交响乐的颓势。他希望延续交响乐的创作，但在形式上要有较大的突破。这或许是他的每一部交响曲都突破原有规则的原因所在。

美国音乐学者一针见血地指出："朱践耳的目标之一是重新定义交响曲，这是一个很好的目标定位。因为他从自己独特的中国视角来看待交响曲，而不是像西方人那样，从 1730 年左右欧洲交响曲的起源开始思考它的历史。"

朱践耳认为，音乐史上，勋伯格写过《室内交响曲》，奥涅格《第二交响曲》只用弦乐队，斯特拉文斯基写过《管乐交响曲》。在苏联国际音乐节上，他也见到类似形式的出现。那么，为打击乐写一部交响曲有何不可呢？他想用最原始的乐器，去表现现代人类的复杂思想感情。

这首单乐章作品，采用了道家学说中的天籁、地籁、人籁命名。有学者分析，第一乐章是将天上的乐音带到了人间，然后缓慢地结束；在片刻的宁静中，由弱到强的定音鼓滚奏，将人们带进了现实中的世界；最后，众多打击乐器狂暴地乱打，真实地表现了人世间的纷扰与躁动。

在作曲家巧妙地用音乐构筑的画面中，朱践耳对生命真谛的思考已升华。他想表明的是："人为万物之灵，有无穷的创造力，但也是万恶之源，有极大的破坏力。他能使天新地异，也能搅得天昏地暗。"

…………

在《第七交响曲》中，朱践耳又一次展现出非凡的才华，正如他在一篇文章中所写的那样——艺术的魅力就在于"妙"。无妙可言的文艺作品，味同嚼蜡。妙在别开生面，不同凡响，耐人寻味，余音绕梁。妙在出人意料，情理之中。

有鉴于此，上述的尝试使得朱践耳《第八交响曲》的创作更为大胆。他的艺术观念，受中华文化浸淫太深了。青年时代，他就被一把京胡、一套锣鼓能细致刻画人物心理动态、表达各种戏剧矛盾冲突所迷住；京戏中，四个跑龙套角色就象征着千军万马，舞台上转几圈就意味着走过千山万水，这意境，也太神奇了。由此，作曲家的异想天开，又为他打开了交响思维之窗。何不借用一下"一滴水见世界"意境呢？

这部"独一无二的交响曲"的创作思路，完全来自中国传统文化。"我用一把大提琴和一套打击乐（一个人演奏十六种乐器，并故意避开中国锣鼓），岂不也可写一部'二人交响曲？'"作曲家联想到晚年后的交响曲创作的心路历程，大写着两个字——求索。当然，这个过程中他的内心，充满着孤独。

陈燮阳非常了解朱践耳寒秋孤影般的心境，他说："……他毕生都在追求理想社会，但没有追到。虽然从各个方面他都受人尊敬，但他始终不满足。他想象的社会是非常高尚的。我经常指挥他的作品，了解他始终向往着春天，但是经常等来的是黑夜。"

朱践耳曾多次与乐团领导谈起他创作的苦恼，常常不被人理解，也常常遭人误解。他的内心，深感孤独。

与朱践耳共事多年的乐团领导曹以辑，对他的心境颇为理解。"朱践耳考虑更多的是，如何让中国现代作品获得国际地位？这引起我的共鸣，我很赞赏。就像足球，中国队要有地位。他一直关注中国作品要有国际地位这个想法，使得他在'为什么而创作'的观念有点不一样了。与吕其明'一辈子为人民创作'的观念不同，朱践耳从另外一个层面出发，即怎么让中国作品获得国际认可？我能用你们西方的技法，写出好的东西。由于立足点不一样，因此他的作品，与中国观众有一定的距离。误解也由此产生了。"

曹以辑说："国庆70周年时，在交响作品《启航》的专家评审会。会上，竟然还有人说，'像这样的红色题材，朱践耳后期都不接触了'。从这个角度来说，在这种舆论环境下，理解朱践耳出发点以及初衷的人，少之又少。"

曹以辑十分理解朱践耳"如何让中国音乐走出去"的努力。他曾与朱践耳谈起在国外的所见所闻。那年上海交响乐团在意大利演出，有一支俄罗斯乐团，与上交巡演的路线基本一样（今晚上海交响乐团，明晚俄罗斯乐团）。两个乐团的海报，一同贴在音乐厅门口。海报上，他们上演的是清一色俄罗斯作品，上交呢，只有一部中国作品，还是旅美华人周文中的序曲。与上交相比，俄罗斯乐团的演出待遇极差，晚上住在汽车里，生活条件很差，但演出水准却很高。中国乐团呢，没有中国作品可演。身为中国作曲家，朱践耳内心受到极大震动。

曹以辑说："正因为如此，朱践耳力图在这方面有所突破，写出具有世界风格的作品。就是说，他想用西方的作曲技法，写出'很中国'但又具有世界风格的作品。就因为这，朱践耳想做什么事，乐团都全力支持。"

为实现这一突破，他在创作过程中经历了太多的寂寞与孤独。于是，作曲家借用了屈原《离骚》诗句中"探索"两字作为立意，并写下了四句诗作自勉：

探索者的路是漫长的／
探索者的心是孤独的／
探索者的磨难是无尽的／
探索者的精神是永恒的／

《第八交响曲》在总体构思上，"以四句题记中的'漫长''孤独''磨难''精神永恒'为骨架，用三乐章交响曲的样式和思维来构思，力图以细致入微的笔触来表达一个探索者的种种心理动态：即对美好理想的憧憬、追求，遇到挫折和打击时的挣扎、痛苦、彷徨，以及不屈不挠、自强不息的风骨，等等"。

显然，在"二个人的交响曲"中，作曲家的用意可谓深刻，他试图说出他与同时代的大多数作曲家不同，选择了一条别人不想走也不愿走的路而时感孤独。他不断冒着失败、被人嘲笑的风险，去探索不同形式的交响作品。为此，他用独奏的大提琴，来表达探索者的内心独白，实际上也是表达作曲家自己。他说："前两部作品主要写的是群体，而《第八交响曲》写的则是个体。音乐语言是内心独白式的，用的是独奏乐器，是自我主体性构建的室内交响曲。"

在美国探亲的十个月里，朱践耳用七个月时间，写出了三部交响曲和一部小交响曲，这对一个七十多岁的"倔老头"来说，简直就是一个传说。作曲家将此归功于一个全新的环境，一个不用参加任何会议、处理日常事务，且没有任何干扰的环境；还有，接触了大量音乐前沿的最新音乐文献，启发了他的心智，激发了他内心深处激流汹涌的创作激情。

同为作曲家的朱卫苏，对父亲充满敬佩，她说："实际上，以我父亲的才能，他完全可以成为一个世界著名作曲家。但他生不逢时，他的黄金创作时期被剥夺了。他具备一流作曲家的素质，对乐队、对交响乐配器的敏感和感觉，都非常出色。而且，他对和声有自己独特的用法和创造。他不是照抄西方的技法，而是很成功地融合西方作曲技巧，写出真正的中国特色的音乐。我看，在交响乐方面，没有人可以比。他的音乐，不仅很有逻辑性、条理性，还非常严谨，并且又充满感情。"

作曲家吕其明认为："如果没有'左'的年代，少一些'左'的干扰，朱践耳的交响曲就不止十部了。但他的创作又是多元的，每个年代都有优秀作品，应该得到充分肯定，不应该有遗憾了！"

● 每一部新作，都是一个新的"自我"

1995年5月13日，在"上海之春"音乐节上，陈燮阳指挥上海交响乐团上演了朱践耳三部新作《第六交响曲》《第七交响曲》《第八交响曲》。这是"上海之春"有史以来，首次在一场音乐会中上演个人的三部新作。

第二天，朱践耳最忠实的粉丝团体——上海爱乐者协会召开会议，听取了乐迷与音乐专家们的反馈。乐迷们认为，朱践耳已进入了创作的自由王国，他在内容与技法中游刃有余，其作品越来越深刻，越来越富有哲理，激发了听众很多的思考。《文化报》的评论说，这四部作品从形式上到内容上充满了大胆的探索。对此有赞成者，也有种种不同意见。也许，打破平静,正是这四部作品的历史使命(同时上演的还有另一部作品)。

在随后召开的座谈会上,知名作曲家王西麟、奚其明、戴鹏海、陆在易等赞赏朱践耳的创造力、想象力以及探索新道路的活力。

作曲家奚其明在发言中说:"我是把四部作品作为一部作品来看的。在美学上朱践耳又迈出了一大步,走向更为抽象的境界,这更接近音乐的本质。他以前写的交响曲是历史的画卷,现在的作品则站得更高,它们概括了世界、人类和社会的本质包括生活和人类情感的视角。"

安徽、贵州的音乐学者对《第六交响曲》大为赞誉:"这是一部少数民族发展的史诗,并将由普通民众完成的民间音乐的录音运用到交响曲创作中,是一个国际性的突破。"

音乐评论家田青评价:"有两点使我惊讶:一是强烈地对现实生活的关注,二是对现代作曲技法的关注。这使他的作品走在时代的前面,他始终不老。《第七交响曲》打击乐不是为了技术而技术,表现的内容很清楚。《小交响曲》精致,富有内容,亲切。《第六交响曲》充满了人文精神。"

旅美青年作曲家梁雷听了这三部作品的录音后,给作曲家来信,谈了他的感受:"我特别喜欢您这三部交响曲,一首是另一首的影子,仿佛从一个根本的思索中展现出三个不同的侧面,开出三朵不同的花,而且又是以前的三部交响曲(指《第一交响曲》《第二交响曲》《第四交响曲》)的回应和延伸……您的音乐的主题没有变,这个主题就是人。从关心中国近现代史,中国人的心路历程到中国历史对人的哲思,再回到整个中国历史中对人的一种较抽象的超脱、哲理性的关照。到《第八交响曲》,这个中心主题再次被放大,回归到一个'求索者'身上。一步一步越来越宽阔,越来越深入,仿佛思索扩展的界线不断地被突破。"

与其他作品一样,朱践耳的每部新作,评论都贬褒不一。自然,这几部新作也引来了不少负面批评。有人提出《第七交响曲》不是交响曲,而是"打击乐协奏曲"。还有人批评,对听众来说,所谓《第八交响曲》不同寻常的组合，没什么吸引力。

批评之声最严厉的是，有人在《文汇报》上发表文章称，朱践耳的新作，简直就是"强奸观众的耳朵"；而曾经在一次会议上严厉批评朱践耳"写到现在，什么现代派？一首都不成型，一个不像一个！赶时髦，搞新花样！"的评论家戴鹏海，此次又发表了评论，"以前践耳的作品，听后都能说出感受来。这四部作品则不然，形成很大的冲击波，感触甚多，却又难以言表。恐怕是作品有较多的主观体验和新的探索，提出了一些极富挑战性的美学命题，可说是探索与问题并存。也许作曲家他自己还不能得心应手，有点力不从心"。

当然，还有人借对新作的评论，怀疑作曲家创作的真实性。怀疑的声音说："一些较为明确的说法是，当年写《唱支山歌给党听》时是驾轻就熟的，是本色的自我；而今天，想跟青年作曲家们那样运用现代技法却勉为其难，力不从心，就迷失了自我。朱践耳是三代红人（指'文革'前、'文革'中、'文革'后三个时段），是'风派'人物，变来变去，并没有真心的自我。"

对这些近乎恶意的批评声，朱践耳说，在是否"真我"的问题上，不管别人是想当然也好，是误解也好，我都不介意，我也没必要再解释。因为，那时所有的感情都是真实的，我已经不在乎评论说什么了！

朱践耳并未受到影响，他最在意的是，在新的开拓中不断修正不足之处，使每一部新作都成为一个新的"自我"。

第十二章　黄金创作二十三年

● **终身憾事——交响诗《山魂》遭遇"滑铁卢"**

1995年，朱践耳三部交响乐新作在"上海之春"上演后，他那股对艺术的执着与坚毅，成了音乐界令人仰止的榜样。许多人对他愈老愈显活力深感诧异。当一个人在哀叹生命老去、眼花、耳背、健忘以及大脑退化、对任何事物都失去兴趣的暮年，朱践耳的思维为何还那么年轻态？他的创作荷尔蒙，为何超越年龄源源不断喷发？

在进入晚年后的二十多年间，他的生命燃烧不止。在步入黄金创作巅峰时期，他一次又一次打破和革新自己的思想领域，在文化结构、艺术思维、音乐技术等领域，无不超前。这在老一辈作曲家中，无人能出其右。

旅美音乐家吴润霖对朱践耳的创作激情钦佩不已，写信给他说："1995年，我收到从上海寄来的载有四部新作《第六交响曲》《第七交响曲》《第八交响曲》和《小交响曲》的音带，聆听之后，惊讶不已。先生已年逾古稀，却毫无迟暮之气，反而以更强劲的活力，将创作推向一个新的高度。"

确实，这一时期的朱践耳，创作逐渐走向巅峰：从创作激情上来说，他在自由王国中"返老还童"；从作品思想性方面看，哲学性越来越浓，理念越来越抽象。

交响诗《山魂》就写于这一时期。

20世纪90年初，两岸融冰，文化交流活动随之逐渐增多。1993年，中国台北市立国乐团委约朱践耳创作的民乐五重奏《和》，在台北首演后获得好评。这部前卫风格的作品，令台湾音乐界初识大陆作曲大家的风采。

1994年1月，陈燮阳携上海交响乐团在台北、台中等地巡演。在台中，乐团上演了主打曲目《纳西一奇》。台湾《联合报》第二天发表文章，称台湾听众对大陆交响乐创作，从原本仅仅"能写器乐曲与编曲"的粗糙印象中，深入具体地认识了朱践耳的风采。第二年，为庆祝台北市立交响乐团建团五十周年，乐团委约朱践耳写一部作品。

如同电脑储存卡，朱践耳马上想起曾在昆明"第三届中国艺术节"听到的台湾布农族的无伴奏合唱《祈祷小米丰收》一曲。很快，一个以台湾民间音乐为素材的四乐章交响诗的构思，浮现在脑海中。

出于种种原因，朱践耳不能前往台湾采风，他只得委托台湾友人戴维后教授，收集一些台湾当地如排湾、雅美、阿美、泰雅、布农、赛夏、邵人等的音乐录音。

这有违自己一贯的创作风格。他曾以自己的亲历告诉后辈，早年在广东沿海听渔歌录音，没觉得有何动人之处，可当面听渔民唱时，同样还是那人那曲，却深深打动了他。因此他认定，原始素材的采集和运用，必须是亲自在具体生活场合中听到、感受到的，而不是从《民歌集》或录音带中所得。而这次创作不得已而为之举，却留下了终身遗憾。

1995年7月，作曲家完成了交响诗《山魂》的创作。1996年7月，由德国指挥执棒中国台北市立交响乐团，分别在桃园、台中进行了首演。台湾学者查太元谈到首演情况时说："可惜受限于当时诸多因素，《山魂》的首演并不成功，显然，作品遭遇了滑铁卢。"

当时远在上海的朱践耳听完台湾寄来的演出实况录音后傻了眼。由于排练时他不在现场，一些特殊演奏法与他的创作初衷大相径庭，第三乐章的快板、速度与激情远不到位……

他后悔自己技法平淡不动人，缺乏灵气，也为自己没能亲自到台湾采风而后悔。当然，对乐团的演释，他也极为不满。

朱践耳失望至极，陷入了沉思。他详细分析了作品后认为，作品在选材与用材上，均有不当之处；还有，自己没有亲自到台湾当地居民的生活中去，未能捉摸到当地民间音乐之"魂"；再则，第二乐章中的慢板弦乐主题，缺乏个性不动人，也展不开，比较沉闷，第三乐章木管独奏平淡无奇，没有灵气……

朱践耳说："仅仅听第二手的民歌录音资料，没有亲历其境，没有直接的感悟，只不过是从技巧到技巧，隔靴搔痒。与十多年前从贵州、云南、西藏等地获得切身感受和启示，作品形成了自己独特的艺术风格相比，这部作品的效果大相径庭。这可说是一大教训。《山魂》的失败，恰恰就在'魂'的缺失。"

为弄清《山魂》当年的演出情况，与朱践耳关系较密的台湾音乐学者查太元开始走访。他翻阅了多年前指挥用的《山魂》总谱，审视了当时的演出情况，他了解到，《山魂》由德国指挥朱利叶斯·卡尔·贝托里执棒，分别于1996年7月10日、11日，在桃园中立艺术馆和中山堂各演一场。曲目单显示，除《山魂》之外，有格里格《a小调钢琴协奏曲》、德沃夏克《第七交响曲》。可见，与另外两首浪漫主义曲目相比，朱践耳的交响诗《山魂》，显得格外先锋。

这位学者在查看总谱后惊讶地发现，作曲家手写的总谱，其工整、清晰程度罕见，如同电脑制作的一般。各种声响元素逐渐堆栈成形，制造出丰富细腻的音乐效果。可见，作品的难度，无论对指挥还是演奏员，都是一次严峻的挑战，也是衡量乐团水准的一块试金石。

查太元说，这个乐团显然不擅长演奏现代风格的作品。此前他们上演的当代作品，曾造成"车祸"现场，惨不忍睹。

对于这部现代作品，查太元甚至怀疑，演出前指挥根本就没有做好功课。因为他看到，全本总谱只有第26—29段出现指挥在管弦乐组曲标记的小节计数，还有第28段提示打击乐器种类的笔迹。除此之外，就再也看不到指挥做出的任何标记。可以肯定地认为，无论指挥还是乐团，对《山魂》的排演，不过是匆匆过场而已，有愧于"认真"二字，更有愧于朱践耳严谨创作的一片诚挚之情，有负于其晚年的念念不忘。

无疑，这成了朱践耳暮年悬挂心头的一件憾事，直至临终前，他仍期盼有朝一日，能将《山魂》作一次全面修改。

就在《山魂》首演前五个月，朱践耳应中国台湾交响乐团邀请，赴台参加"华裔音乐家学术研讨会"，与台湾音乐界权威许常惠等人交谈，并以"兼容并蓄，立足超越"为题发表了演讲，阐释其"合一法"的观点和见解。2009年10月，又应中国台湾交响乐团邀请，87岁的朱践耳再度赴台，参加"嬉创意·飙音乐——音乐作品决选音乐会"及"当代音乐创作与发展专题座谈会"等活动，与台湾音乐同行们交流。

这是他晚年时在中国台湾地区最后的音乐活动。

● **用音符记载一个时代——交响诗《百年沧桑》**

1997年，中国近代史上耻辱的一页即将翻篇。在第一次鸦片战争中，被英帝国强占并殖民百年后的香港，7月1日，即将回到祖国的怀抱，每一个中国人都为此深感扬眉吐气。

早在1996年初，中国音协已在全国音乐界进行动员，希望创作出一批迎接香港回归的音乐佳作。朱践耳参加了华东地区在苏州召开的会议。会议期间，《人民音乐》于庆新托人转告朱践耳说，这次创作你不能参加了，因为中国音协决定让你当评委。朱践耳当时没有表态。

其实，他内心早有了强烈的创作欲望，他不愿意放弃历史赋予的这一难得的机会。在《创作回忆录》中他回忆道："对这个题材，我有着强烈的创作欲望。早在初中读中国近代史时，那一连串的不平等条约和'国耻纪念日'就曾激起我的痛心和愤慨，也成了我日后参加革命的动力之一。"

作曲家冥冥之中或许已经意识到，这可能是他有生之年参加国家重大历史事件创作的最后机会。

回家后，他对夫人说，不行，香港回归是中国的大事，洗刷中华民族一百年的耻辱，我能不写吗？标题我都早早想好了。他说，我推荐吕其明当评委,他有资历,可发挥他的作用。而后,他请陆在易转告了北京方面。中国音协很快决定,采纳他的建议。

显然,作曲家晚年精神境界的不断提升,使得他的创作视野更为深远,作品的立意也随之达到新的高度。朱践耳认为,对"97香港回归"的历史意义,要摆脱局限于中英两国关系的狭隘视角。交响诗不应该是某一段历史的具体写照,而是有更为深广的内涵。其主题思想的定位是一切灭绝人性的暴力、掠夺、专制、霸权,这都是对人类尊严的亵渎……最终胜利必将属于人类的尊严。

这个立意,也使得他升华了自身创作。他运用的音乐素材,直接来自生活。也就是说,他亲历过的、曾深受影响的历史瞬间,以及历史事件所产生的艺术作品,都是他索取的活生生的素材。其参考的有聂耳的救亡歌曲《铁蹄下的歌女》《义勇军进行曲》,京剧锣鼓点《乱锤》,古诗词《满江红》摘句,理查·施特劳斯、柏辽兹的音乐片段,贺绿汀《游击队之歌》等素材。几个月后,这部匠心之作完成。

1996年底,"庆祝香港回归"的作品征集活动揭晓。在"管弦乐、交响合唱及声乐"两大类作品评比中,来自大陆和港澳台地区的李焕之、吴祖强、陈永华、罗永辉、叶纯之等十四位权威专家一致投票评出了唯一金奖——朱践耳的交响诗《百年沧桑》(声乐一等奖空缺)。这令朱践耳深感意外。台湾评委许常惠对朱践耳说:"这次创作,整个比赛规格提高了,不是欢呼,而是提高到民族百年沧桑上。"

旅居波士顿的音乐学者吴润霖听了这部壮丽的音乐史诗后,称自己久久不能释怀,将这部作品定为一部闪光的民族精魂,一部恢宏的史诗式力作。

这部单乐章作品,作曲家用富有现代色彩的音乐思维和表现手法,揭开了中国近代史上的百年耻辱——鸦片战争、甲午战争、八国联军、南京条约、马关条约等丧权辱国的行径,以及帝国主义、殖民主义的暴行给中国人民带来深重的灾难；在一个半世纪的历史进程中，中国人民为反对帝国主义列强、争取民族独立走过从斗争到胜利的漫长历程中，戊戌六君子、五四运动、中国共产党的诞生、抗日民族统一战线的组成、中华人民共和国的创建、中华民族反对殖民主义的斗争也随之由弱转强，不断壮大，直到最后胜利。作曲家用音符，得心应手地勾勒出了这一历史进程。

吴润霖深为敬佩前辈朱践耳，他用精湛的复调手法，把众多的音乐素材编织起来，形成由简到繁、逐层推进的丰富织体，从而描绘出一幅波澜壮阔的斗争的历史音画。他说："当我回到居住地后，这部作品让我不能释怀，写下一文，聊表我对践耳先生及其作品的敬仰之情。"

吴润霖写信给朱践耳说："你的交响乐看似变化多端，但实际上是严谨的，有章有法、一步一个脚印的艺术创新与超越。"

● **人格与灵魂的写照——《第十交响曲》**

1997年，朱践耳接受了美国哈佛大学弗朗姆音乐基金会的委约，写一部交响作品。作曲家非常高兴，他告诉夫人，哈佛是世界一流大学中的一流，我不能丢脸！很快，他回复了基金会，报上了《第十交响曲》的创作构思。

朱践耳心里有底，三年前的美国之行，他触摸到了世界音乐的最前沿，了解了西方人的审美，更重要的是对中国现代音乐的发展方向有了明确的目标。而在此之前，他已在着手准备《第九交响曲》的创造，但因构思存在不少问题，下笔不畅而打消了写作念头。这样，《第十交响曲》就创作在先了。或许，这是冥冥之中的天意。

音乐史上一般认为，写下"第九"的人，已经和来世接近了。贝多芬之后，有多少心怀大志作曲家，壮志未酬。"第九"成了一个魔咒，世人的亘古疑团。没人能说清楚，为何后来者难以跨越，便折戟沉舟？当然，也有例外，肖斯塔科维奇算一个。老肖之后，中国出现了奇迹，郭祖荣、朱践耳、王西麟接二连三地跨越。

作品写什么呢？朱践耳看中了唐朝诗人柳宗元的名诗《江雪》。

> 千山鸟飞绝，万径人踪灭。孤舟蓑笠翁，独钓寒江雪。

诗人仅仅用了二十个字，就把人们带入一个幽静寒冷、遐想无限的画面中：大雪茫茫的江面上，一叶小舟，一位老渔翁，独自在寒冷的江心垂钓。天地之间，纯净而寂静，一尘不染，万籁无声；江心中的渔翁，生活得如此清高，一人独钓，众人皆醉我独醒，渔翁的性格又是如此的孤傲。

这是何等的意境？

显然，这首五言诗，激起了作曲家的许多想象。他想到了古人所说："画使人喜，不如使人惊；使人惊，不如使人思。"诗的艺术性，被熏成了音乐性，激发出强烈的创作灵感。他那超凡的、瞬息万变的音乐想象力，成了乐思不竭的原动力所在。

朱践耳为何选唐诗为《第十交响曲》的立意？不外乎两个方面，相对而言，这个立意比较符合西方人的审美习惯。

再则，从他对《江雪》的赏析中得知，暮年时的朱践耳心境越趋孤独、纯净，他的情怀越发深沉，心灵已超越俗情。他对诗人"众人皆醉我独醒"的独立人格，有了深刻的认同感。历经岁月的磨砺，他的追求真理、清白纯正的个人气质，越发凸显。

虽然作曲家没有遭遇过诗人受政治打压被贬官被流放的那种痛苦经历，但是他借艺术手法所要表现的是，"对古人吟诗的一种大胆的发展与超越，目的是突出一个探索者、改革家的宏图大志和人格魅力"。这实际上也在暗喻自己面对探索创新，不畏人言、勇往直前的过程中，不免过于孤独、过于冷清，如同没有一点人间烟火气的寂寞。这显然和个人的思想感情的发展变化是分不开的。

如同《第六交响曲》，《第十交响曲》同样是为磁带和交响乐队而作。然而五言诗《江雪》的艺术性，给了作曲家震撼战栗的某种灵感，创造力突然开始奔泻。其音乐的特殊表现手法，使得音乐变成颜色，甚至是画家没有的颜色。

作曲家在整个交响曲的结构布局中，在注重感情、色彩与表达时，有了更大的探索；京剧大家的戏歌吟唱、古琴的单独亮相、古曲《梅花三弄》音乐的提炼等，使音乐的本质更胜于表现，而每个音符都注入了生命。这部交响作品，因明显具有中国古典色彩而变得"很中国"。

1999年10月9日，上海交响乐团建团120周年之际，陈燮阳执棒上海交响乐团在上海大剧院首演《第十交响曲》后，受到了各方广泛的关注。在随后上海举行的几次座谈会上，来自国内的专家，给予了积极评价。

叶小钢说，"第十"是作曲家人格完成的重要作品，也是我国交响曲创作领域中探索得最成功的一部作品。

卞祖善评论：……关于"第十"：五言诗的意境，在交响曲中强烈地感受到了。有远景，也有近景特写，富有诗意。吟唱、古琴与交响乐队的融合和过渡衔接，十分见功力。

杨立青："第十"使我联想到嵇康，笔法上联想到狂草书法。

戴鹏海：我已是"望七之年"，那天听了音乐会很激动，闹着要喝酒……朱践耳的《江雪》，比他的"第四""第八"更上一层楼。"第八"是独白，而"第十"是述志，有浓厚的文人气质，在时下的中国是很少有的。不偷生，不降志；不从俗，不趋时；重操守，讲气节；表现了"五四"以来的中国知识分子（如陈寅恪、顾准等）的独立人格。78岁了，还有写大作品的冲劲，有掌握大作品的能力，对柳宗元诗的诠释是全新的，好似毛泽东诗句中"冻死苍蝇未足奇"的气魄，不论有多少困难也不怕，但又不是怒目金刚、剑拔弩张的样子，而是泰然处之、不屑一顾的姿态。写法上是由景入情，情景交融。先是前景，鸟瞰式的；镜头推进后，步入高潮；再拉向远景，尾声是弱结束。在漫天飞雪中一个坚强的人，有深沉的力度。结构是橄榄形的，两头小中见大。在大剧院时听不到古琴，这次在音乐厅听出味道来了。特别喜欢两处：一是古琴与长笛的对话，犹如琴箫合奏；二是紧打慢唱段。在技法上、内容上也是古今结合，古代的气节与现代意识结合，还有很妙的吟唱。古琴与乐队的融合，很自然，能糅为一体，很不易。

王久芳："第十"我早已听过录音，很好，所以自己买票，再来听演出，还请来一位澳大利亚的华裔专家，我要为"第十"而欢呼！杨绍吕说"老爷子很成熟，高了一大截子"。《灯会》也好（同演的另一首作品）。中国出了这样的作品和作曲家，很觉自豪，也为上交自豪，代表了上海水平，国家水平。非常完美，令人感动。与录音带的结合也好。外国现代作品我也听了不少，这作品完全可以推向国际。

余丹红：西方人是通过约翰·凯奇来了解东方，其实凯奇的作品并不是东方的，而"朱十"才真正是东方的，代表了中国的文人音乐。飘逸，体现了东方的美感，把京剧的韵白集中地体现出来，非常完美。"朱二"将锯琴引进了交响曲，不够融洽，而且太浪漫派了。"朱十"则水乳交融，如拿到西方，可以使西方人认识到什么是真正的东方音乐。很想推荐给西方。

同年11月4日，上海交响乐团赴京演出，《第十交响曲》在北京首演后获得成功。一个月后，上交再次赴京演出，北京众多作曲家、评论家和音乐学者在几次召开的会议上，对作品热情洋溢的评论，几乎达到一个高潮。这是20世纪末，中国音乐界的专家们，对朱践耳的交响新作最热烈、最引人注目的一次集中反映。

评论家梁茂春说：

听了"朱十"很激动，这是写人的灵魂，写中国知识分子精英的。联想起"屈原形影图"，也想到你的"第八"，探索人格与灵魂。人格的展现非常成功。在你所有的交响曲中也是一个新的挖掘。

中央音乐学院副院长、作曲家王震亚说：

诗的意境有三次不同的表达，但又统一。乐队手法老到。总的说，有创作，并能把创意体现出来，很佩服。

作曲家罗忠镕评价说：

很协调，统一，听了很兴奋。找尚长荣找对了，别人绝对不行。古琴与乐队，水乳交融，很是新鲜。与"第九"是各有千秋。

美国卫斯廉大学博士、古琴名教授吴文光说：

《第十交响曲》体现了知识分子的骨气和人格精神，我很感动。对古琴音色的探索，非常细致。你改变了古琴定弦，很好。对传统音乐的气韵、动态、哲理等做了整体的综合的继承与发展，也是对先锋技法的单向做法的突破。

音乐学家黄晓和在会上说：

朱践耳是我们交响乐事业的带头人。这样执着于交响乐创作，一是数量，二是质量，还有创新，这是很少有的。

我对音乐会的直感，"第六""第七""第八"在1995年听过录音，今天现场听了，印象更深了。"第七"非常新颖，非常丰富，打击乐完全可以表现，想象的空间非常大。我把这录音带到莫斯科去给音乐界人听，他们都睁大了眼睛，竖起了耳朵听，感到惊讶极了。我说了一下原来提示的内容,他们全都听懂,认为非常之好,没有想到中国交响乐创作走在这样的前面,非常新颖。

首都师范大学教授王安国说:

我把朱先生的每一部交响乐的产生都看作是中国交响乐的前进的一个标杆,就像50年代的肖斯塔科维奇已很成熟了,苏俄音乐界总关心着他拿出来的每一部作品,不管这作品如何,这块石块投在湖面上,总是有反映的。

践耳先生的每部新作我都有幸先听到,每次我都很感动,他的作品,包括最近的"第九""第十",都是我们给学生(不仅对研究生,而是大面积的学生)教学的教材,我从学生们中间也可得到不少学生们的反馈。纵观他的十部交响曲与其他交响作品,有两大特点:一是向人类精神的最深的境界在开掘。我在想,为什么他要写二人交响曲,五个打击乐的交响曲?他开掘人类精神中最深的东西,这是艺术家的责任,从他的"第一"到"第十",尽管载体不一样,题材不一样,他的追求却始终是执着地向人类精神的新的境界的开拓。……我看到他的笔记上,摘录报上一些小随笔。有一次是讲到"水"的,很有哲理,水很柔,泛滥起来又不一样了……可见,一个音乐家,又是一个思想家。第二个特点,是他向艺术创造的精神极限的开掘。以上两种开掘,于是就有这么多的形式、语言、材料等等不同方式的新的东西。细致地读他的作品,所受的感动,不亚于听他的作品。

指挥家卞祖善说:

……1822年比利时出了一个大作曲家弗朗克,1886年至1888年他创作了唯一的《d小调交响曲》,可谓大器晚成。一百年后,中国出了一个大作曲家朱践耳,1986年至1988年朱践耳完成了他的"第一""第二""第三"交响乐，1990年至1999年，又先后完成了"第四"到"第十"交响曲，还有小交响曲与交响诗《百年沧桑》等。……这在世界交响乐创作史上也是极为罕见的。所谓"罕见"，有两点：一是朱先生正好和弗朗克差一百年，二是怎么又是同在64岁时开始写交响曲，而且朱老夫子，一发不可收，一直写到"第十"。

在中国音乐界的这次"峰会"上，发言者众多，78岁的朱践耳一边听取发言，一边记录下满满几大张纸的发言要点。

当然，与以往一样，他的新作以及对新技法的运用等，少不了有些许负面评论，但这无损于他的声誉——中国交响乐创作的标杆式人物。

朱践耳新作迭出，在港澳台音乐界引起了极大关注。11月26日，在香港大学柏立基学院召开的第六届"中国新音乐研讨会"上，香港权威专家刘靖之听了《第十交响曲》后，满怀敬佩说："多年来，我一直在寻找和期盼着真正的中国新音乐作品。今天终于出现了，十分高兴！朱践耳的《第十交响曲》，是一首带有鲜明中国音乐文化传统根基和精神的现代作品。"

台湾作曲家，教授吴丁连说："朱先生的《第十交响曲》把手段与表达统一起来了，是作曲家面对生命的反省。"

旅美作曲家瞿小松在会上说："这首作品在上海首演时，我只注意了音乐，可说是炉火纯青，毫无任何流派的痕迹。而今天，我听到了人格和人的灵魂。"

2003年秋，上海交响乐团成立125周年之际，陈燮阳携上海交响乐团在美国夏威夷、加利福尼亚、新泽西、纽约、马萨诸塞、弗吉尼亚、北卡罗来纳和佐治亚等9个州，进行了15天巡演。在访美的10场演出中，《第十交响曲》在多场音乐会中，成为乐团的重要压轴曲目，获得了极大的成功。

作曲家、理论家杨立青深知朱践耳在作品中的寄寓，在一篇文章中他写道："《第十交响曲》借古诗《江雪》抒情，缜密精微的乐队音响和线条运动巧妙地把苍劲孤寂的'抚琴低吟''老生冷眼观世界''花脸仰天作长啸''狂草舞风雪''梅花傲冰霜'等意境完美融合在一起。这些音乐，不仅显现出中国传统文化和民族精神在他思想中深深的烙印，有力地印证了他的创作指导思想和原则，而且弘扬了文化的大传统观念……从而使他的交响曲具有深刻的文化与审美内涵。"

尽管朱践耳的新作一次次获得成功，但"古来圣贤皆寂寞"，在作品中可见朱践耳的内心深处，有着挥之不去的遗世独立般的"一人独钓寒江雪"式的孤独。他借古诗《江雪》，隐喻自己的"不从俗、不趋时，重操守、讲气节"的孤独心境。

●《第九交响曲》写出"人类大同、美好未来"

1999年，是人类纪元中特殊的年份。千禧年，正步履蹒跚地走来，全世界都在准备为世纪更替的到来而狂欢。早在1998年初，北京人民广播电台就在全国委约了朱践耳、王西麟、郭文景、叶小钢四位重要作曲家，各写一部献给新世纪的交响作品，指定以长城为题材，打算在中华人民共和国成立50周年时公演。创作稿酬每人5万元。

对此，朱践耳有不同看法，认为最好不要以命题作文形式，写什么，怎么写，还是由作者自定为好，这样，可避免作品撞车或雷同。他的想法，得到了北京作曲家王西麟的认同，两人在通话时商定，不写歌功颂德的作品，写一部无标题作品。朱践耳的建议，得到了北京市有关委约方的认可。

艺术家都是一些生命力极其旺盛的人，受内在丰盈的逼迫，不得不给予。时年78岁的朱践耳正如此，他处在一生中难得的黄金创作时期的巅峰状态，创作欲望十分活跃。在中国音乐界，他是个成熟的、有独立精神和健全人格的、卓有成就的艺术家。

那么，有什么值得一写的呢？

音乐史上，贝多芬《第九交响曲》是一座灯塔。音乐学家们认为，它代表了所有浪漫主义者认为的贝多芬的精髓，即蔑视形式，重视内容，对人类大同的诉求，巨人般的爆发，精神上的体验……《第九交响曲》已经成为某种不仅仅是音乐的东西，它成了一种精神特质。

21世纪的到来，使人们有了更深层的思考。20世纪80年代始，整个世界处于嬗变之中……东欧剧变，柏林墙倒塌，苏联解体，以及科技革命、信息时代的到来，都是20世纪影响世界格局的大事件。

朱践耳的立意，落在了抽象的"历史长河"上，个中含有"回首以往、放眼未来、终极关怀"三个概念。

这个立意，可以抽象理解为，对于人类大同的诉求，历史老人告诉你，"历史是面镜子，可以史为鉴；历史是X光机，可洞察秋毫；历史是一座灯塔，可照亮未来"。数千年来，这一历史进程中，周而复始，"达摩克利斯之剑"高悬，恐惧、邪恶、厄运、灾难、危险的存在和意识等，在现实中存在。为此，在追求美好未来的大同世界时，人性的关怀，最终要惠及全世界的人。

经过一年左右的创作，《第九交响曲》于1999年2月完成，同年8月，陈佐湟指挥国家交响乐团和儿童合唱团，在北京音乐厅首演。之后，在京又再演了两场。然而，听众的反应却很冷淡，较容易接受的是儿童合唱部分。评论中，大多数听众对作品反映的抽象主题表示不解；一些学者认为形式结构偏离了常规，过于模糊，对"达摩克利斯之剑"和弦的背后含义目的，不甚明了。此外，一些新技法的突破及运用，也引来了一些争议，等等。为此，作曲家经过深思熟虑后，对《第九交响曲》作了修订。2001年5月，陈燮阳指挥上海交响乐团在上海举行了新版首演，获得好评。但客观地说，这部新作，远没有像其他几部作品那样，得到积极的评价和应有的关注。

美国学者约翰·罗比逊认为:"……它可能会在多次音乐会后失去吸引力。可以用贝多芬的音乐来放一个类比,贝多芬的音乐在他的一生中并不受欢迎,因为他同时代其他人的音乐更容易理解。由于《第九交响曲》内敛和自省的特点,它需要人们花相当长的时间学习才能被充分欣赏。一旦人们对它有了更好的理解,人们就会意识到它是一部极其深刻和强大的作品……"可朱践耳对此并不乐观,"在中国,交响曲这种曲高和寡的东西能上演一两场已是万幸了。连电台也极少广播,绝大多数的中国交响乐作品只好在抽屉里喂蛀虫,哪有什么多听几遍的可能呢?"

第十三章　残阳如血

● "丝路梦寻"千年烟云中

新千年刚过，朱践耳收到美国方面的来信，大提琴家马友友发起并组建了"丝绸之路"公司和"丝路乐团"，委约丝路沿线的各国作曲家，写这个题材的音乐作品。中国呢，委约朱践耳以及其他几位作曲家。这是旅美作曲家、密歇根大学教授盛宗亮推荐的，1994年朱践耳在美国探亲期间，曾与这位年轻的同行有过交往。

写西域作品，朱践耳饶有兴趣。早在20世纪80年代初，他就去新疆各地采风一个多月，采风完后，又顺道去了敦煌，参观莫高窟。在西安，他观看了"兵马俑"。

几十年前的大戈壁之旅，作曲家历历在目，记忆萦回。苍茫辽阔的大西北，"月从天外来，耿耿流素光，悲风动寥廓，拂面吹胡霜"。这是何等的悲壮？他对西域的音乐歌舞颇感兴趣，一只冬不拉、一只手鼓、一个漂亮的维吾尔族姑娘，可以把民间音乐歌舞演绎出别样诗意。很多年了，他没有为此写过东西，现在，终于可以一显身手了。

这首室内乐重奏曲，演奏组合规定为六人。这就需要作曲家在有限的空间中营造出最大的音乐力量。对此，他心中有了设想，并为此写了一首小诗，作为创作立意：

>   古老的丝绸之路，
>   一条文明之路。
>   音乐之路，
>   一条连接各民族的友谊之路。

它很遥远，
已消隐在千年烟云之中。
但又很近很近，
常出现在奇妙梦幻之中。

作曲家给此曲起名为《丝路梦寻》。然而，在节目单上，诗意的"梦寻"被错误地印刷成"寻梦"，这一字颠倒，把中国文字美妙的诗意，一下子给抹去。他非常遗憾，"节目单误写为寻梦，这有违我的本意"。

关于作品的结构，作曲家说："我抓住了西域音乐中几种不同调式、不同个性、不同风格的因素，创作了四个主题旋律，象征着丝绸之路上来自四面八方的各族群的人们。"他在四个主题部分，分别用了二胡、巴乌、大提琴、管子等乐器。

当年3月，马友友飞抵上海，与作曲家见面，两人探讨了作品创作。5月底，作曲家完成了《丝路梦寻》创作，寄往美国。

6月25日，朱践耳应邀飞往纽约，前往波士顿以西的避暑胜地坦格伍德，因为演出安排在此。这是作曲家时隔六年后的第二次赴美。

如同柏林温布尼森林厅音乐会一样，坦格伍德在一个森林区内建有一个敞篷式的大音乐厅。每年夏季，知名音乐家以及著名交响乐团，都会来此开露天音乐会。小泽征尔曾率领波士顿交响乐团来此演出过。一到那时，成千上万的美国人携家来此，草地上坐满了人，或野餐或露营，享受着大自然的乐趣。

作曲家的洋女婿戴维·纽京得知消息后，带着夫人朱卫苏和两个孩子，从缅因州开车前来听音乐会。一家人在美国再次团聚在一起。

短暂的团聚，令作曲家非常高兴，他看到了多年未见的两个外孙，"1994年我和老伴去美国探亲时，外孙才两岁，外孙女刚出生。现在才第一次见到已六岁大的外孙女Leah。我给她取了中文名'灵丫'（因她属狗），给外孙 Jimmy 起名'捷敏'（因他属猴），这样就中英文统一，音义兼顾了。灵丫是第一次见到外公、外婆。她一直紧紧依偎在我身边，十分亲热可爱"。而今，他们都长大了。

经过了四次排演后，7月8日下午，坦格伍德音乐会正式举行。上演的九部作品都获得成功，《丝路梦寻》效果也很不错，洋女婿以及女儿朱卫苏听后，都给了这部作品很高评价。第二年3月，马友友携"丝路乐团"来上海，在上海大剧院演出。作品作了一些调整后，演出效果超出坦格伍德音乐会，反映甚好。

上海交响乐团看中了这部作品，希望能上演，但因版权关系，作曲家只能将作品改成了管弦乐版。

2008年8月27日，陈燮阳执棒上海交响乐团，特聘上海民族乐团的五位民乐演奏家，在上海大剧院成立十周年的庆典音乐会上首演了新版本。作品获得成功，舆论大多给予了积极评价。

《丝路梦寻》的成功，让年迈的朱践耳非常开心，他高兴地看到，"在中国音乐著作权协会寄来的2008年至2009年海外账目清单中，美国、日本、马来西亚、新加坡、泰国等国以及中国台湾、香港等地区，皆有不少《丝路梦寻》一曲条目，想必是'丝绸之路'公司已将六重奏制成了唱片向全世界发行了。"

● **以肖氏为榜样，耄耋之年心存终极梦想**

无疑，"六十岁学吹打"，创造了音乐史上一个传奇。朱践耳完成了创作上的美学转型，从传统乐派跨入了现代乐派行列；在交响乐的创作理念、母语运用、现代新技法结合上，他成为具有现代意识、鲜明民族气质的一代大家。

从1978年到2001年的23年间，他天马行空，"创作荷尔蒙"如冰岛巴达本加火山，再度喷发，进入了黄金创作的巅峰时期。从最初的《黔岭素描》，到10部交响曲、小交响曲和《丝路梦寻》，再到2005年修订的管弦乐《南海渔歌》组曲，在岁月演进、生理不断蜕化的岁月里，他竟然在美学观念、历史人文观与现代作曲技法上，实现了极富挑战的自我跨越。这在交响乐领域迄今还没有出现国际公认的音乐大师的中国，朱践耳成为改变中国乐坛现状的先驱者之一。

他的人生，走过了花甲、古稀而步入耄耋之年。容颜已老去，但79岁的他，创作欲望依然旺盛，温文尔雅的外貌下，激情依然在奔流。

除了10部交响曲外，他还写了不少室内乐作品和乐队作品。1987年，他为高年级儿童创作了钢琴小品《摇篮曲》《小诙谐曲》两首；1992年，他用新技法并引用中国民歌主题，创作了钢琴组曲《南国印象》（五首）；同年，他还为台北市国乐团创作了民乐五重奏《和》，并在中国台湾首演；1995年至1997年间，他分别创作了琵琶独奏曲《玉》和琵琶与弦乐四重奏《玉》，这首四重奏1999年在纽约演出时，被誉为"珠玉之作"。

当然，他还受陈燮阳之约，为上海交响乐团120周年团庆创作了即兴之作《灯会》。这部长度约11分钟的乐队作品，在京沪两地演出后颇受好评，被称作"充满了生命的活力和节奏的律动"，"通俗而不俗，有民间味，打击乐用得也好"，"很新鲜，很丰富，把相距很远的两种民间音乐用在一起"。

可以认为，作曲家晚年之后的作品，都是有话要说、有感而发，技法为内容服务而从不炫技。他的作品，没有作秀成分，没有矫揉造作、故弄玄虚之嫌。他为中国音乐界，提供了一部鲜活的音乐教科书。

朱践耳对此并未感到满意，尽管他已步入耄耋之年，但他心存更远大的目标。在他创作记事本上（2006年6月），朱践耳记下了对肖斯塔科维奇作品的细致分析研究后的提纲。这位伟大的苏联作曲家，是他一生崇敬的榜样。

前言

肖氏:"大量的惊世之作"

"心中有一股巨大创造力在沸腾"

遇苦难时:音乐纯洁、真实、人道、高尚、庄严

兴奋时:音乐生动、鲜明、机智

面对不公平和残暴行为:音乐是辛辣的嘲讽

对于主人公的形象:哀伤的思考和不可摧毁的精神力量的结合

《第四交响曲》排练时,受到禁演的通知,只得停下

肖斯塔科维奇说,如果有一天,我的双手被砍断,我就用牙齿咬住笔,继续谱写音乐

在他身上反射出一个艺术家的坚定信念和大无畏精神

对于别人要他修改作品

肖氏说:"笔上写的东西,是用斧子都砍不掉的。"

关于新作

《第五》的戏剧性遭遇(著名批评家说,广板的不幸就在于渗透着僵死和忧郁的音色)

排练和首演前受到乐队人员的非议

但听众在听到第三乐章广板时,伤心地哭了起来

科学院士弗拉基米尔·查·希什马廖夫说,听众如此激动,我一生目睹过两次,柴科夫斯基亲自指挥《第六交响曲》时。(这类戏剧性的遭遇和反差,在1986年我的"第一"首演时也遇到过,在1995年的专场音乐会后,也有过谩骂。——《音乐周报》)

1939年莫斯科首演"第六",彼得格勒的听众,很早就开始对此

翘首以待

每年演出季，爱乐乐团都要向观众奉献肖氏的新作，使开幕式变成了隆重的音乐盛会

"第五""第六""第七""第八""第十四"都是盛会（"第八"一个月内连演五场）

这种音乐听众和音乐盛况，一方面表现了俄罗斯人民的音乐素养，另一方面也表现了肖氏作品的音乐价值（在苏联时代独一无二）

中国在这两方面都不具有！

重要段落

P50-51　关于第七 P81

P103　　关于森林之歌

P107　　对于批评

P112　　全国学斯大林著作热潮（1950、1952）

……

从对四页笔记的分析中，作曲家"老骥伏枥，志在千里"雄心由此可见一斑。他的创作之心，并没有因为人生进入暮年而泯灭。如果没有后来的各种烦心不已的索命干扰，他依然会笔耕不辍，坚持写作。当然，这是后话了。

后辈作曲家姜小鹏在纪念文章中，透露了朱践耳内心鲜为人知的终极目标。姜小鹏与朱践耳关系非同一般，其父与朱践耳是新四军老战友，因此，作曲家视他为己出，情同父子。他在文章中写道：

……有人说先生是中国的肖斯塔科维奇。的确，肖斯塔科维奇是他最欣赏的作曲家之一，先生的终极梦想是和肖斯塔科维奇一样，能在有生之年完成十五部交响曲的创作。

……不过我倒是觉得，先生更像是格林卡，俄罗斯的音乐之父。从这个意义上讲，先生虽离开了我们，但他留下的丰厚的音乐遗产，为我们开拓出产生中国的柴科夫斯基、肖斯塔科维奇的沃土！

朱卫苏在谈起她父亲的创作时，为父亲在最后的岁月中，遭遇上音"钟鼓奖事件"丧失了创作能力而感到非常痛心。她说："如果爸爸没有被深度卷入是非漩涡中以及后来那几场官司，爸爸可能还会写出更多的作品。"

有关"钟鼓奖"，后面章节将详述。

…………

2002年，80寿辰的朱践耳，收到了艺术生命中最珍稀的礼物——《朱践耳交响曲集》的出版。这部洋洋大观的作品集，是在他的艺术挚友、时任上海音乐家协会主席陆在易的策划与奔走下，获得了国家（上海）巨额资助后诞生的。这是新中国成立后，中国作曲家中唯一获得的"最高荣誉"。

应该说，这是超常规的、来之不易的出版计划。要知道，由国家拨款，资助中国作曲家出版全套总谱和音像资料，在全国尚无先例。

其实，早在20世纪90年代，陆在易就有想法，希望自己任职期间，完成朱践耳、吕其明全部作品的出版工作。他说："在上世纪90年代的一次全国文代会上，他曾对杨立青、吕其明说：'个人音乐作品全集的出版在我国总要等到人去世之后，这已成为惯例。我认为这不好，出版成了纪念文献。我倒觉得，有条件的老作曲家，应该是人健在时出版，这才有更大的意义！'杨立青当场表示：'想法很好，但很难做到。'"

可在陆在易的努力下，大事终成。他亲自撰写了报告，逐级请求市委宣传部领导以及市委主管书记的支持，终于获得成功。

这部鸿篇巨制，内容包括朱践耳11部交响曲的总谱，并附有相应作品的 CD 唱片。曲集中全部的 731 页总谱，完全采用作曲家的手稿影印而成。

任何事情，做到极致就成了艺术。这套曲谱的出版，也浸透了朱践耳的心血。出版之际，他正在撰写《创作回忆录》，但一生认真到"如有洁癖"的耄耋老者，还是挤出大量时间，亲笔工工整整抄写了全套交响曲、管弦乐、钢琴曲的总谱，达厚厚的 8 大本之多。令人咋舌的是，他还亲自作了全盘的校订。这种极为罕见的敬业精神，无不令人肃然起敬。上海音乐学院院长杨立青在序中写道：

> 在 20 世纪后半叶，朱践耳是最重要、也是最有影响的代表人物之一。他的名字与"中国近现代音乐创作"的发展不可分割地联系在一起……尤其是他的交响音乐，不仅是近现代中国社会历史进程中许多重大事件的一面镜子，而且深刻反映了他对创作理想和创新精神的追求，是他心路历程的真实体现。
>
> ……他的交响音乐作品，不仅是中国近代交响音乐发展的浓缩，折射出中国的政治生活和思想文化的演变之光，而且映照出中国当代音乐家对现实生活的理性思考和音乐新方向的追求，是中国现代音乐文化宝库中一笔重要的精神财富。

中央音乐学院教授、梁茂春称这一出版工程为"中国交响乐的丰碑"。他在文章中写道：

> 在当今交响曲创作、演奏和出版都极其艰难的时期，同时出版 11 部交响曲总谱和音响，这创造了中国音乐出版方面的一个先例！世界上也几乎没有任何国家的一位当代交响乐作曲家像朱践耳这样幸运。
>
> 朱践耳的这些作品，均产生在 20 世纪最后的十几年里，它们是 20 世纪末中国交响乐创作成就的集中展现，也标志着中国交响乐创作在 20 世纪所达到的最高水平。在物欲横流的环境中，朱践耳的交响曲

中仍保留了极其可贵的人文精神和浪漫情怀。尤其令人感到震惊的是：这些作品在创作观念和技法上，都突破了朱践耳原先的创作面貌，可以说发生了质的变化和超越，创造了中国当代交响音乐发展史上的一个奇观。

2002年5月23日，在上海"纪念延安文艺座谈会发表60周年——朱践耳交响乐作品音乐会"上，《朱践耳交响曲集》进行了首发。

《朱践耳交响曲集》的出版，陆在易功不可没。谈起当时出版过程时，他说："……我的观念是，有意义的出版是生前的出版，死后出版，有做样子的嫌疑。我对朱践耳就这么说的，无论如何你生前要出版全集。对音乐家而言，这在全国开了先河。再则，出版的东西中，明知道不能留下来的东西，坚决不出版。没有任何意思。"

由此，朱践耳成为中国作曲家中第一个活着看见自己成就，并享有至高声誉的音乐家。

不仅仅如此，2004年，作为国家舞台精品项目，在上海交响乐团成立125周年系列音乐会上，陈燮阳执棒上海交响乐团，在北京、上海两地，接连举办了四场"天地人和——朱践耳交响作品音乐会"。音乐会上演了朱践耳的《第十交响曲（江雪）》《第六交响曲》《灯会》《天乐》四部作品，以示对这位德高望重的作曲家的崇高敬意。

相对于西方经典和国内某些通俗作品，有个现象让人纳闷，即朱践耳的每一部作品，除了上交首演外，作为中国最重要的、获好评最多作曲家的作品，为何被长期漠视、鲜见上演？他的《第四交响曲》《第五交响曲》《第八交响曲》首演后即变成终演？如同舞台上的"稻草人"，他的一些作品活在评论家的笔下，而不是音乐厅里。这多么罕见！当然，他的传统作品例外。

这个怪异现象，评论家们也进行分析：一则，一般认为，朱践耳的作品，对指挥来说，极具挑战性，因为他的和声等，与常规不一样，需要指挥花很多功夫；再则，他手法比较新，作品太现代、太超前，与观众的审美有一定的距离；三则，有些作品，他运用了大段原始录音，音乐会上难以处理；此外，一些独门乐器的使用，也增加了演出难度。

当然，还有一个重要因素是：对演奏员来说，演十二音体系和多调性、无调性作品，既混沌难听，又是一种挑战。

● 中国会出交响乐大师，但不是我，是下一代年轻人

朱践耳一生，给人留下了温文尔雅、谦逊低调，不苟言笑、与世无争的印象。他晚年耳背，一般耳背的人总是超大声地说话，但他却相反，轻到听他说话的人误以为自己耳背，太轻了。

作曲家奚其明在谈论朱践耳时说，在他身上，我看到了三个形象：探索者的形象、学习者的形象、慈祥老者的形象。

作为中国音乐界德高望重的人物，他一生谦卑低调、与世无争，从不恃才傲物、唯我独尊。爱才惜才的朱践耳，与郭祖荣、杨立青、陆在易、王西麟、王安国、朱世瑞等众多同行交往甚密，或探讨，或交流，或鼓励，或帮助。

自初识福建作曲家郭祖荣后，两人惺惺相惜，从此结为挚友，长年保持着通信往来。他十分同情这位怀才不遇的作曲家，当听到郭祖荣的《第二交响曲》在四十年后由指挥家卞祖善上演并录音后，朱践耳感言："在那万马齐喑、文艺界一片沉寂的特殊年代里，这是一株敢傲风雪的梅花。"

朱践耳为郭祖荣的创作未得到应有的尊重和重视，作品长年得不到演出和出版而愤愤不平，为此，朱践耳尽自己所能，竭尽全力帮助他。有一次，朱践耳在会上发言谈了郭祖荣的优点、努力和勤奋，但有人却公开发难，指出郭在技术上、艺术上的许多不足之处。朱践耳愤愤然地说，他这

样努力都没有得到重视、尊重，还提出他需要提高，这不是更打击了他？

在郭祖荣身上，朱践耳看到了一种坚定执着的精神。这个新中国最早创作交响作品的作曲家，人称他写的是"无声音乐"。他的几十部作品，不少至今还停留在五线谱上，难见天日。于是，朱践耳欣然提笔，写下"雅乐圣殿一奇人"书法条幅，赠与郭祖荣。但不知何原因，条幅不是用宣纸写的，裱字时墨迹化开了，郭祖荣见状，赶忙抢了回来，留作纪念。而郭祖荣也画了一朵红梅回赠他，"为什么送你梅花？因为你具有这样的品格！"

朱践耳也很欣赏作曲家王西麟。这个在逆境中爆发的中年作曲家，在艰难坎坷中自强不息，写出了一部又一部交响杰作。朱践耳常常与他通信，两人结下了深厚的友谊。当王西麟的《第一交响曲》时隔18年后首演的当天，朱践耳专程前往北京聆听，之后，他又写信告诉王西麟，你的《第一交响曲》《交响壁画三首》给了我很大启迪，"《第一交响曲》是1962年之作，但和当时一些作品相比，它是超前的、先锋的……是真正的无标题交响乐思维。《交响壁画三首》很有独创性，很新颖，很有意境。总之，在交响气质上是非常突出的，从早期的《第一交响曲》中，已经明确显示了你是一位交响乐作曲家……"

指挥家张国勇从莫斯科毕业回国后，一时工作生活没着落，心里很苦恼。爱才惜才的朱践耳得知情况后，帮他解决了房子问题。

相比于前几位，朱践耳非常器重留德博士、作曲家杨立青。这位才华睿智的中年同行，长期从事现代作曲技法、管弦乐配器技法的研究，著有《梅西安作曲技法初探》等重要作品。他知识渊博、基础扎实、思维敏捷，并创作有不少作品。20世纪80年代初，他在中央音乐学院、上海音乐学院分别开设了大量讲座，传授西方最前沿的现代作曲技法。那时的朱践耳，常常成为杨立青课堂上"年龄最大的学生"。

惜才爱才的朱践耳，对杨立青厚爱有加。那个时期，杨立青与朱践耳夫妇交往甚密，走得很近，关系"情同父子"，以致圈内有人称杨立青是朱践耳的"干儿子"。

朱卫苏说："杨立青当院长之前，为人很谦虚，对我父母特别好，他们之间的关系非同一般。1994 年，我父母来美国探亲住了十个月，杨立青没地方住，我父母就让他住在我们华山路的家里（近一年左右）。那时，上海音乐学院正在物色院长人选，爸爸还极力向上级推荐杨立青。"

相比起音乐会舞台上那些风生水起、靠一首成名曲吃一辈子的作曲家，朱践耳低调得有些不像话。他更像躲在五线谱背后的人，活在作品里，却不在舞台前。

上海交响乐团小提琴家、锯琴演奏家张琦，因音乐与朱践耳结缘。有一天，他在电视里看到了作曲家的专访后，被他的音乐精神所感动，他给朱践耳写了一封信：

践耳大师：

几日前，偶尔打开电视，有幸从"音乐人生"栏目中，聆听了阁下教诲，这些话给人以感动，给人以启迪。它不仅是一堂生动的音乐课，而且还告诉大家做人的道理，其意义不亚于听取您一首新的交响作品。

这谈话，有真挚之心，无浮夸之意；真是，学问越大，越是谦逊。有深邃之内涵，无浅薄之谈吐。在我国目前，这样做艺术的人，实在是越来越少了。

以上几句话是有感而发，不吐不快。

恭祝您 90 华诞健康长寿！

张琦

2012 年 3 月 23 日

三天后，张琦收到朱践耳的回信，他谦虚地说："……电视上的'采访录'也是朋友来电话告诉我的。打开电视机时,只看到'音乐人生'栏目后一小半了。这次采访我自己早已忘记,从内容上看估计是2006年左右吧。……我是不善言辞的人,也是个很低调的人。所以,遇上采访就成了我一个难题,只得'信口开河'一番。"

这位谦逊的老者,从不恃才傲物,他对乐团、指挥以及演奏员们充满了感激,"自1978年改革开放以来,我的二十来部交响新作品,得以在几位指挥家黄贻钧、曹鹏、张国勇,尤其是陈燮阳执棒下首演,并录音问世。在和指挥及全体演奏员的反复磨合、不断切磋,使我从中学到了知识……这种友情使我终生难忘。更为重要的,是上海交响乐团帮助我在花甲之年找回了失落十八年之久的'交响梦'。我深感到乐团就是我心灵的家园,我是一个得天独厚的幸运儿!"

新千年后,朱践耳在接受BBC采访时,对后学充满了尊重,他说:"中国新一代作曲家谭盾、瞿小松、陈其钢等对我的创作很有影响,他们可以说是中国音乐创作的先锋派。我先向他们学习敢于创新的精神,以后我也投入观念更新的交响乐创作。"

曹以楫说,1995年,华人作曲家中的佼佼者谭盾、陈其钢分别在上海举办作品音乐会。这期间,朱践耳不耻下问,主动向他们交流与请教,并把自己作品的创作动机、谱例、某段旋律的效果等,拿给他们看并听取意见,这使得谭盾、陈其钢十分感动。

朱践耳对年轻一代,充满着期望。他说:"中国要出交响乐大师,这大师不是我,而是现在二十多岁的年轻的音乐工作者。我只不过是个铺路石子,我愿意为这一切竭尽所能。"

已是垂暮老朽了,他寄望于年轻一代突破横亘在当代中国作曲家面前的一道历史难题,即"让中国作品获得国际认可",诞生出柴科夫斯基、鲍罗丁、斯特拉文斯基、普罗科菲耶夫、肖斯塔科维奇这样的国际音乐大师。

正因为如此,他希望有生之年,为年轻学子献出一点绵薄之力。"我已步入暮年了,就像秋天的树叶,必然要枯萎落地。我曾在原始森林里,看到地上铺满了厚厚一层落叶,融入泥土里,化作肥料,使大树在明春又发出新芽来。它启发了我,能不能像落叶那样,在生命终极的时候,再做最后一次微薄的奉献呢?"

经过深思熟虑,他与夫人在子女的支持下,作出了惊人善举:立嘱公证,将身后的房产及作品版权等,捐赠给上海音乐学院,用作青年作曲者的创作基金。

2001年9月8日,上海各大报纸,纷纷刊发了一条消息。《解放日报》刊发了标题为"朱践耳夫妇与上音签下'遗赠协议',身后捐出百万房产资助新秀"的报道,报道说:

> 昨天,在上海音乐学院庆祝教师节大会上,著名作曲家朱践耳先生表达了一个朴素的心愿:为了支持青年作曲家的创作,在他和夫人去世之后,将其住房房产所有权捐赠给上音,建立作曲奖励基金;同时还将他所有音乐作品手稿、藏书、藏谱、唱片、磁带、音像资料等全部捐赠。

报道还说:

> 当朱先生携夫人上台作这一番表白时,台下所有的师生都被深深地感动了……
>
> "我俩都是年近八十的老人了,剩下的人生旅途不会太长。我们经常思考的一个问题是,在我们最后告别人世之际,还能否为音乐事业尽一点绵薄之力……"

曾身为上海音协主席、上海市文联主席,一生清廉、节衣缩食、干干净净做人的朱践耳,三年前就与夫人作出这个决定,夫妇俩希望,将捐赠用作基金,对上音学生的创作进行奖励,对学生新作演出给予资助,对成绩优异的学生发放奖学金。

《解放日报》配发的短评称这为"充满人格魅力的作品"。评论说：

> 朱践耳先生毕生执着于音乐创作，晚年还笔耕不辍。为了提携后学、奖掖创作而倾其所有，可以说为音乐事业燃尽了自己……我们看见不仅仅是一个数字，而是他们对发展中国音乐的拳拳之心……

短评说：

> 时下，艺术圈里的一些所谓的"大腕""名师"争名夺利、一掷千金的不良风气，与朱先生的这种境界相去何止千里！朱先生的一家并不富裕，但不富裕的他们，却悄然而平淡地又一次付出了他们最后的所有。

其实，作曲家平日里生活十分节俭。他清心寡欲，年轻至老，从不为金钱所动，创作那些沾有浓烈地方主义色彩和染上铜臭味、用完就扔的"一次性用品"。自从创作大转型后，他很少写"命题作文"。他的创作，绝大多数是有感而发后的"喷发"。暮年的他，离灵魂的本色，更近了一步。

坦率说，在物欲横流的商品社会，作曲家是孤立和脆弱的。当怀揣新作、四处推销、乞求乐团演奏时，他们几乎失去自信。有时侥幸得到首演，又常常变成了终演。乐坛上，这样的事屡见不鲜。朱践耳也未能幸免。他创作的10部交响曲，除陈燮阳指挥上交悉数首演外，几十年来，其交响作品很少有乐团在音乐会上重新演奏。即便如此，作曲家也从未停下手中的笔。

朱夫人告诉作者："朱践耳写东西，从不给人谈稿酬。当年，《唱支山歌给党听》得了500元稿费，朱践耳悉数上交组织，交了党费。后来，香港、台湾的乐团来委约作品，来电话商量给3万元行吗？朱践耳说，1万元就够了。《南海渔歌》是这样，台湾《山魂》也是这样；香港回归创作的

《百年沧桑》以及后来得了金奖，也是没稿酬的。那年，中国交响乐团上演《英雄的诗篇》，版权费连同作品使用费共给了 10 万元，我们未取。乐团多次打电话来催领，说是团里的规定，朱践耳却说，二百人在台上合唱，怎么就我们拿钱？"最后分文未取。

作为一个有杰出成就的艺术家，朱践耳是上海仅有的三位经国务院批准的不退休专家（周小燕、朱践耳、俞丽拿）之一。这位上海交响乐团的驻团作曲，在他生命的最后两年，深感自己老了，再也无法创作了，于是，主动打报告，向有关部门提出了离休申请。

朱践耳意味深长地说："《第九交响曲》最后的童声合唱是我的'终极关怀'，我已经画了一个句号了。"

第十四章　最后的岁月

● "钟鼓奖事件"耗尽他人生的最后年华

2007年,作为"唐宋名篇音乐朗诵会"的续篇《宋人弦歌》启动,主办人委约朱践耳为一首名篇谱曲。作曲家挑选了苏轼的《水龙吟》那开头一句"似花还似非花"。

无疑,这首名作给了作曲家"丰富而悠远的艺术想象"。他设计了一个"在调性上模棱两可、飘忽不定、全音阶似的'四音动机'"。这个"四音动机",音调上有昆曲或是福建南音的影子,又有中国古乐的韵味。这使得作品很出彩。郑小瑛指挥中国歌剧舞剧院乐队在南京、北京、天津、深圳多地,连演了好多场。并称此曲"效果出其不意,觉得非常特别"。

从朱践耳作品目录编号中,我们可以得知,这首作于2007年的作品,是他创作的最后一首。这并不是说,85岁的作曲家已丧失了创作能力,相反,他的重点,转向了一项有生之年必须完成的大事——《创作回忆录》,他写下"风萧萧兮夜色寒,壮志未酬心难甘"的自勉。他认为,这部创作回忆录,是对后代同行的交代。他将自己一生的创作思想与心得,敞开在后代音乐家面前,希望他们从中有所获取,哪怕汲取某点教训也可。

作曲家90岁那年,笔者到瑞金南路他家拜访。见我到来,耄耋老者才缓身离开书桌。那段时间,他终日伏案,一笔一划在爬格子。"我的时间不多了,正在写创作回忆录呢!"他拿起厚厚一叠书稿对我说。笔者很惊诧,风烛残年了,生命依旧在燃烧。我问他为何不找个助手?作曲家叹了口气,难呐,这个人必须是懂我音乐、喜欢我音乐的人。

孰料几年后,践耳先生托陈燮阳转赠予我《创作回忆录》签名本时,我深为感慨,他留下的不是书,而是七十年的创作思想。

在《创作回忆录》中,朱践耳放进了一台显微镜,一把手术刀。晚年的他，似人类临终前的"生命闪回"，如过电影一般，回味着人生的每个细节。此时，作曲家正是如此，"他从灵魂深处，不断反省自我。""我反思这一生，则是从'革命梦'和'交响梦'之间，不断地来回徘徊，相互交替……"

这种自我放大病灶、刮骨疗毒、鞭挞灵魂的心语，读来令人肃然起敬。他说："我后半生是怀着补过、还债的心情在写作——还艺术的债，还良心的债，还人民的债。"

朱夫人说："朱践耳总是说，我一直带着还债心情在创作。这不是假话，也不是他真欠着谁的债，而是发自内心的真话。桑桐就曾打电话给朱践耳，说朱践耳的发言（自我批判）太过了。当中国音协为他颁发'终身成就奖'时，他选择了不出席，他说，我就做了这么点事，颁发什么成就奖啊！"

在得知朱践耳的想法后，中国音协党组书记吴雁泽专程赶到上海，在上海市文联会议室，为他补办了颁奖仪式。

…………

朱践耳一生活在"梦"中，如他所说："从'革命梦'和'交响梦'之间，不断地来回徘徊，相互交替……"这注定他将成为一个"追梦者"。

如朱卫苏所说："我父亲是一个非常简单、只想写他音乐的人。他只对作曲感兴趣，说白了，就是一辈子搞他的交响乐。他对人与人之间的争斗、乌纱帽、官场政治等，一概不感兴趣。他觉得自己在这方面愚笨和无能；他厌恶盘根错节的人际关系，他不愿意掺和，更不愿意管这些事。"的确，在1993年至1998年担任上海市文联主席期间，他多次向乐团领导曹以楫流露，认为自己不胜任、不适应，不是当官的料。

然而，这位竭力远离"人间烟火"的儒雅老者，在生命终点到来之际，还是摊上了"大事"——上音"钟鼓奖事件"，彻底摧毁了他最后的创作意志，耗尽了他人生中的最后年华。

这里，不妨粗略叙述一下事情背景及原委。

2007年，在上海音乐学院庆贺建校80周年之际，学院举办了首届"钟鼓奖作曲大赛"，这在全国尚属首次，其意义不言而喻。

　　10月30日晚，大赛举办了决赛音乐会。这项奖金最高达16万的"国际性"赛事（相比国际上其他赛事，比赛奖金还在合理区间），吸引了中国音乐界不少同行前来观摩。岂料决赛后传出，一等奖作品《了歌》，被指责为评比不公正有猫腻，并被举报有抄袭之嫌。第二天，上音作曲系为此事又发生了"打人事件"。事情闹到了学院领导层，并惊动了离休老院长桑桐。

　　一时间，"钟鼓奖事件"在院内发酵，却迟迟未有定论。这年年底，桑桐一反离休后不问校务的态度，开始进行调查，核实有人向他举报的诸多问题。于是，在离休老干部会议上，他公开对钟鼓奖的"打人事件""评分问题""国际标准""经费问题""如何开支""钱的用途""参赛作品数量问题""存不存在公平公正性问题"提出质疑，要求上音现任领导立即着手调查处理，并公之于众。

　　应该说，上音发生的事，与朱践耳风马牛不相及。他既非上音教职员工，也非大赛评委，可后来事情的"神操作"，却将朱践耳深度拖入了"钟鼓奖事件"的是非漩涡中，难以自拔。

　　对于"钟鼓奖"获奖作品的优劣，以及抄袭之嫌，校方领导与离休老院长桑桐争执不下，于是，两任院长不约而同地想到了朱践耳。桑桐亲自打电话给朱践耳："我耳聋眼花，听觉视觉都不行了，你帮我的忙，听听6部决赛作品，我让杨立青送总谱、录音给你！"朱践耳面露难色，但又碍于情面，难以拒绝，只能遵命。因为，朱夫人是上音享受局级待遇的离休老干部，与桑桐又同在一个离退休支部。

　　接到6份总谱和录音后，朱践耳停下了手中《创作回忆录》的写作，遵嘱反复听录音，看总谱。此时他听学生中有人谈论"抄袭"之事，于是，他向学生借《七日谈》音像资料，但迟迟没得到，朱践耳只得从商店里买来CD唱片。这一听，令他惊讶不已！参赛作品《了歌》压轴的第九乐章和《七日谈》中的《了歌》几乎一模一样。朱践耳震惊之余，既为难，也发愁。在仔细研究了比赛章程后，一生严谨、认真的朱践耳，不得不向桑桐如实汇报。

桑桐在复听录音并逐条对照章程后，发现事情远比"抄袭"更复杂、更严重，至少有六点违背了"钟鼓奖"比赛章程。他要求院方处理。

显然，时任院长杨立青与桑桐、朱践耳关于《了歌》是否抄袭观点不同，一方称是合理"引用"，一方坚称比赛与平时创作不同，双方你来我往多次沟通，但都毫无结果。

为求更好沟通，杨立青提笔给朱践耳写信：

敬爱的践耳老师：

　　这些天，为"钟鼓奖"的事，让您和桑院长劳神费心。作为您的后辈，我事情处理得不好，心里感到非常内疚，也深感遗憾，不知该怎样补赎才好……

　　其实，我最在意、最担心的还是学校的荣誉。只要学校不受到损害，其他的任何代价我都甘愿付出。比赛中发生的那些问题，就让我这个不称职的评委主任来承担吧……您和桑院长提到的许多观点，我也会去继续反思。

　　前两次谈话中，我提及的德国作曲家 Hans Sender 所写的那部题为"Schubert's Wintereisem-A Composed Interpretation"的作品，我刻录了它的第一段，与舒伯特的原作放在一起，请您听一听。就是这类的写法，让我在《了歌》的问题上绕不过弯来……

　　还希望老师不要生气，保重健康为要！

杨立青
2008 年 2 月 28 日

显然，朱践耳认为不妥，按照国际比赛惯例，他提出了四点不同意见，并语重心长地回信说：

> ……我们是几十年的老朋友了，我从你讲的大课上学到了许多新知识，你还是我的老师哩。我们的师友之情，让我不能不对你说真话、做诤友……根据上述四条，已是构成违章，应照章办理，"取消《了歌》比赛资格"，收回已发奖金并严肃处理有关人员。
>
> 以上意见，在你多次来我家时，我基本说过。我实在不懂，你为何绕不过弯来呢？
>
> 我一直认为你是很有才学、很有智慧的专家，有着海纳百川的胸怀。我认为，海纳百川是有原则、有底线的，那就是道德和良心。根本不同"兄弟哥们"的感情关系（这将很容易发展为拉帮结派，对学术、艺术的正常发展极为有害）。明明事先并不知情，事后为什么要挺身而出，把一切过错自己揽下来呢？实际上，这是办不到的，更不利于伸张正义。有人说，处理危机，要有大将风度，要有魄力和智慧。
>
> 我衷心希望你在处理这件事上，拿出勇气和魄力，这才能真正维护学院的声誉，体现上音的辉煌，使上音成为音乐界的良心。

鉴于双方在重要认定上立场相左，致使多年来曾在专业上、感情上都很亲近的朱、杨两人，逐渐走向分裂。杨立青为此心里并不好受，他向曹以辑大谈苦经，"这两位都是我的先生，但不能谅解我的苦衷，我很遗憾！"

而围绕"钟鼓奖"，一连串事情开始发酵……《中国青年报》来沪采访，接连发表文章曝光"钟鼓奖事件"；桑桐、朱践耳给上音党委写信，并直接上书市委有关领导，要求派人调查处理。

终于，在多个回合后，院方与桑桐等人达成"三面光"处理办法：一等奖空缺；得奖者主动退赛；自动退回奖金、奖状。

然而，"树欲静而风不止"，"钟鼓奖事件"激流暗涌。有人放出消息称中央音乐学院将声援"钟鼓奖"主办者，并可能组成律师团起诉桑、朱两人，甚至还有消息传出朱践耳在莫斯科留学期间所谓的"丑闻"，等等。

一时间，"钟鼓奖事件"以讹传讹，在中国音乐界掀起了轩然大波，各地不少主流媒体纷纷报道了这件事。

朱践耳深陷"钟鼓奖事件"漩涡中不能自拔。为了明辨是非，坚持公平正义，不得已，朱践耳在《人民音乐》2009年7月号上发表了《钟鼓奖事件亲历记——向音乐界的回报》的万言长文，将事情的来龙去脉和盘托出。

此时，网络上热闹异常，出现了对桑、朱两人的网暴。造谣、污蔑、诋毁、骚扰，开始公开漫骂桑、朱是"两条老狗"。更有甚者，将事件整成材料印成大字传单，分送到知名教授信箱中。

87岁的朱践耳，生活从此失去了宁静。他在记事本上写道："通过这次事件，我才深深地体会到，反腐倡廉、主持公道的阻力有多么大，工作有多么难。有一张无形的网络在纠缠你、围困你。国内的各种音乐赛事都会继续下去，如何才能健康地发展呢？……"

耄耋老者彻底失去了凝思写作的心境，他为纷至沓来的骚扰所闹心，感到心力交瘁、难以支持。

这其间，他三次因心肌梗塞而住院，还迫不得已，打了两次官司，耗费了他残余不支的精力。他时不时地丢下正在撰写的《创作回忆录》。心思耗尽的他实在撑不住了，有一天他无奈地对夫人说："我没有多少时间了，我得完成书的事。这事你管吧，上音也是你的学校。""就这样，把我这个家属推到了前面，"朱夫人说，"医生说很幸运，几次犯病都是亚急性心肌梗塞，顶了过来。如果是急性的，他就死在家里了。第三次在家发病时，我们一看不对，急忙送医院，心脏科主任来会诊后，马上为他安装了三根支架，才多活了两年，完成了《创作回忆录》。"

可"树欲静而风不止"，"钟鼓奖事件"还在发酵中。

2009年11月，朱践耳接到上海市卢湾区法院民事诉讼的传票，他因"损害名誉权"而被告上了法庭，赔偿精神损失费1元。显然，这是一场试图拖垮垂暮老者，并带有挑衅性的诉讼。

法院判决下来了。原告方败诉，输了官司。但原告不服，上诉至上海市中级人民法院。漫长等待后，2011年3月，市中院驳回原告诉求——维持原判。

事已至此，应该收手了。然而这时，上音一些知名教授的信箱里，出现了《朱践耳三门事件——二诈一瞒》文章的宣传单，几天后，此文在网上传开了。显然，有人对朱践耳的人身攻击，下了狠手，加大了诋毁力度。

"三门事件"的主要"罪过"是："朱践耳背信弃义，向上海音乐学院索回2001年的全部捐赠，古今罕见，属于大诈"，"至今未给学生一分钱，属于中诈……"

原来，朱践耳在2003年6月12日与上音签订了《遗赠协议》后，因为"钟鼓奖事件"双方关系破裂，2008年5月20日，经协商双方一致决定解除《遗赠协议》，并在上海市东方公证处公证。这正说明了上述捐赠依法解除的合法性。

朱践耳虽然赢了官司，但他却输了"输不起的人生"。因为，对一个风烛残年的九旬老者来说，此事耗尽他凋敝人生的最后年华，葬送了一生中最后的有效创作时间，其杀伤力是致命的。朱践耳的健康每况愈下，与杨立青之间的关系也彻底走向破裂。

朱夫人说："从2007年到2011年这五年间，朱践耳三次住院，精力已不济，不得已，只能躺在医院病床上，写应诉答辩词。但是关于"钟鼓奖"的处理，组委会12比2投票通过的'取消获奖者的参赛资格并退回奖金、奖状'的决议，当事方非但拒不执行，而且还将揭发人朱践耳告上了法庭。

揭发人虽然赢了官司，但却付出了7.5万元的律师费（其他费用还未算，精力、时间损失更大）。"

朱夫人为此不断地上访："钟鼓奖"发生的一系列问题，都是上海音乐学院的公事，为何要嫁祸于为上音工作的局外人朱践耳？

她在申述材料《我要说真话》中写道："这件事持续了七年，我家遭到的网络攻击，显然是有组织的拉帮结派者、既得利益者发动的围攻、诬蔑、侮辱、谩骂、颠倒是非、混淆黑白……无奇不有！……你们看看我这本东西，就知道基层的反腐有多难！"

"钟鼓奖事件"对中国音乐界的冲击是巨大的，多年来，它的一举一动，始终是媒体追踪的热点。或许，事件本身太敏感，许多人避之不及，音乐界似乎很少有人公开站队表态。

然而，作曲家王西麟却发表文章，公开支持朱践耳。他说："在大是大非面前，朱先生并没有置身事外，而是表现出了坚韧不拔的斗争精神。在'钟鼓奖事件'中，朱先生对腐败行为没有消极躲避。在长达近十年的抗争中，尤其是在桑桐先生故世后，他在孤立无援的处境中不屈不挠，最终在法律层面上取得了完全的胜利。这是朱先生毕生品格中最光辉的亮点。他在不公势力面前不畏惧、不退缩，忍辱负重、坚持真理，令我十分敬佩，而历史也一定会给他崇高的评价……"

话说回来。

朱践耳缘何会摊上大事，以至于最后所有矛盾的焦点全部针对了他？固然，"钟鼓奖事件"有其复杂的外因，当然还是有其内因。这一切，与朱夫人在家中一言九鼎的强势个性不无关系。

女儿朱卫苏透露说："我妈妈长期担任领导，养成了一个习惯，别人都要听她的。任何事情，一定要按照她的吩咐去做，如果不是这样，她就不高兴。这就造成了经常性的矛盾，在家中，她也是如此。妈妈人还不错，就是脾气不好，上了年纪后，变得更加固执，喜欢钻牛角尖。说得好听一点是直爽，但更多的是暴躁，是霸凌！我每次回来，阿姨就向我诉苦。"

朱卫苏说："爸爸实际上跟'钟鼓奖'没一丁点关系，但却毁了爸爸的十来年时光。说得难听点，是妈妈亲手毁了他的最后十年。如果不是她一个劲地坚持要爸爸参与此事，逼他写文章、出头露面、不依不饶，将爸爸深度拽入这个是非漩涡中的话，爸爸可能还会写出更多的作品。"

可谓，家家都有一本难念的经。

每年都定期从国外回国探望及照料父母的朱卫苏，对妈妈的脾性，特别是妈妈对爸爸的那种习以为常的训斥，有时更是侮辱性的训斥，感到难以接受。朱卫苏说："我的两个孩子都出生在美国。女儿上初中时，我第一次带她回国。在家中，她看见外婆习以为常侮辱性地训斥外公的情景，把她吓着了。她找我要求解释，怎么会这样？在美国长大的女儿，中文并不好，但她还是跑去找外婆，劝她要尊重人，不能够这样。实际上，我女儿有所不知，从小到大，我们哥妹三个，妈妈说一是一，从来都不敢反抗。爸爸呢，逆来顺受，都习以为常了。为了避免家中的这种尴尬，从此，我再也没带两个孩子回上海的家。"

朱卫苏说："我爸爸从来不生气，也不跟人争。从小到大，我就没见过他大声说过话。上了岁数后，爸爸的脾性愈发懦弱，凡事都由妈妈说了算。说白了，在家他总是逆来顺受，忍气吞声。在美国，每一次我打电话回去，妈妈都把电话抢了过去，她嫉妒心很强，不让我跟我爸爸多说话。为此多年来，我基本上很少能与我爸爸通上话。"

对妈妈不依不饶的"斗争精神"，朱卫苏感到很无奈："'钟鼓奖事件'，成了我家饭桌上唯一的话题，年年讲、月月讲、天天讲，翻过来倒过去像翻烙饼，满耳听出老茧。十多年来，爸爸只能在一边唯唯诺诺地听着，还得哼哼哈哈地应付，这就是我那可怜的爸爸。"

"钟鼓奖事件"使朱践耳神尽气伤，生活变得一团糟。他的身心，在沉重的打击下，满是伤痕。2012年之后，年迈体衰的他，似乎感知到了时日无多的气息,他深感心力交瘁。

朱卫苏说:"有一年回家,妈妈跟我说,你爸爸已极不耐烦了,他说要我们家拿 16 万(钟鼓奖奖金)赔出去算了,不要再搞了。妈妈责问道,他怎么能这样?凭什么要我们赔 16 万?这是个大是大非问题,不能不讲原则,一定要搞下去。我深知,爸爸这些年已被我妈妈弄得走投无路,实在没辙了。他忍耐到了极限,想赶快切割了结此事,但我妈妈就是不肯罢手。有几次我回家后,妈妈向我告状,说爸爸冲着她大声怒吼,要打她。我告诉妈妈,你千万别再去招惹爸爸了。我知道,爸爸因为实在忍受不了才会这样。'钟鼓奖事件'成了他生活中挥之不去的噩梦。"

实际上,在朱夫人生命的最后时光里,面对笔者,她常常长吁短叹,深深自责,话语中带有悔意,"现在,我才感到,朱践耳活着的时候,我很不了解他,不够关心他,也不理解他。他写的每个音、每个和弦、每个小节,都是再三思考后再落笔。他死后,许多问题,我在翻看了他的《创作回忆录》后,再回忆当时的情景后,我才慢慢明白、理解和体谅他了。现在,说什么都晚了!"

而今,斯人都已远去,一切,都随风飘散……

● **《英雄的诗篇》尘封几十年终显价值**

朱践耳的一生,鲜有绯闻,人生缺少故事;一生清心寡欲,没有怪癖另类;一生没有政治野心,人生少有宿敌;一生过于认真,创作乃人生,清澈见底,一目了然。客观地说,他的一生,平淡无奇,没有张力。唯有在他的作品中,你可与他对话。

自知时日无多的朱践耳,念念不忘那部自 1993 年演出后被尘封多年的作品——交响合唱《英雄的诗篇》。也许是人老了,他常常回忆起这部作品三次"伤筋动骨"的修改。

刚回国之际，国内很多人觉得《英雄的诗篇》曲调太"洋"，对于连续转调也不能接受。尽管他曾心有抵触，但为了符合当时形式要求，他还是做过多次改动。1993年这部作品又要重新演出，为适应时代需要，再次修改。但是如今回头看，作曲家还是认为在莫斯科写的原版最好，他为无法恢复原貌深感痛心。要知道，在那个没有复印机及先进办公技术手段的年代，总谱原有的音符都被贴掉，再无复原的可能。

不少人存疑：这部上乘之作为何数度被打入冷宫？后来诸多文章显示了当时的政治气氛，这部作品并不讨喜，原因在于不符合当时的"三化"文艺方针。到了80-90年代，这部主旋律题材的作品，手法又显得太传统，这在演出市场商业化业态下，演出机会更是寥寥，即便公演，也是偶尔为之。可怜它的价值，如同埋在泥土中的璞玉，还未被发掘。

实际上，朱践耳在传统主义创作方面，是很有造诣的，他在莫斯科学习期间创作的作品，证明他不凡的才华。如果朝着这条路走下去，很可能，他会像普罗科菲耶夫、哈恰图良那样，写出惊天动地的大作。遗憾的是，当时的政治气候终止了他的才华，进入80年代后，他没有以此才气作为立脚之本，却一步跨越了传统乐派，直接进入了现代主义的行列。

作曲家王西麟对这部作品遭冷遇深感不可思议，"我在1962年听到了这部作品在中国的首演，由上海交响乐团和上海合唱团演出，曹鹏先生指挥。这是在中国史无前例的、第一部具有国际水准的交响合唱作品，以今天的眼光来看，它与1937年首演的奥尔夫的《布兰诗歌》相比也毫不逊色。这部作品充分发挥了交响乐队与合唱的优势，是对《黄河大合唱》的超越"。"我觉得，这部作品的思想性和艺术性，都超过了他的《第十交响曲》。只可惜这部作品自1990年获奖以来，除了首演还没有被任何乐团演奏过第二次。"

朱践耳心有不甘，他渴望这部作品能重见天日。单靠一己之力，愿望难以实现，有什么办法呢？此时，陈燮阳给他出了个主意，直接写信给上海市委主要领导同志，请求支持。很快，市委领导回信表示支持。《英雄的诗篇》上演，有了着落。

2015年9月28日，陈燮阳执棒上海交响乐团、上海歌剧院合唱团，在上海交响乐团音乐厅，将这部尘封了几十年的力作——交响大合唱《英雄的诗篇》辉煌地鸣响在听众面前。音乐震撼人心、催人泪下、发人深思，引起了强烈的反响。音乐学家黄晓和称："这部创作于上世纪50年代末60年代初的作品，将西方先进技法与浓郁的民族语言融为一体，创造性地将西方大型声乐套曲的传统技法与中国民族音乐素材相结合，达到了当时同类作品的最高水平。它不愧为一部具有现代中国气派的划时代的，并载入中国近现代音乐史册的音乐杰作。"

至此，这部写于20世纪60年代初的毕业之作，在半个世纪后，再次焕发出具有震撼人心的艺术效果。它的技术含量和艺术分量，才被中国音乐界和中国听众所认识。

早在几天前，黄晓和陪同正在住院的朱践耳到排练现场，仔细聆听了这部汇聚交响性、戏剧性、抒情性和史诗性的杰作后，这位朱践耳的昔日同窗、当年在莫斯科大费周折找回手稿的功臣思绪万千，热泪盈眶，他说，我获得了一次无法用语言形容的美感享受。我只想对93岁高龄的大作曲家朱践耳表达由衷的敬意。

"当我同朱践耳共同看谱听完排练时，我脱口而出，朱哥哥，你的音乐太感人了，你生前获得这样的成就，应该知足了！没想到他竟然两手蒙住脸哭出了声……"

早在演出前一日，正在住院的朱践耳得知音乐会消息后，非常开心。姜小鹏告诉他，最好写一幅字，感谢陈燮阳，答谢上海交响乐团。没想到，认知出现了较大问题的老人，竟然辗转反侧、一夜未眠，他反复在脑海中寻找最能表达心意的答谢词。

第二天晚上音乐会结束后，朱践耳在夫人舒群的搀扶下，颤颤巍巍地走上台，半天说出了一句话："感谢上海交响乐团拯救了我。"这发自内心的一幕，现场观众无不动容。

音乐会后，舒群告诉作者，整整一夜，他绞尽脑汁，才想出最贴切的这么两个字："拯救。"

这是朱践耳最后一次公开出现在音乐会现场。

11月初，朱践耳在夫人的陪同下，坐着轮椅，亲自参加了陈燮阳从艺五十周年的活动。第二天，他还坚持参加了专题研讨会，为陈燮阳赠上了一幅他书写的"敬贺陈燮阳先生从艺五十周年大庆——燮理阴阳，地长天久"书法横幅。

2017年6月15日，陈燮阳指挥中国交响乐团在北京音乐厅上演《龙声华韵》——朱践耳作品专场音乐会，上半场是《节日序曲》《壮士行》《百年沧桑》三部作品，下半场是交响大合唱《英雄的诗篇》。

朱践耳为此提前录制了一段视频贺词，这是他离世前两个月以视频形式最后一次露面。视频中，朱践耳面容清癯，坐在钢琴前，95岁高龄了，思路还很清晰，话语流畅。

"先生们，朋友们，恕我年迈不能出席，感谢关峡团长，感谢陈燮阳指挥，感谢远道而来的听众、专家们来听我的作品音乐会！"

朱践耳还特意嘱托女儿朱卫苏代表他赴京，为国家交响乐团送上了《朱践耳交响曲集》、CD唱片，以及管弦乐集，给指挥陈燮阳送上了巧克力和问候语，以示感谢！

…………

油灯在风中摇曳着微弱的火苗，朱践耳的生命已走到了尽头，随时会熄灭。年迈羸弱的作曲家，在最后的时光中，脑子时而清晰、时而糊涂，他已完全丧失了自理能力，住进了上海瑞金医院。这一脚跨入后，就再也没能走出来。

他自知时日无多，行将远去前，将身后事，一一嘱托夫人舒群："不设灵堂，不开追悼会，不举办任何形式的纪念会，遗体捐献医学院。"这寥寥数语的"遗嘱"，昭示了他超然入怀之心——"死亡与超越"的澄明之境。

8月中旬前几天，朱践耳已命悬一线，生命进入了灯枯油尽的状态。

杨燕迪说："就在此前两天，惊闻践耳先生突发脑出血，我去医院探望。先生已经昏迷，只见他双眼紧闭，正费力呼吸……"

至此，他终日沉睡不醒，没有痛苦，没有话语，宁静安详，再也没有睁开眼睛……

"2017年8月15日上午9时，一个杰出生命的历史就定格在这一刻——深受人们尊敬和爱戴的中国老一辈作曲大师朱践耳先生的心脏停止了跳动。"

朱践耳生前诤友、作曲家陆在易记录下了这一时刻。

卷　后

● **为了更好地纪念**

朱践耳先生走了！犹如寒秋中一片飘然坠落的黄叶，悄无声息地化作了一抔土。

还有什么比音乐活在人们心里更好地纪念？朱践耳生前挚友指挥家陈燮阳，指挥着上海交响乐团、中国交响乐团、苏州交响乐团、俄罗斯交响乐团，一场接着一场，上演着朱践耳的交响乐作品。这位指挥家，试图在音乐厅里，用朱践耳的作品，树起一座音乐丰碑。

后文告诉大家，朱践耳先生远去后，他的音乐仍在人世间回响……

5月中旬，带着朱践耳四部作品，指挥家陈燮阳在莫斯科国立柴科夫斯基音乐学院，指挥俄罗斯斯维特兰诺夫交响乐团，上演了一台"感恩母校"音乐会。这在古典音乐传统深厚、世界排名前三的高等音乐学府里，引起了强烈的反响。

俄罗斯爱乐乐团团长、俄籍华裔作曲家左贞观告诉我们："这个乐团的水平很高，音乐嗅觉特别灵敏，乐手们很快就意识到朱践耳是怎样一位作曲家。音乐家们把他的作品当作国际级大师的作品，这从他们严谨认真的态度中能感觉到……"

音乐会的意义，远高于音乐本身。这是新中国成立69年来，中国指挥家第一次执棒俄罗斯名团，在柴科夫斯基、拉赫玛尼诺夫、斯克里亚宾、普罗科菲耶夫、罗斯特罗波维奇等国际音乐大师学习工作过的地方，完整上演的"中国作品专场音乐会"。陈燮阳用中国原创作品,告诉了昔日的苏联老师——中国交响乐的现在与未来,也为驾鹤西去的朱践耳以及他的老师黄晓同,完成了感恩母校的遗愿。

朱践耳生前常对老伴舒群念叨母校——莫斯科国立柴科夫斯基音乐学院。直至灯枯油尽前,作曲家还心有不甘,梦想有一天,在曾经的琴房里,恭恭敬敬地向主课老师谢尔盖·阿·巴拉萨年,交上厚厚的作业本。感恩母校这个念头,潜藏于他心中数十年,可时间这个伟大的魔法师,从不为任何人停留,朱践耳没能等到这一天,夙愿,变成了遗憾。

半个多世纪前的留苏经历,朱践耳岂能忘怀?

这五年,影响了朱践耳的一生,并在作曲家身上留下深深的烙印。他羡慕这个民族在文化艺术方面的富庶,珍惜本民族的文化代表人物和伟大文化遗产的创造者,他感慨万千于她的不可征服,并深深地致敬。89岁那年,他在方格子文稿纸上,工工整整地写下一段回忆文字:"我整天,整个身心,都浸润在精美的音乐氛围中,使我懂得了什么是高雅美、精致美、人性美。每一个音符都是那么讲究,那么贴心……在音乐思维方面,也有了质的变化:过去是平面的、单一的、单色调的思维,现在是立体的、多元的、多色彩的思维。这五年是我在创作上第一次质的飞跃,即从业余水平提升到了专业的学院水平,也是我的第一个创作旺盛期。"

暮年的朱践耳感恩母校之心尤甚。他想用他一生的创作,感恩母校。可垂垂老者自知已经没有时间了,于是与老伴舒群商定,倘若有机会回报母校,音乐会一切花费,必须全部自己承担。在与笔者谈起音乐会之事时,耄耋老人反复叨叨着一句话:"不能再给政府添麻烦了!"舒群先生严格遵循了丈夫的嘱托。朱践耳的女儿朱卫苏私下透露:"这次音乐会,是我妈妈用他们多年的积蓄办的。"

朱践耳交给母校的是四部"作业"——《节日序曲》《天乐》《第二交响曲》《百年沧桑》。这是作曲家留世音乐遗产中的一部分。

有观众从微信里发来了第一现场的文字及画面，无疑，音乐会非常成功。

"朱践耳作品《节日序曲》，回荡在莫斯科国立柴科夫斯基音乐学院金色大厅。陈燮阳大师磅礴挥洒行云流水的指挥风采，俄罗斯斯维特兰诺夫交响乐团精湛而又厚重明亮的多彩风格，今晚，金色大厅余音……余音袅袅……！"

"音乐会观众大都是俄罗斯人，每首曲目，左贞观太太用俄文讲解。《第二交响曲》演完后，一位俄罗斯老太太抱着朱践耳女儿哭了……"

"超长的三个多小时演出中，陈燮阳加演了两首安可曲后，俄罗斯乐迷们还是意犹未尽，陈指只能将已演过的精彩乐章，重演一遍……"

朱践耳的作品，令莫斯科国立柴科夫斯基音乐学院院长索科洛夫感到震惊。尽管他对朱践耳早有所闻，但作品水平之高，远远超出他的想象。

陈燮阳不愧为"朱践耳作品代言人"。几十年来，他几乎指挥排演并录制了朱践耳所有的音乐作品。虽说如此，去莫斯科演出，他还是有些担心。一则，俄方给予的排练时间极为紧凑，三天只有六小时，每天两个小时。时间如此仓促，俄罗斯乐团能否掌握"中国韵味"？他心中没底。再则，特色乐器锯琴的演奏者国内稀缺，颇让指挥家犯难。无奈，陈燮阳在国家交响乐团的群里发消息，向全国公开征集，最后，总算在东方歌舞团找到了一位演奏者。

舒群十分信赖陈燮阳。排练期间，她给陈燮阳发了条微信："一切归功于您。没有你这个指挥，哪来的实况录音，哪来的音乐会啊。没有你这个指挥，我们根本不敢去莫斯科。我心里有底，在莫斯科，有左贞观；指挥，有你陈燮阳。不会差！谢谢你！"

三天排练下来，陈燮阳的表情亮了，这支俄罗斯乐团功力不凡。"时间这么短，排练却非常顺。铜管乐一出来，效果比国内乐团都好。唢呐协奏曲《天乐》《第二交响曲》'中国元素'浓郁，尤其是锯琴，外国人闻所未闻,可他们听懂了,观众也听懂了。"

人们或许不知,当陈燮阳走进乐团排练厅时,他面对的是音乐大国众多乐手的挑战。那眼神明确无误地告诉他,你手里得有活。俄罗斯斯维特兰诺夫交响乐团的乐手们并不知道,这位中国"钻石级"的指挥家,对朱践耳的作品烂熟于心。

开始排练时,俄罗斯乐手表现得很牛气,一遍排下来,他们信服了。《天乐》打击乐声部节奏非常中国化,很不容易上手,陈燮阳一遍遍地指导他们;锯琴的声音虚无缥缈,有"如怨如慕、如泣如诉"的效果,乐队须有极强的控制力,陈燮阳帮他们找这样的感觉。

音乐会组织者之一李克,观看了排练全过程:"第一次排练时,乐手们一板一眼,完全按照谱面演奏,到后来,整个乐队融为一体,乐手们完全进入音乐中,陈燮阳指到哪,乐手跟到哪,整个乐队活了。陈燮阳显得很兴奋,从指挥台上蹦上蹦下,一会又走入乐队中指挥,像是在游戏。他们完全跟着情绪走了。"

的确,古典音乐底蕴深厚的俄罗斯乐迷没想到,中国竟然有内涵、风格、技巧方面堪称大师级的现代作品,有这样的作曲大家。俄方音乐会主办者左贞观说:"这样的效果,完全出乎我的预料,让我深感惊讶,也深感骄傲!"

这场音乐会,意义远远超出"感恩"本身。从某种意义上来说,这是中国现代交响作品,以民间方式走向世界的一次有效尝试。在此过程中还有意外发现,即中国作品的自信,从朱践耳一代已经开始。在迄今没有国际公认的音乐大师的中国,朱践耳正在改变这一现状。

人们相信,如同马勒"我的时代终将到来"那样,几十年后,朱践耳的交响作品,终将得到这个时代的认可。

—— 作者

附 录

朱践耳主要作品一览表

作品号	作品名	完成年代
Op.1	艺术歌曲七首	1940–1944
Op.2a	《翻身的日子》——为五件中国民乐器和小型管弦乐队	1953
Op.2b	《欢欣的日子》管弦乐（即 Op.2a 的改编）	1953/2005
Op.3	民歌独唱改编二首——为女高音 No.1《青草发芽》 No.2《打连成》	1955
Op.4	钢琴前奏曲二首 No.1《告诉你……》 No.2《流水》	1955 1956
Op.5	三首小品（独奏乐器与钢琴） No.1《牧羊人》大提琴 No.2《春天的歌》双簧管 No.3《舞曲》小提琴	1955 1956 1958
Op.6	《主题与变奏》钢琴独奏	1956
Op.7	《嘎达梅林》混声合奏（内蒙古民歌改编）	1956
Op.8a	《弦乐四重奏》（四个乐章）	1956–1957
Op.8b	《弦乐三折》弦乐合奏 （即《弦乐四重奏》Op.8a 的后三个乐章的改编）	1957/1980
Op.9	No.1 无伴奏合唱《想亲亲》（民歌改编） No.2 练声曲，女高音	1957
Op.10	《节日序曲》管弦乐	1958

（续表）

作品号	作品名	完成年代
Op.11	《思凡》钢琴叙事诗（为芭蕾舞而作）	1958
Op.12a	《三重奏》——小提琴、大提琴、钢琴（两个乐章）	1958
Op.12b	《壮士行》管弦乐（即 Op.12a 三重奏的改编）	1958/1996
Op.13	《祖国颂》交响诗	1959
Op.14	《英雄的诗篇》交响大合唱（毛泽东诗词五首）（五个乐章）[1993 年修订稿增为六个乐章]	1959–1960
Op.15	《云南民歌五首》钢琴独奏	1962
Op.16	《南海渔歌》第一组曲（四个乐章，改编自 1965 年创作的舞剧音乐）	1965/2003
Op.17	《南海渔歌》第二组曲（四个乐章，改编自 1965 年创作的舞剧音乐）	1965/2005
Op.18	《怀念》弦乐合奏	1978/1988
Op.19	钢琴小品二首 　　No.1《摇篮曲》 　　No.2《小诙谐曲》	1987
Op.20	《骨肉情》声乐套曲，为女中音（三个乐章）（王森、尤奋词）	1980
Op.21	《交响幻想曲——纪念为真理献身的勇士》（原名"血染的红花"）	1980
Op.22	《绿油油的水乡》无伴奏合唱套曲（四个乐章）（陈克词）	1981
Op.23	《黔岭素描》交响组曲（四个乐章）	1982
Op.24	《蝴蝶泉》二胡与管弦乐队组曲（四个乐章）（引用张锐的二胡曲主题）	1983
Op.25	《纳西一奇》交响音诗（四个乐章）	1984
Op.26	《前奏曲》管弦乐	1984

（续表）

作品号	作品名	完成年代
Op.27	《第一交响曲》（四个乐章）	1985–1986
Op.28	《第二交响曲》（单乐章）	1987
Op.29	《第三交响曲》（三个乐章）	1988
Op.30	《天乐》唢呐协奏曲	1989
Op.31	《第四交响曲"6.4.2-1"》（单乐章） ——为竹笛和二十二件弦乐器而作的室内交响曲	1990
Op.32	《第五交响曲》（三个乐章）	1991
Op.33	《南国印象》钢琴组曲（五首）	1992
Op.34	《和》五重奏——笛、筝、二胡、低革胡、敲击乐	1992
Op.35	《第六交响曲"3Y"》（三个乐章） ——为录音带与交响乐队	1992–1994
Op.36	《第七交响曲"天籁、地籁、人籁"》（单乐章） ——为五位敲击乐者	1994
Op.37	《第八交响曲"求索"》（三个乐章） ——为大提琴与敲击乐二人的室内交响曲	1994
Op.38	《小交响曲》	1994
Op.39	《山魂》交响诗（四个乐章）	1995
Op.40a	《玉》琵琶独奏	1995
Op.40b	《玉》为琵琶和弦乐四重奏	1999
Op.41	《百年沧桑》交响诗	1996
Op.42	《第十交响曲（江雪）》 ——为录音带（吟唱、古琴）与交响乐队（单乐章）	1998
Op.43	《第九交响曲》（三个乐章）——为交响乐队与童声合唱	1999

（续表）

作品号	作品名	完成年代
Op.44	《灯会》管弦乐	1999
Op.45	《丝路梦寻》六重奏——为二胡、笙（兼管子、巴乌）、琵琶（兼筝）、大提琴、钢琴、敲击乐	2000
Op.46	《水》琵琶与二胡二重奏	2001

（其他作品，如歌曲、小合唱、电影音乐等，一律不编作品号，也不列入。）

参考文献

1. 夏征农:《烽火岁月——华东文艺兵风云录》[M],上海:上海文艺出版社,2003。
2. 朱践耳:《朱践耳创作回忆录》[M],上海:上海音乐出版社,2015。
3. 左贞观:《俄罗斯音乐家在中国》[M],北京:人民音乐出版社,2017。
4. 约翰·罗比逊:《朱践耳与中国的交响乐创作》[M],杭州:浙江大学出版社,2022。
5. 王国伟:《悟性、灵性、个性》[J],载《音乐爱好者》,1995(第3期)。
6. 孙国忠:《朱践耳交响曲导论》[M],载《朱践耳交响曲集》,上海音乐出版社,2002。
7. 黄晓和:《黄晓同在病榻上的回忆》,2015(第10期)。
8. 王安国:《作曲家用生命书写的一部人生记录》[J],载《人民音乐》,2016年(第2期)。
9. 黄晓和:《一部音乐杰作的传奇经历》[J],载《人民音乐》,2016年(第5期)。
10. 陆在易:《朱践耳——中国的音乐巨人》[J],载《人民音乐》,2017年(第11期)。
11. 杨燕迪:《时代之子——致敬践耳先生》[J],载《人民音乐》,2017年(第11期)。
12. 王西麟:《先生 大师 知音——痛悼朱践耳先生》[J],载《音乐之友》,2017年(第9期)。
13. 查太元:《谈朱践耳交响诗山魂》[J],载《爱乐》,2018年(第5期)。
14. 查太元:《立足、超越、引领——谈朱践耳音乐与海峡两岸文化交流》[J],载《爱乐》,2019年(第8期)。